Wie wir reich wurden

Rainer Hank · Werner Plumpe (Hg.)

Wie wir reich wurden

Eine kleine Geschichte des Kapitalismus

Bildnachweis:
Vario Press 14; Interfoto 25, 43, 67; akg-images 51, 72, 97, 123, 150, 238; Ullstein 80, 181; alamy 111; Picture Alliance 131, 143, 174, 199, 227; Getty Images 161; Dieter Rüchel 208.

Hinweis: Die Rechtschreibung wurde übernommen aus den FAS-Artikeln.

Bibliografische Information der Deutschen Nationalbibliothek
Die Deutsche Nationalbibliothek verzeichnet diese Publikation in der Deutschen Nationalbibliografie; detaillierte bibliografische Daten sind im Internet über http://dnb.d-nb.de abrufbar.

Lektorat: Ulrike Burgi, Köln
Satz und Gestaltung: Primustype Hurler
Druck und Bindung: Appl, Wemding
Gedruckt auf säurefreiem und alterungsbeständigen Papier

ISBN 978-3-8062-2704-8

Besuchen Sie uns im Internet: www.theiss.de

Lizenzausgabe für die WBG (Wissenschaftliche Buchgesellschaft), Darmstadt
Die Herausgabe dieses Werkes wurde durch die Vereinsmitglieder der WBG ermöglicht.

ISBN 978-3-534-25594-8
www.wbg-wissenverbindet.de

Elektronisch sind folgende Ausgaben erhältlich:
eBook (PDF): 978-3-8062-2773-4 (Buchhandel)
eBook (PDF): 978-3-534-73676-8 (für Mitglieder der WBG)

INHALT

Wie wir reich wurden **3**
Eine kleine Geschichte des Kapitalismus 7

Wo kommen die Ideen her? **13**
Das Geheimnis des deutschen Gütesiegels 13
Eigennutz macht alle reich 16
Treibt Handel, spricht der Tempelherr 20
Das Gold hat das Geld hart gemacht 24
Zinsverbot und Kreditpraxis 29
Die Erfindung der Waghalsigkeit 34
Die Erfindung der geregelten Arbeit 38
Von der Muschel zum Papiergeld 42
Wo Kuh und Schaf gemeinsam grasen 46
Papier macht schlau 50
Die Antike plädiert für eine Ethik des Maßes 54
Lieber verschuldet und frei als Sklave und arm 58
Das alte Athen rettete sich durch Umschuldung 62
Kleider machen Karrieren 66

Wo kommt das Geld her? **71**
Nur freie Bauern ernähren die Menschheit 71
Das Schmiermittel des Handels 76
Das süße Gift der Sklaverei 79
Kabel verbinden die Welt und ihre Kaufleute 83
Wie der Kunstdünger den Hunger verringert 87
Die Wassermühle macht Flüsse produktiv 91
Salz und Heringe für Europas Städte 95
Wozu der Opiumkrieg alles gut war 99
Mit den Zünften kam die Qualität 103
Das große Geld verdient man nur im Tal 106
Es ist nur Gold, was ewig glänzt 110
Die Stadt machte die Menschen erfinderisch 114
Gut behütet über die Weltmeere 118
Napoleons Geschenk an die Weltwirtschaft 122

Ohne Sozialversicherung kein Kapitalismus 127
Der Zaun hat Mein und Dein getrennt 130
Mit Spekulation auf Nummer sicher 134

Wie entsteht die Arbeit? 137
Der Kühlschrank macht Lebensmitteln Beine 137
Wie der Wettbewerb die Evolution antreibt 141
Essen die Kinder uns arm? 146
Wohlstand allein macht nicht glücklich 149
Erst kommt das Wachstum, dann die Moral 153
Erst die Bildung macht uns wirklich reich 157
Der Sieg des Menschen über die Dunkelheit 160
Wo Eigentum auf Eigentümlichkeit beruht 165
Was treibt Menschen an? 168
Das Bewusstsein hat das Sein fest im Griff 172
Erst die Eisenbahn bewegte die Massen 176
Der Nylonstrumpf macht der Massenmode Beine 179
Ein starker Kaffee weckt das Bürgertum auf 183
Das Glück der bunten Warenwelt 187
Ohne Salz wäre die Welt ziemlich fade 190
Die Dampfmaschine ist der Agent der Industrie 194
Der Fahrstuhl oder Die Eroberung der Vertikale 198
Das weiße und das schwarze Brot 202

Der Mensch dahinter 207
Florentiner Nonnen an der Druckmaschine 207
Der Größenwahn des John D. Rockefeller 211
Ein Christ bringt die Kleinanleger an die Börse 214
Unternehmer in göttlicher Mission 218
Wieso Robert Bosch acht Stunden arbeiten ließ 222
Fette Beute für arme Länder 226
Die Pfeffersäcke erobern die Welt 230
Wie ein deutscher Tüftler den Computer erfand 234
Die Finanziers der europäischen Fürsten 237

Autorenverzeichnis 241
Literatur zum Weiterlesen 246

WIE WIR REICH WURDEN

Eine kleine Geschichte des Kapitalismus

Reichtum galt zu allen Zeiten als erstrebenswert. Zu ihm zu gelangen war stets eine große Herausforderung. Lange glaubte man freilich, Reichtum sei eine Frage des Glücks oder der Gewalt. Fand man eine Gold- oder Silberader: wunderbar. Besaß man die Stärke, sich vorhandenen Reichtum auch gegen Widerstand anzueignen, so tat man das zumeist skrupellos. Die Weltgeschichte ist eine Aneinanderreihung von großen und kleinen Raubzügen. Große Reiche konnten sich nur behaupten, wenn sie entsprechende Ressourcen besaßen. Und Konkurrenten abzuwehren, hieß fast immer auch, ihnen den Zugang zu den Quellen des Reichtums, zu Edelmetall, Rohstoffen und fruchtbarem Land zu verweigern.

Dass Reichtum indes mit Arbeit verbunden sein könnte – darauf kam erst die aufgeklärte Welt des 18. Jahrhunderts. Es war im Grunde Adam Smith, der mit seinem Buch über den „Reichtum der Nationen" (1776) als Erster auf die Frage, wo der Reichtum herkomme, die Arbeit nannte. Und zwar nicht jede Arbeit, sondern eine Arbeit, die produktiv ist und die die gegebenen Ressourcen effizient nutzt. Für Smith war Reichtum eine Frage der Produktivität; Produktivität wiederum eine Frage der Organisation der Arbeit. Damit unterschied sich Smith auch von den geistigen Vätern der Reformation. Diese hatten zwar die Arbeit geadelt, aber sich um die Frage ihrer effizienten Verwendung noch wenig Gedanken gemacht. Erst Smith betrachtete die menschliche Arbeit vorwiegend wirtschaftlich, erkannte die Vorteile von Arbeitsteilung und Spezialisierung und – vor allem – erst Smith begriff, dass die Produktivität dort am höchsten ist, wo die Menschen selbst darüber entscheiden, was sie mit ihrer Arbeitskraft anfangen wollen. Dann, so Smith hellsichtig, würde sich im freien Verkehr der selbstinteressierten Menschen auch jeweils eine Lösung einstellen, die für alle vorteilhaft ist. Arbeit, Arbeitsteilung, Eigeninteresse, Markt und Konkurrenz stehen mithin hinter jener berühmten „unsichtbaren Hand“, die aus den vielen wirtschaftlichen Einzelhandlungen schließlich eine produktive Lösung für die ganze Gesellschaft „zaubert“.

Die Antwort von Adam Smith auf die Frage nach den Ursachen des Reichtums war nicht nur neu; sie war angesichts der bisherigen Regeln menschlichen Zusammenlebens und ihrer Begründungen geradezu revolutionär. Denn bis zu dem Schotten galt es als verwerflich, das eigene Handeln nicht an einem unterstellten, religiös fundierten Gemeinwohl, sondern am Eigeninteresse zu orientieren. Der Eigennutzen überhaupt hatte keinen guten Ruf; er galt als Verderber der Sitten und der Moral. Wer sich ihm hingab, gefährdete nicht nur sein eigenes Seelenheil, sondern stellte Gottes Ordnung generell in Frage. Adam Smith hat, gültig und zugleich bis heute umstritten, die Rhetorik des Eigennutzes ins Positive gewendet. Denn die gesellschaftliche und wirtschaftliche Realität Großbritanniens in der zweiten Hälfte des 18. Jahrhunderts strafte die jahrtausendealten Vorstellungen vom Schaden des Egoismus mehr und mehr Lügen. Der Aufschwung der Wirtschaft verdankte sich findigen Unternehmern und Technikern. Das Arbeitsverhalten der Menschen änderte sich, weil sie mit ihrem Lohn mehr, vor allem bessere Waren wie Baumwolltücher, Zucker, Kaffee, Tee und Güter des täglichen Bedarfs wie Geschirr, Möbel, Bettwäsche etcetera erwerben konnten, die erst jetzt selbstverständlich wurden. Diese steigende Nachfrage als Folge längerer und intensiverer Arbeit wiederum schuf neue Märkte und Absatzmöglichkeiten. Nun lohnte es sich, in Fabriken zu investieren und auf Absatz in großem Stil zu setzen. Die überkommene Wirtschaftspolitik des Merkantilismus mit ihren Handelsverboten, Marktbeschränkungen, Kleider- und Konsumordnungen, Privilegien und Monopolen war vor diesem Hintergrund nicht nur theoretisch fragwürdig; sie war, wie Adam Smith hellsichtig sah, einfach nur schädlich, weil sie die Menschen daran hinderte, das Naheliegende ungehindert zu tun.

Es ist kein Zufall, dass auf die Frage nach den Ursachen des Reichtums zunächst in Großbritannien die Antwort gegeben wurde: und zwar Arbeit und eine Organisation der Wirtschaft, die den Menschen den Ertrag seiner Arbeit individuell nutzen lässt. Das war nicht auf Großbritannien beschränkt; auch in Frankreich, in Holland, im Westen des Alten Reiches: überall findet man mit der Änderung des wirtschaftlichen Alltags auch die Entstehung eines neuen ökonomischen Denkens im Geiste der wirtschaftlichen Freiheit. Nicht mehr die Obrigkeit soll den Menschen ihr Handeln vorschreiben; dies kann der vernunftbegabte Mensch durchaus selbst. Die Obrigkeit soll dem Einzelnen die Chance geben, sich wirtschaftlich frei zu betätigen. Das ist eine verbreitete Forderung, die sich aus den Regeln der Vernunft und den Menschenrechten gleichermaßen ergibt. Und diese Forderungen sind erfolgreich: Nach Großbritannien setzt sich der ökonomische Liberalismus mit der französischen Revolution und den preußischen Reformen sowie den Reformen in den Rheinbundstaaten auch in wichtigen Territorien des Kontinents durch. Die feudalen Bindungen des Eigentums werden aufgehoben und die gewerbliche Betätigung wird freigegeben. Dort, wo die Menschen wie im östlichen Preußen bisher unfrei waren, bringt die Bauernbefreiung die Freiheit. Der Kapitalismus setzt sich von Großbritannien aus in Nordwesteuropa durch. Mitte des 19. Jahrhunderts ist er in vielen Staaten und Territorien Alltag.

Der Übergangsprozess in den Kapitalismus war zweifellos schmerzhaft. Neue Formen des sozialen Elends und der Ausbeutung traten auf, alte Gewissheiten und Gewohnheiten gingen unter. Der Kapitalismus zeigte in seinen frühen Jahren ein raues Gesicht. Doch nur dort, wo er sich durchsetzte, wo der wirtschaftliche Liberalismus zum Leitfaden der Institutionengestaltung wurde, begann ein seither anhaltender, säkularer Prozess des Wirtschaftswachstums und der Wohlstandsvermehrung. Im Kern der Ursachen unseres Reichtums liegt daher nicht nur die möglichst effiziente Organisation der Arbeit, sondern auch das Wissen darum. Insofern waren die Lehren des Wirtschaftsliberalismus eben nicht nur Ausdruck einer bestimmten wirtschaftlichen Situation in Großbritannien und auf dem nordwestlichen europäischen Kontinent; sie wurden selbst auch zu einem wichtigen Faktor der wirtschaftlichen Entwicklung, weil sie jene Institutionen zu begründen halfen, ohne die es eine erfolgreiche wirtschaftliche Entwicklung nicht gegeben hätte: Persönliche Freiheit und Handlungsfreiheit, Rechtssicherheit, geordnete Eigentums- und Verfügungsrechte, schließlich im Rahmen der Durchsetzung der parlamentarischen Demokratie Verfahren der konsensualen Selbstkorrektur, die den derzeitigen okzidentalen Kapitalismus zumindest bis heute außerordentlich flexibel gehalten haben. Der Kapitalismus, so stellte sich heraus, war immer dann erfolgreich, wenn er die menschliche Freiheit und Eigeninitiative achtete (inklusiv), eine Marktwirtschaft, die auf Ausbeutung (extraktiv) setzte, hatte ökonomisch das Nachsehen – und moralisch ohnehin verspielt.

Denn jene Teile der Welt, die über ein derartiges Denken und eine entsprechend konstruierte Institutionenordnung nicht verfügten, verloren gemessen an Nordwesteuropa und Nordamerika zunehmend an wirtschaftlicher Dynamik. Noch in der Mitte des 18. Jahrhunderts unterschieden sich die Entwicklungsniveaus der verschiedenen Teile der Welt nicht gravierend voneinander. Die Unterschiede fanden sich vielmehr zwischen einzelnen Regionen, zwischen Stadt und Land, zwischen Land und Meer, ohne dass es bereits eine Art Nord-Süd- oder West-Ost-Gefälle gegeben hätte. Um 1900 herum war alles anders. Der „Westen", der im eigentlichen Sinne ein Geschöpf des Kapitalismus ist, stellte alle anderen Weltregionen in den Schatten, ja beherrschte sie fast nach Belieben. Die „Great Divergence", wie diese Auseinanderentwicklung genannt wird, scheint sich derzeit zurückzubilden. Von „Great Convergence" ist die Rede, doch folgt auch dieser Aufholprozess vor allem Ostasiens jenem Muster, das wir aus Europa kennen. China wird, so möchte man sagen, Europa und Nordamerika ähnlicher, vor allem was die Produktion und den Konsum von Gütern angeht. Und dieses Ähnlichwerden hat etwas mit den Institutionen zu tun, ist eine Folge der Ausbreitung des Kapitalismus, der sich letztlich deshalb durchsetzt, weil er bei aller sozialen und ökologischen Problematik welthistorisch die einzige ökonomische Ordnung ist, in deren Zentrum die Bedarfsbefriedigung der einfachen Menschen steht. Schumpeter hat dies schon 1942 hellsichtig erkannt: Der Hochadel des 18. Jahrhunderts konnte gut ohne Kapitalismus auskommen: Seidenstrümpfe hatte Marie-Antoinette stets. Erst mit dem Kapitalismus wurden sie auch für weniger betuchte Frauen erschwinglich!

In dem Maße, in dem heute die Ungleichheiten zwischen den Staaten abnehmen, vergrößern sie sich indes innerhalb der Staaten. Einst waren in China und Indien alle arm; jetzt gibt es Arm und Reich. Und auch im Westen vergrößert sich der Abstand zwischen unten und oben: das ist nicht zuletzt eine Folge einer Meritokratie, die Wissen und Bildung prämiert (Nichtwissen aber, wenn man so will, bestraft).

Diese grob skizzierten Muster standen hinter der Reihe von Essays, die zwischen 2010 und 2012 in der „Frankfurter Allgemeinen Sonntagszeitung" in bunter Folge erschienen sind. Wissenschaftler, namentlich Ökonomen und Wirtschaftshistoriker, aber auch Allgemeinhistoriker, Journalisten und Publizisten steuerten jeweils Texte bei, in denen die große Frage, wie wir über die Jahrhunderte reich wurden, nie aus dem Blick geriet, auch wenn sie stets durch eine pointillisierende Brille betrachtet wurde. Entstanden ist so eine kleine Geschichte des Kapitalismus, eine Art Kaleidoskop seiner Entwicklung, seiner Facetten und seiner Aporien, die gerade aus der Fülle der Aspekte lebt, Farbe und Vielfalt gewinnt. Mit Absicht reihen sich in den einzelnen Kapiteln konkrete historische Fallstudien, biografische Skizzen und weit ausholende historische Analysen aneinander. Die Abfolge dieser kleinen Geschichte des Kapitalismus wird von den Sachthemen und nicht von der Chronologie bestimmt. So kurz und kurzweilig freilich diese Erzählung ist, so war sie doch für einen Band zu umfangreich. Im Frühjahr 2013 wird deshalb ein zweiter, ähnlich gegliederter Band der Kapitalismusgeschichte erscheinen, in dem die Leser unter anderem erfahren, warum die Erfindung der Kanalisation entscheidend war für die Entwicklung der Menschheitsgattung, warum die Fließbandproduktion die Arbeit effizienter und die Produkte billiger werden ließ und warum Daniel Düsentrieb das Vorbild für nützliche Erfinder und wachsenden Wohlstand liefert. Da die Beiträge zudem zumeist entsprechend des aktuellen Forschungsstandes geschrieben sind, ermöglichen sie auch dem Fachmann und der Fachfrau Belehrung und Erheiterung. Sollte das eintreten – die Herausgeber wären's zufrieden.

Frankfurt am Main, Sommer 2012

WO KOMMEN DIE IDEEN HER?

Das Geheimnis des deutschen Gütesiegels

„Made in Germany" ist keine deutsche Erfindung. Die Briten wollten mit der Kennzeichnung deutsche Produkte stigmatisieren. Der Schuss ging nach hinten los.

Im Jahr 1876 wanderte ein tief enttäuschter Maschinenbau-Professor aus Deutschland über die Weltausstellung in Philadelphia. Er hieß Franz Reuleaux, war eine echte Autorität auf seinem Gebiet und sollte die Qualität des deutschen Beitrags zur damals größten Industrieschau der Welt begutachten. Sein Zeugnis: „Deutschland hat das Grundprinzip billig und schlecht."

Reuleaux' bittere Einschätzungen wurden in deutschen Zeitungen veröffentlicht und provozierten zornige Debatten. Das Urteil passte nicht ins Bild des jungen Kaiserreichs, in dem der Patriotismus wild wucherte. Dabei trafen sie zu. Mitte des 19. Jahrhunderts galten deutsche Produkte in der Welt als billig und minderwertig. Sie hielten nicht lange, waren ohne Pfiff und oft billige Kopien ausländischer Vorbilder.

Das Maß der Dinge war das Britische Empire, wo die Industrialisierung schneller vorangeschritten war und Unternehmer mit neuen Techniken und Produkten für Aufsehen sorgten.

Unternehmen aus Solingen lieferten dagegen geradezu ein Paradebeispiel dafür, wie hierzulande nicht selten gearbeitet wurde. Die Firmen stellten minderwertige Messer aus Gusseisen statt aus dem härteren und teureren Gussstahl her, veredelten sie pfiffig mit dem Stempelaufdruck Sheffield und verkauften sie billig in die ganze Welt.

Die Reaktion auf solche Plagiate blieb nicht aus. Sheffield war Englands Stolz, die Stadt der Eisenverarbeitung, bekannt unter ande-

Die Leitz-Optik für Kameras steht seit 1869 für gute Qualität.

rem für scharfe, haltbare Messer und Scheren aus Stahl. Die britischen Unternehmer ärgerten sich, dass sie auf ihren Märkten auf biegsame Billig-Imitate mit der Aufschrift „Sheffield made“ oder „Sheffield“ stießen, die in der Regel aus Solingen oder Remscheid kamen, gelegentlich auch aus den Vereinigten Staaten.

Sie bearbeiteten ihre Regierung. London wollte seiner Industrie helfen und erreichte 1883 eine internationale Vereinbarung der führenden Handelsnationen, die falsche Herkunftsbezeichnungen verbot. Was mit Sheffield beworben wurde, sollte auch von dort kommen. Doch Deutschland verweigerte die Zustimmung – aus naheliegenden Gründen.

England reagierte mit Verärgerung und Verzögerung: Das britische Parlament verabschiedete am 23. April 1887 mit dem sogenannten Merchandise Marks Act ein Gesetz, das für Importware nach Großbritannien Herkunftsbezeichnungen verlangte. Damit leistete der britische Gesetzgeber Geburtshilfe für das Siegel „Made in Germany“.

Die Briten zielten mit ihrem Gesetz, wenn es auch allgemeingültig formuliert war, vor allem auf die deutsche Konkurrenz. Doch damit erlitten sie einen grandiosen Fehlschlag: in zweierlei Hinsicht. Wo es aus Sicht der britischen Produzenten nützlich gewesen wäre, wurde es umgangen. Manche deutschen Produkte erreichten das Vereinigte Königreich weiter ohne Herkunftsbezeichnung, um dort dann von Importeuren als britisch etikettiert zu werden.

Ein viel größeres Problem stellten aber paradoxerweise richtig deklarierte Produkte da. Die Kunden in aller Welt entdeckten dank des neuen Siegels „Made in Germany“, dass viele der Dinge, die sie jeden Tag umgaben, aus Deutschland kamen und dass sie preiswert und von akzeptabler Güte waren. Sie griffen zu.

„Die britische Industrie hat von dem Gesetz (Merchandise Marks Act) keinen Vorteil gehabt. Denn der Nimbus, der sie umgab, ist gebrochen worden", frohlockte damals der deutsche Volkswirt und Sozialwissenschaftler Robert Wuttke. Die deutschen Erzeugnisse wurden besser und zugleich als deutsch erkannt. Die Karriere von „Made in Germany" ging steil nach oben.

Zwanzig Jahre nach den besorgten Briefen aus Philadelphia und knapp zehn Jahre nach der Verabschiedung des Merchandise Marks Act schrieb der britische Journalist Ernest E. Williams das Buch „Made in Germany", das als eine Art Weckruf die Briten vor dem Niedergang ihres Empires warnen sollte.

Polemisch schilderte er, wie deutsche Produkte in den Alltag einer bürgerlichen britischen Familie eingedrungen waren, deren Kleider in Deutschland gewebt, deren Spielsachen, Puppen und Märchenbücher deutscher Provenienz waren. Vom Papier, auf dem die patriotische Lieblingszeitung gedruckt ist, über den Flügel bis hin zum Krug, ein Andenken aus der britischen Touristenhochburg Margate, alles aus Deutschland. „Eure trüben Betrachtungen schreibt ihr mit einem Bleistift, der Made in Germany ist, nieder", hält Williams seinem britischem Publikum vor. Deutsche Produkte begannen sich durchzusetzen, im Land der Wirtschaftsmacht England und zunehmend im Rest der Welt. Und zwar als deutsche Produkte. Das Spiel lief jetzt andersherum. Um die Jahrhundertwende begannen britische Fabrikanten ihre Erzeugnisse mit „Made in Germany" zu stempeln.

Großbritannien wurde überflügelt. Anfang der 1860er-Jahre kam der Deutsche Bund auf einen Anteil von knapp fünf Prozent an der Weltindustrieproduktion und lag damit hinter Großbritannien mit annähernd 20 Prozent. Im Jahr 1913 hatte Deutschland den britischen Rivalen überholt. Das Kaiserreich kam auf 14 Prozent, Großbritannien auf 13,6 Prozent. Die Nummer eins waren die Vereinigten Staaten geworden. Die Entwicklung von „Made in Germany" vom Makel zum Markenzeichen zeigt den typischen Aufstieg von hungrigen Nationen: Er beginnt mit Ideenklau und wird mit Protektionismus gekontert. Doch der war diesmal zum Scheitern verurteilt. Bis heute verbindet das Ausland mit dem Label „Made in Germany" Qualität, Verlässlichkeit und Langlebigkeit. Das Siegel wirkt noch immer.

Eigennutz macht alle reich

Was wäre, wenn alle Menschen selbstlos handelten? Dann wären alle arm. Das schrieb vor 300 Jahren der Arzt und Philosoph Bernard Mandeville in seiner Bienenfabel.

Der Kapitalismus ist eine Wirtschaftsordnung der Gier, der Ausbeutung und des skrupellosen Suchens nach individuellen Vorteilen – so lautet das bekannte Vorurteil, und die gegenwärtige Krise scheint es zu bestätigen. Gier ist indes keine Besonderheit des modernen Kapitalismus, es gab sie schon zuvor.

Wäre der Kapitalismus als Prämie auf die Selbstsucht in die Welt gekommen, er hätte sich kaum durchgesetzt. Sein Erfolg gründete in dem Versprechen, die menschliche Vorteilssuche für den wirtschaftlichen Fortschritt zu nutzen und die Gier zu beschränken. Das ging nicht von heute auf morgen, aber am Ende des 18. Jahrhunderts hat sich der Kapitalismus auch durchgesetzt, weil er als vernünftige Alternative zur Privilegienwirtschaft des Ancien Régime erschien.

An der Wiege des Kapitalismus steht die Krise der alteuropäischen Welt, die mit der wachsenden Bevölkerung im 18. Jahrhundert dramatische Ausmaße annahm. Mehr als die Hälfte der Bevölkerung der großen europäischen Staaten war verarmt; Hunger und Elend waren Dauergäste nicht nur in den Katen der armen Landbevölkerung. Merkantilismus und Kameralismus wurden der Lage nicht Herr mit ihrer Mischung aus Ge- und Verboten, Handelsschranken, Preisvorschriften und selektiv vergebenen Privilegien. Die vorherrschende Wirtschaftsmoral, die Eigennutz an den Pranger stellte, versagte mehr und mehr. Auf die Probleme der Wirtschaft nur mit Vorschriften und Forderungen zu reagieren, war offensichtlich erfolglos, die Regulierung wurde im Laufe der Zeit auch zu einem Hemmschuh der Entwicklung. Das hatte Folgen. Zu Ende des 17. Jahrhunderts begann eine intensive Debatte um die Frage, wie die Vielfalt der wirtschaftlichen Erscheinungen zu begreifen und zu bewerten sei – und wie aus einem realistischen Blickwinkel die Wirtschaft eines Landes zur Blüte zu bringen sei.

Eine Antwort lieferte der in London lebende niederländisch-französische Arzt Bernard Mandeville. Er beschrieb 1705 in einem Gedicht („The Grumbling Hive") einen munter summenden Bienenstock, dessen „Bewohner" typische menschliche Laster hatten: Gier, Geiz, Eigennutz – bis ein gütiger Gott sie kurzerhand von allen Lastern befreite. Das Ergebnis: Der Bienenstock verödete, das Leben kam bis auf kärgliche Reste zum Erliegen: „Was früher drei zusammen machten/die sich einander überwachten/Das macht jetzt einer gut und ehrlich/So werden Tausende entbehrlich." Die Luxusbienen, die Arbeiterbienen, die Kriegerbienen verlieren alle ihre Existenz. „Stolz, Luxus und Betrügerei/muss sein, damit ein Volk gedeih!", resümiert Mandeville.

Das war für damalige Moralvorstellungen starker Tobak, stellte es doch gängige Annahmen über die Welt geradezu auf den Kopf: Nach Mandeville resultierte der Wohlstand eines Landes nicht mehr aus dem gottgefälligen Handeln seiner Bewohner, sondern aus der Tatsache, dass sie mehr oder weniger ungehemmt den eigenen Vorteil suchen. Hauptsache, der Umsatz stimmt, könnte man zugespitzt sagen. Auch der Untertitel der „Fable of the Bees" war eindeutig: „Private Laster/Allgemeiner Nutzen". Seine Kritiker warfen Mandeville vor, Religion, Sitte und Anstand über Bord zu werfen und Chaos und Laster Vorschub zu leisten.

Mandeville wehrte sich, indem er in den kommenden Jahren sein Gedicht zu einem umfangreichen sozialphilosophischen Traktat ausbaute. Darin machte er klar, dass ihm unmoralisches Verhalten nicht zusagte, aber bestand darauf, dass eine Regierung, die ihre Bürger an der Verfolgung ihrer Vorteile hindere, erfolglos sein müsse. „Eigenliebe" liege in der Natur des Menschen. Mandeville forderte eine Neubewertung des Eigeninteresses – und eine starke Obrigkeit, die das Eigeninteresse zwar nicht als unmoralisch verfolgen, aber seine Folgen eindämmen sollte.

Manche Vorschläge Mandevilles sind nach heutigen Begriffen zynisch: So plädierte er gegen Sonntagsschulen für die Tagelöhner, die

London vom Unrat befreiten, da eine höhere Bildung diesen Menschen nur die Unerträglichkeit ihrer Lage klarmache. Oder er lobte die Stadtregierung von Amsterdam für die Einrichtung von Bordellen, da ehrbare Frauen so vor männlichen Übergriffen, die freilich in der Natur des Mannes lägen, geschützt werden könnten.

Mandevilles teils drastische Beschreibung der englischen Welt, sein Zynismus und die nicht unbedingt berechtigte Hoffnung auf eine Obrigkeit, die die Natur des Menschen akzeptieren und notfalls zügeln werde, haben seine Texte später in das Kuriositätenkabinett der Geschichte der Ökonomie verbannt. Dabei waren seine Themen im 18. Jahrhundert aktuell; nur wurden sie von der schottischen Moralphilosophie um David Hume und Adam Smith anders gefasst. Damit kommt der moderne Kapitalismus ins Spiel, der – nach Meinung seiner frühen Befürworter – wie durch unsichtbare Hand die Gier mäßigt und die Effizienz steigert. An die Stelle der Obrigkeit trat die Idee der Selbstregulierung des Eigennutzes durch Markt und Wettbewerb.

Auch das Konzept funktionierender Märkte war früh bekannt. Dem Laissez-faire französischer Physiokraten, die für uneingeschränkte wirtschaftliche Freiheit plädierten, setzte etwa der deutsche Frühliberalismus die Idee entgegen, dass das Eigeninteresse die Funktionsfähigkeit des Marktes auch gefährden könnte. Die Ordnung des freien Marktes zu garantieren, so der deutsche Ökonom Georg Sartorius, sei genuine Aufgabe der Obrigkeit. Aber in deren Rahmen müsse der eigeninteressierte Mensch den Ton angeben. Insofern war der Kapitalismus von seinen Anfängen her die Ordnung der gemäßigten Selbstsucht, die Ordnung des wohlverstandenen Eigeninteresses.

Die industrielle Revolution im 19. Jahrhundert offenbarte scheinbar eine andere Realität des Kapitalismus: Er erschien seinen Kritikern als Ungleichheitsmaschine und ist es bis heute, so sagen sie. Daran ist richtig, dass die Konzepte des 18. und frühen 19. Jahrhunderts nicht immer der kapitalistischen Realität entsprachen. Aber die „großen Versprechen" hat der Kapitalismus gehalten. Mit der Freigabe des wirtschaftlichen Handelns setzte ein ungekannter Produktivitätsfortschritt ein. Das Massenelend verschwand; der berüchtigte Manchesterkapitalismus war nur eine kurze Phase in Englands Geschichte.

Im Großen und Ganzen hat sich seit der Durchsetzung des Kapitalismus das Leben der einfachen Menschen viel mehr verändert als das Leben der Oberschicht. Was Letzterer bis weit in das 19. Jahrhundert exklusiv vorbehalten war, ist heute Allgemeingut. Und wo eine funktionierende Marktwirtschaft existiert, hat der Kapitalismus die „Selbstliebe“ in wohlverstandenes Interesse verwandelt. Das Gegenteil kann nur behaupten, wer die wirtschaftliche Realität Alteuropas nicht kennt.

Der Markt zivilisiert seine Teilnehmer mehr, als es jede Obrigkeit konnte. Nur muss eben die Funktionsfähigkeit des Marktes gesichert werden. Damit hat Mandeville recht behalten, der klar sah, wohin eine Rückkehr zur vermeintlich guten alten Zeit vor dem Kapitalismus führen würde: „Wer will, dass eine gold‘ne Zeit/zurückkehrt, sollte nicht vergessen/man musste damals Eicheln fressen.“

Treibt Handel, spricht der Tempelherr

Der Markt ist eine Erfindung des Staates. Und die Umverteilung ist älter als das Unternehmertum. Welch eine Überraschung.

Es ist die Grundfrage, über die Wirtschaftspolitiker ständig streiten: Braucht man mehr Markt? Oder muss der Staat mehr umverteilen? Wer in die Geschichte blickt, sieht: Historisch kam die Umverteilung zuerst.

So hatte sich das Adam Smith nicht gedacht, der Begründer der Volkswirtschaftslehre. Er hatte gesagt, dem Menschen wohne seit Urzeiten eine Neigung zum Tausch inne. Doch die äußerte sich in der Praxis jahrtausendelang nicht. Das stellten zunächst Leute wie der österreichische Ökonom Karl Polanyi fest, der dem Sozialismus nahestand. Er sagte: Erst die industrielle Revolution hat die Marktwirtschaft hervorgebracht, wie wir sie kennen. Neuere Forscher verorten zwar auch den Markt schon früher in der Geschichte, nämlich weit vor Christus. Doch dass die Geschichte nicht mit ihm begann, scheint inzwischen klar.

Ganz am Anfang der Menschheitsgeschichte allerdings, bei den Jägern und Sammlern, gab es weder Markt noch Umverteilung – schlicht, weil es noch kein Eigentum gab. Einer allein konnte nämlich schlecht jagen, das ging nur gemeinschaftlich. Die Volksgruppe der Inuit in der Arktis zeigt das bis in die jüngere Zeit: Einen Wal konnte kaum einer alleine fangen – schon deshalb, weil der Wal nach einem Harpunentreffer oft noch viele Kilometer weit schwimmt und an einem ganz anderen Ort strandet. Die Jagd war also eine Gemeinschaftsaufgabe, und die Inuit hatten genaue Regeln dafür, welcher Beteiligte welchen Teil vom Wal mitnehmen durfte.

Das Eigentum kam erst während der Steinzeit in die Welt. Damals begannen die Menschen, das Land systematisch zu bewirtschaften. Das konnte jeder für sich erledigen. Wer sich mehr anstrengte, profitierte von mehr Früchten – prompt strengten sich die Einzelnen auch mehr an.

Doch auch als es einmal Eigentum gab, trieben die Menschen trotzdem noch keinen Handel. Stattdessen machten sie einander Geschenke. „Reziprozität" nennt Polanyi diese Art des Warenverkehrs in seinem Buch „The Great Transformation" („Die große Umwälzung"), das er 1944 an der Columbia-Universität schrieb. Er erzählt von den Menschen auf den Trobriand-Inseln im Südpazifik. Noch in den 20er-Jahren des 20. Jahrhunderts tauschten dort die Küstenbewohner ihre Fische gegen die Feldfrüchte, die bei anderen Tobriandern tiefer im Land wuchsen. Das geschah nicht direkt, die Bewohner verhandelten nicht etwa miteinander um Tauschverhältnisse. „Der Austausch ging als Verteilung von Geschenken zu verschiedenen Zeitpunkten vor sich", schreibt Polanyi – und zwar im Rahmen strenger Regeln. Um den Austausch zu organisieren, habe jedes Küstendorf ein Dorf im Binnenland als festen Geschenke-Partner gehabt.

Dass so viel getauscht wurde, hatte seinen Grund. „Dass der archaischste Handel vermutlich über den Austausch von Geschenken funktionierte, ist logisch", schreibt ein jüngerer Forscher, Michael Hudson, in dem neuen Band „Die Erfindung des Unternehmens" („The Invention of Enterprise"). Das Problem: In einer Gesellschaft, die sich gerade einmal selbst ernähren konnte, durften keine großen Gewinne entstehen, weil die immer auf Kosten der anderen gegangen wären – und wenn ein anderer wirtschaftliche Probleme bekam, war der bald auch nicht mehr zur Verteidigung zu gebrauchen. Darum durfte niemand Überschüsse für sich behalten, stattdessen herrschten ungeschriebene Gesetze: Die Überschüsse mussten verschenkt werden, am besten öffentlich – zum Beispiel bei großen Festen wie dem Erwachsenwerden, Hochzeiten oder Begräbnissen. Wenn weitere Überschüsse anfielen, sammelten sie die Urzeit-Gesellschaften beim Häuptling. Der hatte aber nicht nur für sich zu sorgen – sondern auch für die Dinge, die der ganzen Gemeinschaft nützten. Und er musste Leute in seinen Haushalt aufnehmen, die keine Familie mehr hatten: Da ist sie, die Umverteilung.

Nun trennen sich allerdings die Wege der alten und der neuen Forscher. Polanyi hält die Umverteilung für die wesentliche Wirtschaftsform der folgenden Zeit. „Das Königreich Hammurabis in Babylonien und vor allem das ägyptische Neue Reich waren auf einer solchen Wirtschaftsform begründete zentralisierte Despotien des bürokratischen Typus.“

Wie das geht, das beschreibt der deutsche Orientalist Johannes Renger am Beispiel der Babylonier. „Fast das ganze bewirtschaftete Land gehörte den Tempeln oder Palästen, sie verwalteten es oder wiesen es den Einzelnen zu.“ Selbst kleine Bauern, die einen oder zwei Hektar an eigenem Land hatten, hätten zusätzliche Rationen vom Tempel bekommen – als Umverteilung. Für den Markt sei gar nichts übrig geblieben.

Das stimmt so auch, der Markt wurde allerdings offenbar trotzdem erfunden. Und zwar nicht von den einzelnen Bauern, wie der Ökonom Michael Hudson jetzt betont – es waren die Tempel und Paläste selbst. Und zwar in der ersten Hochkultur der Welt, bei den Sumerern im alten Mesopotamien, gelegen im Gebiet des heutigen Iraks.

„Es ist jetzt allgemein anerkannt, dass die meisten Techniken, die in der klassischen Antike zum normalen Wirtschaftsbrauch zählten, schon im dritten Jahrtausend vor Christus in diesen Tempeln und Palästen entwickelt wurden“, resümiert Hudson. Die Sumerer hatten nämlich ein Problem: Ihnen fehlten die Rohstoffe. Die Flüsse hatten zwar fruchtbaren Boden angeschwemmt, doch es fehlten Kupfer, Zinn und das Mineral Lapislazuli – ja sogar an hartem Holz herrschte Mangel. Verschiedene Versuche, sich das Material militärisch zu besorgen, scheiterten. Den Palast- und Tempelherren blieb nichts anderes übrig, als zu handeln. Sie ließen arbeitsintensive Güter für den Export produzieren, vor allem Textilien. Dazu erfanden sie allerhand Techniken, die heute noch benützt werden: einheitliche Maße und Gewichte, einheitliche Preise für die Buchführung, Zinsen und sogar Jahresberichte.

Den Handel mit den fernen Regionen übernahmen dann spezielle Händler, die anfangs im Auftrag der Städte unterwegs waren und nur einen Teil der Gewinne bekamen. Mit der Zeit allerdings handelten sie auch mal auf eigene Rechnung. Sie waren die ersten, die von Historikern als „Unternehmer“ bezeichnet werden.

Was die Sumerer erfunden hatten, breitete sich in den nächsten Jahrtausenden in Richtung Mittelmeer aus. Bis es bei den antiken Griechen und Römern angekommen war, waren die Händler immer eigenständiger geworden. Dort entwickelte sich der Markt innerhalb von Städten zur vollen Blüte. „Reiche griechische und römische Familien kontrollierten Handwerk, Handel und Kredit lieber direkt, als das in den Tempeln und Palästen zu koordinieren“, schreibt der Ökonom Hudson – auch wenn die Reichen das ungern zugaben, schließlich galt es als unfein, handeln zu müssen. Angesehen war, wer reich genug war, um alles auf seinen eigenen Ländereien zu produzieren. „Es war wie mit Sex im Viktorianischen England. Jeder schien es zu tun, auch wenn es dem Ansehen nicht förderlich war.“

Das Gold hat das Geld hart gemacht

Als die Menschen noch mit Gold bezahlten, gab es keine Inflation. Heute würde das nicht mehr funktionieren.

Southampton, September 1931. Der Gouverneur der Bank of England, Montagu Norman, kehrt von einer Reise aus Amerika zurück. Als sein Dampfer im Hafen anlegt, erwarten ihn Kollegen von der englischen Zentralbank. Ihre Nachricht – man habe während seiner Abwesenheit den Goldstandard, die Koppelung des englischen Pfunds an das Gold, aufgegeben. Normans Antwort darauf lautete „I didn't know we could do that" – „Ich wusste gar nicht, dass wir das tun können".

Haben Sie schon einmal genau auf eine englische Pfundnote geschaut? Auf der 10-Pfund-Note steht heute noch „I promise to pay the bearer on demand the sum of ten pounds." Was passiert, wenn Sie in der Threadneedle Street aufkreuzen? Man wird Ihnen ein anderes Stück Papier mit der gleichen hübschen Aufschrift geben. Bis 1931 war das anders. Da bekam man 73 Gramm Gold für eine 10-Pfund-Note, garantiert. Und nicht nur in England. Fast alle führenden Wirtschaftsnationen (und viele Entwicklungsländer) hatten ein vorgeschriebenes Austauschverhältnis zwischen Papiergeld und Gold.

Heute kommt uns eine solche mechanische Koppelung zwischen Geld und Edelmetall absurd vor. Doch vielen Menschen, so wie auch Montagu Norman, erschien der Goldstandard als Teil der natürlichen Wirtschaftsordnung. Durchgesetzt hatte sich das Gold weltweit erst im späten 19. Jahrhundert. Das typische Geldsystem kombinierte zuvor über Jahrhunderte Gold und Silber in einem festen Austauschverhältnis – der Bimetallismus. Das Problem dabei war, dass sich der Wert der beiden Edelmetalle änderte. Floss etwa durch die Entdeckung neuer Vorkommen mehr Gold nach Europa, wurde Silber relativ wertvoller. Da unter einem bimetallischen Standard Bürger ihr

Hier lagert das amerikanische Gold: Barren in Fort Knox im Bundesstaat Kentucky.

Gold in eine fixe Menge Silber umtauschen können, wird das Ungleichgewicht schnell zum Problem. Liegt die von der staatlichen Münze versprochene Menge über dem Knappheitsverhältnis auf dem freien Markt, dann tauschen schnell viele Menschen ihr Gold in Silber um.

Genau durch einen solchen Steuerungsfehler wurde der Goldstandard „erfunden". Isaac Newton, der berühmte Physiker, wurde in seinen späten Jahren Master of the Mint – Chef der staatlichen Münzerei. Als er 1717 das Verhältnis von Gold und Silber falsch anpasste, verschwand das Silber schnell aus dem Warenverkehr, und das Pfund Sterling wurde zur reinen Goldwährung. Lange Zeit blieb England mit dieser Form der Währung allein. Doch nachdem im 19. Jahrhundert im Goldrausch in Kalifornien immer mehr Gold gefunden wurde, wurde auch für andere Staaten der Übergang zur Goldwährung möglich.

Für diese Staaten war das vorteilhaft. Denn England, die Wiege der Industriellen Revolution, produzierte viele gute Konsum- und Investitionsgüter und war ein beliebter Handelspartner. Und Handel ist immer dann einfacher, wenn zwei Länder das gleiche Währungssystem haben. Je mehr Länder den Goldstandard übernahmen, desto vorteilhafter wurde der Übergang zu Gold für den Rest. Kurz vor Ausbruch des 1. Weltkriegs fanden gut 90 Prozent des Welthandels zwischen Ländern mit Goldwährungen statt.

Der Goldstandard half dabei, Handelsungleichgewichte zu vermeiden. Ein Exportüberschuss führte zu Goldzuflüssen. Heute würde beispielsweise der Rest der Welt Gold nach Deutschland schicken müssen, um für all die Werkzeugmaschinen und Luxuswagen zu bezahlen. Doch weil Geldumlauf und Gold in fixem Verhältnis stehen, führt der Goldzufluss dazu, dass Deutschland mehr Währung in Umlauf bringt. Die Preise steigen, der „unfaire" deutsche Kostenvorteil, über den Politiker in mediterranen Ländern heute so gern lamentieren, verschwindet – und damit auch die Exportüberschüsse.

Gold als Standard hatte noch andere Vorteile. Die Preise blieben erstaunlich stabil. In England betrug die durchschnittliche Inflation zwischen 1717 und 1914 nur 0,3 Prozent pro Jahr. Das heißt, dass ein Paar Schuhe oder ein Stück Brot auch nach 200 Jahren nur ein bisschen mehr kosteten. Selbst die alte D-Mark war mit 2,4 Prozent zwischen 1950 und 1999 viel weniger stabil. Stabile Preise, blühender Welthandel – wo ist das Problem?

Der Goldstandard erscheint heute attraktiv, weil er einen Großteil der Wirtschaft auf Autopilot schaltet. Doch das funktioniert nur dann gut, wenn die Voraussetzungen dafür an den Arbeits- und Produktmärkten gegeben sind. Länder, die Gold verlieren (etwa weil sie mehr Güter importieren, als sie exportieren), müssen die Preise und Löhne senken, also ihre Wettbewerbsfähigkeit über eine Art von innerer Abwertung wiedergewinnen. Doch das ist alles andere als einfach. Wer will sich schon das Gehalt kürzen lassen? Heute haben die meisten Menschen langfristige Arbeitsverträge. Lohnsenkungen über Nacht sind allenfalls bei Staatsbediensteten machbar. Im Regelfall gilt: Löhne und Preise sind fest und nicht so schnell zu ändern.

Im 19. Jahrhundert war das anders. Die meisten Arbeitskräfte wurden von einem Tag zum nächsten angeheuert; der Preis der Arbeit schwankte unmittelbar mit Angebot und Nachfrage. Der Goldstandard funktionierte deshalb gut, weil sich vor 1914 Arbeitskraft so handeln ließ, wie man es ansonsten mit Tomaten tut. Wenn ein Land abwerten musste, konnten die Löhne sinken. In einer Welt mit Gewerkschaften und langfristigen Arbeitsverträgen ist das nicht möglich. Dann wird aus dem Goldstandard schnell ein Problem, das viele Menschen arbeitslos macht.

Schon in den 20er- und 30er-Jahren des 20. Jahrhunderts zeigte sich, wie verheerend der Goldstandard in einer modernen Arbeitswelt sein kann. Im 1. Weltkrieg hatten sich alle Kombattanten vom Gold verabschiedet; die Inflation schnellte nach oben. Um zum Gold zurückzukehren, war eine massive Anpassung nötig, die in Amerika und Großbritannien die Arbeitslosigkeit schnell auf zweistellige Werte steigen ließ. Damals geißelte John Maynard Keynes den Goldstandard als „barbarous relic", als barbarisches Überbleibsel einer überholten Wirtschaftswelt.

Der Goldstandard in seiner ursprünglichen Form brach endgültig zusammen in der Weltwirtschaftskrise. Länder wie Deutschland setzten unter dem „Hungerkanzler" Brüning auf die Strategie der inneren Abwertung, um an Wettbewerbskraft zu gewinnen. Die Folgen – Millionenarbeitslosigkeit und politische Radikalisierung – sind bekannt. England entschied sich gegen die Politik des immer enger geschnallten Gürtels und verabschiedete sich überraschend schnell und schmerzlos vom Gold. Tatsächlich zeigte sich, dass die Weltwirtschaftskrise überall dort besonders schmerzhaft war, wo man allzu lange am Goldstandard festhielt. Länder, die der Großen Depression schnell entkamen, verabschiedeten sich flott aus dem goldenen Käfig.

Aufstieg und Fall des Goldstandards lehren zwei Dinge: Erstens kann sich ein System fester Wechselkurse – ob in der Form eines Goldstandards oder durch den Euro – lohnen, weil es den Handel zwischen verschiedenen Ländern ungemein beflügelt.

Zweitens sind die Gefahren für moderne Volkswirtschaften groß. Fehlt der „Wechselkurs-Airbag", muss verlorene Wettbewerbskraft durch sinkende Löhne und Preise gewonnen werden. Irland und die Niederlande versuchen dies derzeit ernsthaft, Spanien, Portugal und Griechenland müssten es tun und haben nur erste kosmetische Schritte unternommen. Wo der Prozess mit seinen enormen Anpassungsschmerzen nicht gelingt, droht ein Dahinsiechen der Wirtschaft über viele Jahre. Vielleicht wünscht sich so mancher europäische Wirtschaftsminister, er könnte wie Montagu Norman auf hoher See und unerreichbar sein, während andere die Entscheidung treffen, den Euro zu verlassen – um dann vor der Presse erstaunt zu erklären, man habe gar nicht gewusst, dass so etwas tatsächlich möglich ist.

Zinsverbot und Kreditpraxis

Ohne Kredit – in welcher Form auch immer – geht es nicht.

Zinsen zu nehmen, so ein bis heute weitverbreitetes Vorurteil, war in der alten Welt verboten. Erst in der Moderne hätten sich, so die populäre Auffassung, Zinsen und Kredit durchgesetzt, hätten den Nimbus des Unmoralischen verloren und seien zu alltäglichen Instrumenten wirtschaftlicher Transaktionen geworden. Damit hätte sich zugleich ein Geist der Bereicherung und der Rücksichtslosigkeit durchgesetzt. Diese Vorstellung ist derart populär, dass noch das Denken über die jüngste Wirtschafts- und Finanzkrise den Geist der Bändigung der Finanzspekulation atmete. Die Popularität von „ethic banking" in seinen unterschiedlichen Formen speist sich auch aus der Vorstellung, dass der moderne Kapitalismus eine Prämie auf unmoralisches Verhalten sei. Verhielten sich die Menschen nur zurückhaltend, blieben Spekulation und Kreditwirtschaft engen Schranken unterworfen, wende sich alles zum Guten, so die nicht ganz unterschwellige Botschaft.

Doch ganz so einfach ist die Lage nicht. Die ältere Welt kannte zwar die Verdammung von Wucher und Geiz: Usura (Wucher) und Avaritia (Geiz) zählten zu den Todsünden; einem guten Christenmenschen war das risikolose Verleihen von Geld gegen Geld bei Höllenstrafe verboten. Auch die Orientierung des eigenen Handelns am schnöden Gelderwerb (Chrematistik) galt in der Aristotelischen Tradition als schlecht. Aber es wäre völlig falsch, aus den religiösen Vorschriften und rechtlichen Institutionen unvermittelt auf die wirtschaftlichen Praktiken der Menschen zu schließen. Zinsnahme und Kreditvergabe gehören seit der Antike zu den unumgänglichen, ja notwendigen Praktiken, ohne die wirtschaftliches Handeln im Sinne der Daseinsfürsorge gänzlich ausgeschlossen gewesen wäre. Die antiken Mäßigkeitsgebote, die hochmittelalterlichen Sündenkataloge und Bußpredigten, schließlich die frühneuzeitlichen Ge- und Verbote unterdrückten folgerichtig auch nicht wirtschaftliches Handeln, sondern zeigten vielmehr an, dass die ökonomischen Praktiken in einer Weise zunahmen, die mit den herkömmlichen Vorstellungen richtigen Verhaltens nicht mehr ohne Weiteres vereinbar zu sein schienen. Die ethischen und religiösen Vorschriften und Ge- und Verbote sollten das Handeln insofern wieder auf das Vertretbare zurückführen, keineswegs aber Zins- und Kreditwirtschaft völlig austrocknen. Sie reagierten mithin auf Missstände!

Die älteren moralischen Gebote und institutionellen Regeln unterschieden folgerichtig auch mehr oder weniger klar zwischen sündigem Gewinnstreben und zugelassenem wirtschaftlichem Erfolg. Beanstandenswert war insbesondere ein aufwandsfreies Einkommen; hier war bei Zinsnahme der Wuchervorwurf schnell zur Hand. Risikobehaftetes Handeln durfte aber durchaus von wirtschaftlichem Erfolg gekrönt sein. Da die Unterscheidung zwischen Wucher und gerechtfertigtem Gewinn nicht immer leicht zu ziehen war, blieb wirtschaftliches Handeln in gewisser Weise unter Generalverdacht: Der Kaufmann stand stets in Gefahr, sein Seelenheil zu verlieren. Da aber auch die mittelalterliche Welt auf den Kaufmann angewiesen war, entwickelte sie (keineswegs uneigennützig) Bußpraktiken, die es ihm ermöglichen sollten, im Zweifelfall doch des Heils teilhaftig zu werden. Das Fegefeuer wurde geradezu zu einer Institution der Reinigung; die durch reiche Gaben ermöglichte Fürbitte für die Seele des Kaufmannes mochte zusätzlich helfen (Jacques LeGoff).

Die weitere Zunahme der Geld- und Kreditwirtschaft, insbesondere aber die europaweite Inflation und Teuerung infolge des Zustroms amerikanischen Edelmetalls seit dem 16. Jahrhundert, sprengte schließlich den Rahmen der bisherigen Vorschriften und Gebote; schließlich waren es vor allem Kirche und Obrigkeiten, die durch z. T. hemmungslose Kreditaufnahme die eigenen Vorschriften ad absurdum führten und – im Ergebnis – aus Kaufleuten und jüdischen Geldverleihern nach und nach mächtige Privatbankiers werden ließen. Zwischen sündhaftem Handeln und zugelassener Praxis war daher nicht mehr wirklich zu unterscheiden; schon gar nicht war die Kirche die Instanz, die dies unbestritten hätte tun können. Die Preisbildung auf den Güter- und Geldmärkten ließ sich nicht mehr ethisch einfach regulieren, nicht zuletzt, weil die Preisbildung selbst kaum transparent war. Gleichwohl blieb die Frage der Regulierung relevant. Und schon die spanischen Spätscholastiker, namentlich der Theologe und „Ökonom" Luis Molina, fanden bereits im 16. Jahrhundert eine geradezu grundstürzende Antwort, indem sie bei der Preisregulierung an die Stelle der nach göttlichem Gebot handelnden Obrigkeit den freien Markt setzten: Der gerechte Preis war hiernach jener Preis, der sich auf freien Märkte von selbst einstellte. Sündig war nurmehr jenes Verhalten, das das Funktionieren des freien Marktes aus Eigeninteresse in Frage stellte. Das war in der Tat revolutionär!

Das Verbot des aufwandsfreien Zinses war damit zwar kirchenrechtlich nicht vom Tisch, aber die Vorstellung, dass Preise obrigkeitlich zu regulieren seien, war zutiefst erschüttert, zumal sich die zahlreichen einschlägigen Versuche von Kleider-, Speise- und Konsumordnungen sowie Preisfixierungen als notorisch erfolglos erwiesen. Im 18. Jahrhundert wurde schließlich die gesamte obrigkeitliche Regulierung der Märkte als ineffizient in Frage gestellt. Die Physiokraten und später Adam Smith hatten mit ihrer Kritik an den Praktiken der europäischen Obrigkeiten auch deshalb so großen Erfolg, weil sie die ebenso aufwendige wie ineffiziente Regulierung der Märkte durch die obrigkeitliche Bürokratie nicht einfach nur streichen wollten, sondern zugleich mit dem freien Markt eine gleichsam spontane Lösung des Problems der ethischen Verantwortbarkeit wirtschaftlichen Handelns einführten: Freie Märkte, Konkurrenz und freies Spiel von Angebot und Nachfrage bewirkten hiernach wie „durch eine unsichtbare Hand" eine auch ethisch zufriedenstellende Lösung wirtschaftlichen Handelns. Der Staat war damit keineswegs grundsätzlich aus dem Spiel, nur war nun seine Aufgabe anders definiert: Er hatte, wie es der deutsche Ökonom Georg Sartorius in seiner Kritik des radikal-liberalen Physiokraten Johann August Schlettwein scharfsinnig erkannte, seine Aufgabe vor allem in der Garantie der Marktfunktion, die durch eigeninteressiertes Handeln stets gefährdet ist.

Praktisch ermöglichten diese semantischen Verschiebungen, dass etwa mit den Reformgesetzen zu Beginn des 19. Jahrhunderts in Preußen ein Großteil der wirtschaftlichen Aktivitäten aus obrigkeitlicher Bindung freigegeben wurde. Gegenüber einer Ausdehnung der Finanzwirtschaft war man freilich skeptisch, nicht zuletzt wohl auch deshalb, weil Preußen nach 1815 schwer unter der aufgelaufenen Staatsschuld zu tragen hatte. Aktienbanken jedenfalls, also die im 19. Jahrhundert nach und nach aufkommenden neuen Instrumente der Kreditbeschaffung, blieben in Preußen bis 1870 verboten. Und auch die Wuchergesetzgebung griff noch lange unmittelbar in das Bankgeschäft ein.

Faktisch aber setzte sich die kreditgetriebene Expansion der Industrie und des Verkehrs bereits in der ersten Jahrhunderthälfte durch. Schon das mittelalterliche und frühneuzeitliche Kaufmannsgeschäft war im Wesentlichen kreditfinanziert; der Wechsel das flexible Instrument hierzu. Auch das Kaufmannsgeschäft selbst, die Vorfinanzierung großer Handelsunternehmen etwa, beruhte auf Kredit, der nach erfolgreicher Rückkehr abgelöst wurde. Der für Alteuropa notorische Mangel an Münzgeld führte auch dazu, wie neuere Untersuchungen etwa zu englischen Testamenten aus dem 17. und 18. Jahrhundert zeigen, dass selbst die einfache Landbevölkerung untereinander umfangreiche Kreditbeziehungen unterhielt, ohne die das wirtschaftliche Leben zum Erliegen gekommen wäre. Mit den neuen technischen Möglichkeiten entstanden nun seit der zweiten Hälfte des 18. Jahrhunderts Handlungsmöglichkeiten, die ohne Kredit und damit ohne Zins niemals hätten wahrgenommen werden können. Der Bau einer Fabrik verlangt Kapitalvorschüsse und ist zudem spekulativ, da bei der Investition deren Erfolg nicht sicher ist, sondern auf ihn eben nur „spekuliert“ werden kann. Ohne Kredite, insbesondere in Form von Obligationen, wäre das Eisenbahnnetz in Europa und den USA im 19. Jahrhundert bestenfalls kümmerlich geblieben, wie überhaupt sich mit der Durchsetzung des modernen Industriekapitalismus etwas völlig Neues zeigte: War der ältere Kredit ein Hilfsmittel der Wirtschaft, so wurde er nun zu deren Voraussetzung. Kredit, Zins und Spekulation wurden und sind die Geburtshelfer jeder zukunftsgerichteten Investition, da eben gegenwärtig ein Aufwand getrieben werden muss, der sich erst in Zukunft rentieren kann. Kredit und Spekulation sind insofern auch nicht vermeidbare Eigenschaften der modernen Welt, sie sind vielmehr ihr Konstituens.

Die alteuropäische Welt, so können wir schlussfolgern, konnte Kredit, Zins und Spekulation ethisch ächten, weil sie einerseits hiervon noch nicht existenziell abhing und andererseits flexibel genug war, um den seinerzeit notwendigen Kredit- und Spekulationspraktiken Raum zu geben. Überdies waren auch die Kreditpraktiken in der älteren Welt grobschlächtig: Hohe Zinssätze, schlechte Zahlungsmoral und Gewalt waren an der Tagesordnung und trugen ihrerseits dazu bei, die Kritik am Zinsnehmen zu plausibilisieren. Als das Ausmaß der Finanzgeschäfte, der Geld- und der Kreditwirtschaft schließlich die alteuropäische Vorstellungskraft sprengte, verzichtete man auf deren Sanktionierung, sondern versprach sich von ihrer Freigabe unter den Bedingungen funktionierender Märkte eine auch ethisch akzeptable Selbstregulierung. Es dauerte zwar, bis auch die Finanzmärkte liberalisiert und die engen Wuchergesetze aufgehoben wurden; doch bekamen Kredit und Spekulation seit dem 19. Jahrhundert den Spielraum, der für eine erfolgreiche kapitalistische Expansion notwendig war und ist. Und letztlich ist auch die Hoffnung eingetreten, freie Märkte disziplinierten das ökonomische Handeln. Gemessen an den Wucher- und Zinspraktiken der Vormoderne ist der moderne Geld- und Kreditverkehr im Großen und Ganzen harmlos. Wucher jedenfalls ist heute eher das Zeichen eines wenig oder nur schlecht entwickelten Finanzsystems! Und „Ethic Banking" wohl vor allem eine Geschäftsidee.

Die Erfindung der Waghalsigkeit

Die Gesellschaft mit beschränkter Haftung ist eine deutsche Idee. Sie begrenzt die Haftung des Eigentümers. Das macht risikofreudig.

Man kann die Geschichte des modernen Wohlstands als eine der technischen Innovationen schreiben. Was nicht erfunden wird, kann auch nicht als Konsum- oder Investitionsgut gekauft werden. Doch Erfindungen verkaufen sich nicht von selbst. Also muss man die Geschichte des Wohlstands auch als eine des Unternehmertums erzählen. Und als eine von Gesellschaften, die Produktion wie Handel stimulieren. Dann ist man bei der Geldwirtschaft, bei Marktordnungen und bei der Entstehung sozialer Techniken wie der Buchführung, dem Management oder der Finanzmathematik.

Es gibt noch eine dritte Weise, den Aufstieg zum Wohlstand zu beschreiben. Sie erzählt nicht von Ingenieuren oder Fabrikbesitzern, sondern von Juristen. Jegliche Aktion im Wirtschaftssystem ist auch eine rechtliche – oder widerrechtliche. Was die einen investieren nennen, heißt für die anderen Leasing oder Miete oder Kaufvertrag. Und bereits die ersten Schritte im Grundkurs des Bürgerlichen Rechts belehren einen, dass selbst der einfachste Barkauf für Juristen aus drei Verträgen besteht: schuldrechtlicher Kaufvertrag, dingliche Übereignung der Sache, dingliche Übereignung des Geldes. Um Leasing rechtlich zu erklären, braucht man einen ganzen Abend.

Ganz ähnlich ist es mit dem, was bei Ökonomen schlicht eine Firma heißt. Schon das römische Recht hat bei Vereinigungen von Personen zu gemeinsamen Zwecken zwischen „universitas“ und „societas“ unterschieden. Beispielsweise danach, ob das Vermögen der Vereinigung gehört oder anteilig den Mitgliedern, ob für die Schulden nur die Organisation haftet oder es einen Durchgriff auf die Gesellschafter gibt, und ob das Ganze die Einzelnen überdauert oder beim Ausscheiden eines Teilhabers erlischt. Eine ähnlich grundsätzliche Unterscheidung ist heute die zwischen Personen- und Kapitalgesellschaften. Die Frage ist hier, ob die Firma durch den selbst mitarbeitenden und persönlich haftenden Gesellschafter oder vielmehr durch ihr Grundkapital, veräußerliche Anteile sowie eine Geschäftsführung durch Dritte bestimmt wird. Gilt bei Entscheidungen Einstimmigkeit oder Mehrheit? Und wenn Mehrheit gilt, stimmt man nach Köpfen ab – wie im Verein – oder nach der Höhe der Beteiligung?

Man sieht sofort: Für Zivilrechtler ist Wirtschaft nicht die Durchsetzung einfacher Rationalität, sondern der Versuch, Verträge und Vereinbarungen zu begünstigen, die andernfalls aufgrund der Risiken, die in ihnen stecken, nicht zustande kämen. Es geht, so gesehen, nicht um die Bewältigung von Knappheit, sondern um die Beschwichtigung von Misstrauen und das Erträglichmachen von Risiken. Es ist dabei wie beim Kauf: Was garantiert, dass derjenige, der als Erster seine Ware losgelassen hat, nicht den Kürzeren zieht? So auch bei Firmen: Wie kann bei gemeinsamer Zweckverfolgung gesichert werden, dass Einigkeit über den Zweck besteht? Oder wie kann man Leute zur Unterstützung der Zweckverfolgung bewegen, Aktionäre beispielsweise, die selbst nicht geeignet oder nicht willens sind, an ihr teilzunehmen?

Eine solche Form der Behandlung von Misstrauen ist die GmbH, die Gesellschaft mit beschränkter Haftung. In Deutschland gibt es knapp eine Million davon, mit einem Stammkapital von insgesamt um 300 Milliarden Euro. Die GmbH ist eine deutsche Erfindung. Das entsprechende Gesetz, das sie etablierte, wurde 1892 verabschiedet. Und zwar, weil es ein Misstrauensproblem gab. Zuvor war es nämlich lange recht leicht gewesen, Aktiengesellschaften (AGs) zu gründen. Doch die Kontrolle, ob die Anleger noch einmal etwas von ihrem Geld wiedersehen, blieb schwach. Wenn gar nicht gehaftet wird, steigen die Risiken, mit extrem positivem wie extrem negativem Ausgang.

Das führte 1884 zu Verschärfungen im Aktienrecht, unter anderem zur Gründerhaftung, damit aber auch zu einer Verteuerung der Organisationsform AG. Für kleinere Unternehmen ist schon der Aufwand, den die Unterscheidung von Vorstand, Aufsichtsrat und Hauptversammlung bedeutet, enorm. Allerdings war an der AG seit jeher attraktiv, dass die Anteilseigner nicht haften, sondern nur Kapital zur Verfügung stellen.

Die GmbH entstand aus der Kombination beider Gesichtspunkte. Sie ist ein Kompromiss zwischen den Bedürfnissen, Haftung zu gewährleisten und Haftung zu beschränken. Gewährleistet werden muss Haftung, weil sonst niemand sich auf Geschäfte (Zahlungsziele, Lieferversprechen, Kreditvergabe) einließe. Beschränkt werden sollte Haftung, weil andernfalls eine Trennung von Zuständigkeiten in der Firma mit all ihren Vorzügen ganz unwahrscheinlich würde. Wer persönlich und unbeschränkt mit seinem Vermögen haftet, kann im Grunde keinerlei Geschäftstätigkeit mehr delegieren. Haftung erlaubt die Streckung des wirtschaftlichen Zeithorizonts, beschränkte Haftung erlaubt Arbeitsteilung. Das Modell der GmbH sieht als Kapitalgeber idealerweise einen Kreis von Leuten vor, die sich untereinander kennen und gemeinsam Einfluss nehmen – die wenigsten GmbHs haben Geschäftsführer, die keine Gesellschafter sind -, weshalb sie auf Anlegerschutz verzichten. So gesehen ist sie, obwohl de jure eine Kapitalgesellschaft, selbst ein Kompromiss zwischen dem personalen und dem funktionalen Element des Kapitals.

Bei der GmbH stellt sich das so dar: Sie ist ein Verein, indem das Mehrheitsprinzip gilt und nicht Einstimmigkeit. Und sie ist eine Kapitalgesellschaft. Man braucht derzeit im Normalfall mindestens 25 000 Euro als Mindesteinlage dafür. Nur noch 25 000 Euro muss man sagen, denn 1892 waren es noch 20 000 Mark, was nach Berechnungen des Potsdamer Juristen Tilman Bezzenberger der heutigen Kaufkraft einer Viertelmillion Euro gleichkommt. Mit jenem Stammkapital und mit dem Gesellschaftsvermögen haftet man, aber nicht mit mehr. Das Privatvermögen der Gesellschafter haftet nicht. Im Fall einer Insolvenz gehen die Gläubiger leer aus, wenn die geschuldete Summe höher als das Stammkapital ist, oder dieses schon im Geschäftsbetrieb verbraucht wurde. Es sei denn, die Gesellschafter haben die Insolvenz unverantwortlich herbeigeführt: Das ist der Fall der sogenannten Existenzvernichtungshaftung. Oder sie haben Sozialabgaben nicht gezahlt. Dann nützt ihnen, der Staat versteht zu Recht keinen Spaß, auch das „mbH“ nichts.

Die Stammanteile der GmbH können zwar übertragen, aber praktisch nicht gehandelt werden. Ihr Sinn besteht wohl auch nur schwach im Gläubigerschutz. 25 000 Euro sind schnell beansprucht, und kein Gläubiger weiß, bei wem die GmbH gerade noch Außenstände hat. Juristen sprechen zusätzlich gerne von einer „Seriositätsschwelle", die mit jenem Betrag gesetzt sei. Die nüchternste Umschreibung findet sich im „Gesellschaftsrecht" der Berliner Zivilrechtlerin Christine Windbichler, die das Stammkapital als „Garantieziffer" für Gläubiger bezeichnet, da es diesen garantiert, dass nur dann Zahlungen an die Gesellschafter erfolgen dürfen, wenn das Gesellschaftsvermögen diese Summe übersteigt.

Aus alldem darf man schließen, dass GmbHs im Durchschnitt nicht ganz so kreditwürdig sind wie andere Gesellschaftsformen. Wenn sie stark wachsen wollen, stoßen sie mitunter an Grenzen. Man kann das aber auch umgekehrt formulieren: Es gibt Firmen, für deren Erfolg Kreditwürdigkeit bei einer misstrauischen Umwelt nicht der entscheidende Faktor ist, oder die jene Kreditwürdigkeit anders als durch ihre Haftungsgrundsätze erlangen. Die GmbH ist unter den prominenten Gesellschaftsformen vermutlich diejenige, die auf die Pflege des guten Rufs am stärksten angewiesen ist. Sie ist die Rechtsform des mittleren Risikos. Der Juristenwitz „Gesellschaft mit beschränkter Hochachtung" spricht insofern gar nicht gegen diese. Denn Hochachtung sollte, bürgerlich betrachtet, in Wirtschaftsdingen niemals unbegrenzt erteilt werden.

Die Erfindung der geregelten Arbeit

Damit Menschen zusammenarbeiten können, müssen sie sich auf die Zeit einigen. Das geht erst, seit es Uhren gibt.

Was passiert, wenn Menschen in einen fensterlosen Bunker gesperrt werden? Irgendwann verlieren sie ihr Zeitgefühl. Sie können nicht mehr richtig abschätzen, ob es bis zur nächsten Mahlzeit noch lange dauert. Bald wissen sie auch nicht mehr, ob es Tag oder Nacht, Sonntag oder Werktag, Frühling oder Herbst ist. Offensichtlich tickt die innere Uhr des Menschen nach einem eigenen, individuellen Takt, der sich von Person zu Person deutlich unterscheidet.

Zeit ist eben eine sehr abstrakte Größe. Das macht den objektiven Umgang mit ihr so schwierig. Viele haben oft keine Zeit, weil sie von einem Termin zum nächsten hetzen. Ans Bett gebundenen Kranken will die Zeit nicht vergehen. Einige vergessen schlicht die Zeit, sind unpünktlich, kommen zu spät und tun sich mit dem Zeitmanagement schwer.

Räume sehen die Menschen durch ihre Augen. Die Zeit können sie dagegen nicht direkt beobachten. Dabei ist es wichtig, die Zeit genau zu messen, wenn mehrere Menschen gut und reibungsfrei zusammenarbeiten wollen – wer sich um 15 Uhr treffen will, muss wissen, wann es 14 Uhr ist.

Genau deshalb hat es seit Beginn der Menschheit Versuche gegeben, die Zeit zu messen. In den Agrargesellschaften des Altertums folgte die Zeitmessung zyklischen Kreisläufen der Natur. Die Jahreszeiten und der Lauf der Sonne zwischen Auf- und Untergang waren auch für die Massen ohne großen Aufwand erkennbar. Die wenigen, die es genauer wissen wollten, nutzten einfache natürliche Hilfsmittel. Kerzen und Feuer, Wasser- oder Sonnenuhren, später auch Sanduhren halfen, ein objektives Zeitgefühl zu entwickeln. Von zentralen Großuhren wurden die Zeitsignale meist durch Töne übermittelt: per

Zuruf, Pfeifen, Trommeln, Glasenschlag oder Glocken. In Europa waren Uhren vor allem eine Angelegenheit der Kirchen. Sie wurden an den Gotteshäusern weithin sichtbar angebracht, und das Glockengeläut sollte die Gläubigen an ihre religiösen Pflichten erinnern: „Ora et labora". Gebetszeiten bestimmten die zeitliche Tageseinteilung im christlichen Mittelalter. Nur allmählich ergänzte der Stundenschlag den Tagesablauf. Aber noch lange kamen Kirchenuhren mit nur einem Zeiger aus. Die Turmuhr des Freiburger Münsters zeigt bis heute nur die Stunden an. Minuten oder gar Sekunden spielten noch überhaupt keine Rolle.

Erst die Miniaturisierung der Uhr hat es den meisten Menschen ermöglicht, „Zeit" zu erfassen. Häusliche Stand- oder Tischuhren, später Taschen- und Armbanduhren erlaubten es jederzeit und nach individuellem Bedarf, Minuten oder gar Sekunden zu erkennen. Mehr noch: Der Zeitmesser am Handgelenk schafft für alle einen gemeinsamen Bezug. Die Zeit wurde konkret. Man kann sich um 16 Uhr 15 für eine halbe Stunde verabreden. Man kann sich vornehmen, am Sonntagmorgen für 45 Minuten die Frankfurter Allgemeine Sonntagszeitung zu lesen. Man kann Termin- und Fahrpläne, Ablaufdiagramme und Drehbücher erstellen. Das Entscheidende ist, dass alle Beteiligten wissen, wann was auf der Agenda steht.

Dass plötzlich jeder eine Uhr hatte, änderte allerdings nicht nur den praktischen Umgang mit der Zeit – sondern ganze Denkmuster. Darum hat die tragbare Uhr die Lebens- und Arbeitswelt der Agrargesellschaft stärker verändert als die meisten anderen Erfindungen. Der Bauer, der keine Uhr hatte, kannte auch keine Hast. Wieso auch? Die saisonalen Zyklen bestimmten den Gang der Welt. Der Lauf der Sonne legte den Tagesrhythmus fest. Das Leben spielte sich in engen Räumen und kleinen, überschaubaren Siedlungen ab. Die Menschen versorgten sich selbst – und wenn nötig, tauschten sie auf dem dörflichen Markt. Da brauchte es wenig zeitliche Koordination. Es ging schlicht darum zu überleben. Die Masse konnte ihre Lebensbedingungen sowieso nicht dauerhaft verbessern oder gar sozial aufsteigen. Die gesellschaftlichen Klassen waren strikt voneinander abgeschottet.

In der zeitlosen Agrargesellschaft gibt es keinen vom Menschen getriebenen Fortschritt. Alles hat seinen gottgegebenen Platz. In diesem fatalistischen, wachstumsfeindlichen Umfeld schlug die Stunde der Taschenuhr. Die verfeinerte Vermessung der Zeit verstärkte einen neuen Gedanken: die Vorüberlegungen der Aufklärung. Das Verständnis von Welt und Zeit, Fragen über den Anfang und das Ende der Erde sowie Vorstellungen über die gottgegebenen Schicksale wurden überprüft. Die Naturwissenschaften lösten sich aus den klerikal vorgegebenen Fesseln. Mit präziseren Uhren konnten technische Experimente besser überprüft werden.

Nur langsam wuchs in der breiten Bevölkerung die Überzeugung, dass es mit der Zeit wirtschaftlichen Fortschritt gibt. Das neue Zeitbewusstsein allerdings half dem Wachstum: Die Welt wirkte nicht mehr statisch und unveränderbar, sondern dynamisch. Den Menschen wurde bewusst, dass sie ihren Lebensstandard verbessern konnten. Anstrengung lohnte sich im irdischen Leben und nicht erst im Paradies. Zukunftsutopien kamen in Mode – und die Menschen suchten Wege, auf denen sie in deren Richtung kamen. Damit waren auch die philosophischen Fundamente gegeben, auf denen die Industrialisierung ihren historisch unvergleichlichen ökonomischen Aufstieg vollzog.

Die Vermessung der Zeit führte zu einer kulturellen Revolution. Sie wurde zum Schmieröl der Industrialisierung. Ohne präzise Uhren lassen sich wirtschaftliche Abläufe in größeren Betrieben nicht effizient organisieren. Es kommt zu Leerlauf, Warteschlangen, Durcheinander und Fehlzeiten. Das ist ärgerlich und teuer. Wie bei einem Uhrwerk im Kleinen, müssen die einzelnen Zahnräder bei der industriellen Produktion auch im Großen zeitlich reibungslos ineinandergreifen. Arbeitsteilung und Spezialisierung machen die Arbeit so kompliziert, dass sie sich ohne Zeitmanagement nicht bewältigen lässt. Das galt besonders für das Transportwesen, zum Beispiel für die Eisenbahn.

„Zeit“ erlangte für die europäischen Industriegesellschaften eine materielle Dimension, die sie vorher während Jahrtausenden nicht annähernd innehatte. Die Vermessung der Zeit führte für die Masse der Menschen zu einer Vertaktung des Alltags in Stundenpläne, Wochenziele, Monatsberichte, Quartalszahlen und Jahresabschlüsse, einer Trennung von Freizeit und Arbeitszeit, Erwerbsleben und Ruhestand und einem Zeitstress, unter dem heute so viele leiden, weil sie in immer kürzeren Intervallen immer mehr leisten sollen.

In der industriellen Gesellschaft wurde Zeit knapp. Damit wurde sie zu einem ökonomischen Gut: „Zeit ist Geld", heißt es. Plötzlich lohnte es sich, die Verwendung der begrenzten Zeit klug zu planen. Und wie bei allen ökonomischen Gütern entstanden Märkte, auf denen Zeit gehandelt wurde. Weil die Wertschätzung der Zeit von Person zu Person und von Moment zu Moment unterschiedlich eingeschätzt wird, gab es Menschen, die Zeit anboten, und andere, die Zeit nachfragten – die Arbeitsmärkte, auf denen die Bereitschaft, auf Freizeit zu verzichten und dafür Arbeit zu leisten, mit Gehalt belohnt wurde.

Neben die Arbeitsmärkte traten Rohstoff-Terminmärkte, auf denen das Saatgut von morgen gekauft und die Ernten von übermorgen verkauft wurden. Neben den Gütermärkten entstanden Arbeitsmärkte. Ebenso gewannen die Kapitalmärkte an Bedeutung, auf denen Zinsen für eine zeitliche Überlassung von Geld bezahlt werden.

Im Übergang von der Agrar- zur Industriegesellschaft stieß die Ökonomisierung der Zeit ein dynamisches Wirtschaftswachstum an. Mit den Atomuhren von heute lassen sich Milliardenbeträge in Nanosekunden um den Erdball jagen. Also in Zeiteinheiten, die von einer Sekunde gleich weit entfernt sind wie 30 Lebensjahre. Dabei ist eines sicher: Die Vermessung der Zeit ist nicht am Ende, sondern erst am Ende des Anfangs.

Von der Muschel zum Papiergeld

Anfangs bezahlten die Menschen mit Muscheln, Pfeilspitzen oder Salz. Doch Münzen und Scheine sind handlicher.

Mit dem Geld hat es eine eigenartige Bewandtnis. Einerseits betrachten wir es als Inbegriff des Reichtums und der Macht. Geld regiert die Welt, wie der Volksmund sagt. Gleichzeitig galt das Geld aber auch immer schon als eine Wurzel wirtschaftlichen Übels. So merkte etwa Cicero an, dass „Gelder die Lebenskraft des Krieges sind“. Selbst heute sagen wir, dass Geld den Charakter verdirbt. Wenn es aber solch negative Auswirkungen hat, wieso gibt es dann Geld überhaupt?

Der Grund ist der offensichtliche Vorteil des Geldes. Wenn der Schuster ein Hemd braucht, muss er eben nicht erst einen Schneider finden, der ihm im Tausch seine Schuhe abkaufen will. Und er braucht seine Ware auch nicht erst zu einer Tauschbank zu bringen oder bei einer zentralen Lenkungsstelle abzuliefern. Stattdessen verkauft er sie einfach gegen Geld und erwirbt damit zu einem beliebigen Zeitpunkt das, was er selber benötigt. In der Tat sind dezentrale, arbeitsteilige Wirtschaftsprozesse, wie sie Grundlage unseres Wohlstandes sind, kaum ohne Geld denkbar.

Dieser Vorteil des Geldes ist schon in uralten Zeiten entdeckt worden. Selbst primitivste Wirtschaften haben es deshalb verwendet. Anfangs handelte es sich dabei um nützliche Gegenstände wie Muscheln, Pfeilspitzen oder auch Salz, die leicht zu transportieren, aufzubewahren und abzuzählen waren. Außerdem mussten sie natürlich allgemein als werthaltig anerkannt werden, jedenfalls im jeweiligen Verbreitungsgebiet.

Mit zunehmendem Warenhandel wurde dieses sogenannte Warengeld durch Münzen abgelöst, die ausschließlich Geldfunktion hatten. Das erste Geld, einfache Goldklumpen, wurden von den Lydern im 7. Jahrhundert v. Chr. geschlagen und unter ihrem sagenhaften

König Krösus (um 590 – 541 v. Chr.) wurden die ersten einheitlichen Münzen geprägt. Nach und nach verbreiteten sich Münzen dann über den gesamten Mittelmeerraum. Die Römer prägten ihre Münzen im Tempel der Göttin Moneta, woher der Begriff Moneten stammt. Der Vorteil der Münzen gegenüber dem Warengeld lag darin, dass sie ein festgelegtes Gewicht hatten. Damit konnten sie beim Bezahlen einfach abgezählt statt umständlich gewogen werden. Bei den sogenannten Kurantmünzen entsprach ihr Wert genau dem in ihnen enthaltenen Silber- oder Goldgewicht. Später kam man darauf, dass das eigentlich gar nicht notwendig ist. Denn solange die Münzen nicht stärker vermehrt werden, als die gehandelte Gütermenge steigt, bleiben sie auch so hinreichend knapp und damit werthaltig. Heute haben wir es deswegen praktisch ausschließlich mit sogenannten Scheidemünzen zu tun, deren Wert deutlich höher als ihr Metallgehalt ist.

Naturgemäß ist es bei den Münzen auch vielfach zu Betrügereien („Kipper und Wipper") gekommen. Ein Beispiel dafür war der sprichwörtliche rote Heller. Er war unter Kaiser Friedrich Barbarossa im 12. Jahrhundert ursprünglich als reine Silbermünze in (Schwäbisch) Hall geprägt worden. Im Laufe der Jahrhunderte wurde er aber immer schlechter in Bezug auf Schrot (Gewicht) und Korn (Edelmetallgehalt). Insbesondere ersetzte man den Silberanteil zunehmend durch Kupfer. Das gab der Münze eine immer rötlichere Farbe und machte sie schließlich zum Inbegriff der Wertlosigkeit.

In den Bergen Neuguineas auch heute noch Zahlungsmittel: ein polierter Ring, der aus einer Muschelschale geschnitten wurde.

Auch das heute gebräuchliche Papiergeld hat sich in der Vergangenheit oft als wenig wertbeständig erwiesen. In seinem Ursprung geht es auf den Wechsel zurück, denn letztlich ist eine Banknote nichts anderes als ein Zahlungsversprechen. Diese historischen Wurzeln sind heute noch sichtbar auf der englischen Pfundnote, wo es heißt: „I promise to pay the bearer on demand the sum of one pound."

Vorläufer der Banknoten wurden schon im 2. Jahrtausend vor Christus in Mesopotamien verwendet. Standardisiertes Papiergeld kam zum ersten Mal im 7. Jahrhundert in China auf. In Europa ist es dagegen erst ab Ende des 15. Jahrhunderts bekannt. Zunächst war es nur als Ersatzgeld für den Fall von Münzknappheit gedacht, aber bereits 1661 gab die Stockholmer Bank offizielle Banknoten heraus. Man hatte begriffen, dass das Papiergeld viel effizienter war als der Einsatz knapper Edelmetalle für den Zahlungsverkehr. Denn die Herstellungskosten von Banknoten waren ungleich geringer als der Wert der Münzen, die man dafür kaufen konnte.

Diesen Umstand machte sich im großen Stil zuerst der schottische Lebemann und Finanzjongleur John Law zunutze. In England wegen Mordes gesucht, überredete er den französischen König dazu, staatliches Papiergeld zu drucken und damit Münzen und staatliche Schuldscheine aufzukaufen. Anfänglich war das Ganze ein grandioser Erfolg, aber Law machte den Fehler, zu viel von dem neuen Geld in Umlauf zu bringen. Infolgedessen kam es zu heilloser Inflation, ähnlich wie später in vielen anderen Fällen des sorglosen Umgangs mit der Notenpresse. Das Extrembeispiel war die deutsche Hyperinflation von 1923, auf deren Höhepunkt eine Reichsmark gerade noch ein Billionstel Dollar wert war. Dass es auch anders geht, zeigen die Erfolgsgeschichten der D-Mark, des Schweizer Franken und durchaus auch des Euro. Wenn man das Geld knapp genug hält, taugt sogar das völlig stofflose Buchgeld als Wertaufbewahrungsmittel, das heute den größten Teil der Geldmenge ausmacht.

Nach herrschender ökonomischer Lehrmeinung ist Geld neutral, das heißt, es verändert bei richtiger Emissionspolitik weder das Preisniveau noch den Zinssatz. Es gibt aber auch eine Tradition von Ökonomen, welche die Rolle des Geldes grundsätzlich kritisieren. So nannte Pierre-Joseph Proudhon, einer der Gründerväter des Anarchismus, das Geld einen Riegel, der den Zutritt zu den Märkten versperrt. Ähnlich sah es der Sozialreformer Silvio Gesell, der mit Hilfe des sogenannten Schwundgeldes den seiner Meinung nach schädlichen Geldzins beseitigen wollte.

Auch in der Krisentheorie von John Maynard Keynes spielte das Geld eine zentrale Rolle. In unsicheren Zeiten halten demnach Menschen und Banken ihr Geld fest, statt es auszugeben. Dadurch aber verschärft sich die Krise, weil es sowohl an Konsumnachfrage als auch an Kreditangebot für die Unternehmen mangelt. In der jüngsten Finanzkrise hat sich diese Sorge durchaus bestätigt.

Auch die Kritiker des Geldes haben freilich selten seine völlige Abschaffung gefordert. Man würde ja auch nicht die Flüsse trockenlegen wollen, nur weil sie manchmal über die Ufer treten oder Niedrigwasser führen. Bei der Suche nach einer optimalen Geldordnung geht es vielmehr darum, die Gefahren des Geldes in Grenzen zu halten und seine unbestrittenen Vorteile bestmöglich zu nutzen. Denn eines ist sicher: Der Wohlstandszuwachs der vergangenen Jahrhunderte wäre ohne die Entwicklung des modernen Geldwesens nicht möglich gewesen. Auch die Menschen in aufstrebenden Ländern, die früher bittere Armenhäuser waren, haben davon profitiert.

Wo Kuh und Schaf gemeinsam grasen

Allmende, so nannte man früher Weiden und Äcker, die alle Bauern gemeinsam nutzen durften. Erstaunlich, dass so etwas funktionierte.

Die Allmende ist für alle da. Darum heißt sie so. Die Allmende (abgeleitet vom mittelhochdeutschen „algemeinde", englisch „Commons") umfasste einst sämtliche gemeinschaftlich genutzten Weiden, Wälder, Wiesen, Heiden, Steinbrüche, Moore, Fisch- und Jagdgründe innerhalb der Dorfgemarkung. Belegt ist die Allmende seit dem 10. Jahrhundert; möglicherweise gab es sie aber schon zu Beginn der christlichen Zeitrechnung in Urformen der germanischen Landnutzung und gar im antiken Griechenland. Außer in einigen Bergregionen gibt es die Allmende nach historischem Vorbild in Europa heute nicht mehr.

Wie funktionierte die Allmende? Ganz allgemein war der Zugang zu ihr in der Regel trotz ihres Namens nicht, sondern den erbberechtigten Nachkommen der alteingesessenen Bauern vorbehalten. Das half, bei den Nutzern einen langen Zeithorizont aufzubauen und Raubbau zu verhindern. Die Nutzung war durch mündlich überliefertes Gewohnheitsrecht bestimmt; erst im 15. Jahrhundert wurden die Vorschriften schriftlich kodifiziert. Das Eigentum hielt ein Grundherr (in Norddeutschland) oder die Gemeinde selbst (in Südwestdeutschland). Die Dorfgemeinschaft regelte im Rahmen dieses Rechts sämtliche Nutzungsbedingungen bis ins Detail, von den Zugangsterminen bis zur Stückzahl des Weideviehs oder dem Saatgut. In der Grafschaft Kyburg bei Winterthur ist aus dieser Zeit ein Dokument erhalten, in dem es heißt, Holz dürfe nur in einer solchen Menge geschlagen werden, dass „unsere kind und nachkomen och mogint geniessen". Die Allmende war, wie Ökonomen in ihrem Jargon sagen, ein klassisches Gemeingut, und für die Nutzung dieses Gemeinguts hatten sich die Menschen Regeln gegeben, die Nachhaltigkeit garantierten.

Wie erfolgreich die historische Allmende in den vielen Jahrhunderten ihres Bestehens war, ist inzwischen fast vergessen. Der Begriff „Allmende“ hingegen hat durch die wissenschaftliche Debatte eine Erweiterung erfahren; er steht sinnbildlich nunmehr für alle knappen Güter, die gemeinschaftlich genutzt werden. Ein Allmendegut ist kein öffentliches Gut. Für öffentliche wie für Allmendegüter gilt zwar, dass es oftmals schwierig ist, Nutzer fernzuhalten („Nicht-Ausschluss“). Wichtiger aber ist, dass bei einem Allmendegut im Gegensatz zum öffentlichen Gut die Nutzungsmenge des einen Nutzers durchaus die Menge beeinträchtigt, die jemand anderes in Anspruch nehmen kann (sie ist „rivalisierend“). Wenn die Kühe des einen Bauern die Weide abgefressen haben, ist für die Kühe des anderen Bauern nichts mehr übrig.

In den sechziger Jahren erregte der Mikrobiologe und Ökologe Garrett Hardin mit seinem berühmten Essay „The Tragedy of the Commons“ Aufsehen. Hardin ging es allen Ernstes um eine Legitimierung der Geburtenkontrolle, allen denkbaren Freiheitsrechten zum Trotz. Auch für ihn war freilich die Allmende schon eine nützliche Metapher – eine Metapher, die er für jede Art von sozialem Kapital benutzte, die natürliche Umwelt, das Klima, die Moral, den Wohlfahrtsstaat. Diese definierte er als durch übermäßige Nutzung gefährdete Gemeingüter; Abhilfe sollte folglich eine Beschränkung der künftigen Nutzerzahl bringen. So leicht diese Forderung als untragbar zu entlarven war, so lange dauerte es, die Unabwendbarkeit des Hardinschen Szenarios zu widerlegen. Für ihn war es erwiesen, dass das Schicksal der Allmende die Übernutzung ist. Gemeinschaftlich genutzte Wiesen werden von so vielen Kühen abgefressen und zertrampelt, dass dort bald nichts mehr wächst; Fischgründe werden leergefischt; gegen die Moral wird so lange verstoßen, bis sie keine mehr ist.

Allmendegüter laden ein zur Verschwendung. Das ist keine neue Erkenntnis. Schon im vierten Jahrhundert vor Christus hatte Aristoteles in seinem Werk „Politik“ die Beobachtung festgehalten, dass „dem Gut, das der größten Zahl gemeinsam ist, die geringste Fürsorge zuteil wird. Jeder denkt hauptsächlich an sein eigenes, fast nie an das gemeinsame Interesse.“

Was ist dagegen zu tun? Privatisierung ist oftmals technisch nicht möglich, Moralappelle reichen gegen übermächtige ökonomische Anreize selten aus. Abhilfe lässt sich nur mit staatlichem Zwang schaffen – so die düstere Prognose. „Freiheit auf der Allmende bringt allen Beteiligten den Ruin", schrieb Hardin.

Warum aber war dann die historische Allmende so lange erfolgreich? Weil die Menschen Probleme lösen. Hardin war mit seinem Befund einer strukturellen Dilemmasituation zu früh stehengeblieben; erst mit der Analyse der spontanen Reaktionen darauf wird es spannend. Gerade weil die historische Dorfgemeinschaft die „Tragödie der Allmende" kommen sah, konnte sie ein schlimmes Ende abwenden. Und in den seltensten Fällen war es der Staat, der „von oben" für die richtigen Regeln und Institutionen sorgte. Einer zentralen Obrigkeit fehlt es an hinreichender Kenntnis der lokalen Umstände, mitunter auch am passenden Interesse.

Das zeigt auch das historische Beispiel. Es kam der Moment, in dem die Allmende überholt und ihre institutionelle Absicherung nicht länger gewährleistet war. Der preußische Staat hob die letzten Allmenden gegen Ende des 19. Jahrhunderts auf. Die Interessen von Gutsherren und Bauern hatten sich auseinanderbewegt. Mit zunehmender Flächenknappheit wollten die Gutsherren nunmehr ihre Flächen parzellieren, verpachten oder veräußern können. Und in jenen Gemeinden, die das Eigentumsrecht selbst hielten, entfalteten die Nutzungsvorschriften, sobald sie nicht mehr mündlich weitergegeben, sondern schriftlich festgehalten wurden, ein ganz neues entzweiendes Potenzial. Im Ergebnis wurden dort die Flächen aufgeteilt. Für viele Kleinbauern war das eine Katastrophe: Die eigene Parzelle war zu klein zum Überleben. Doch auch das hatte sein Gutes. Der Strukturwandel kam voran. Die landwirtschaftlichen Betriebe wurden größer und effizienter, die Kleinbauern hingegen gingen als Arbeitskräfte in die Stadt – und ermöglichten so die Industrialisierung.

Für den Umgang mit Allmendegütern ist die beste Lösung weder privat noch staatlich, sie ist eine Sache der betroffenen Öffentlichkeit, der Gemeinschaft. Ob es Gemeinschaften gelingt, sich funktionierende Regelsysteme zur Bewirtschaftung und Nutzung von Allmendegütern zu geben, hängt allerdings von allerlei Umständen ab:

Die Gruppe der Betroffenen muss sich klar abgrenzen lassen; die Mitglieder der Gemeinschaft müssen die Regeln gemeinsam ändern und einander gegenseitig überwachen können; Verstöße werden nicht pauschal, sondern gemäß ihrer Schwere geahndet; es gibt institutionalisierte Verfahren zur Konfliktlösung. Zu diesen Erkenntnissen ist die amerikanische Wissenschaftlerin Elinor Ostrom in vielen Feldstudien über „Common pool resources" gekommen. Sie ist hierfür 2009 mit dem Nobelpreis für Wirtschaftswissenschaften ausgezeichnet worden.

Die Allmende begründet eine gemeinschaftliche Herausforderung. Wer sie meistert, der wird reich. Die Tragödie der Allmende abzuwenden ist möglich, wie das historische Beispiel zeigt und auch die moderne Forschung belegt. Elinor Ostrom hat außerdem darauf hingewiesen, dass die gemeinschaftliche Hege und Pflege, Bewirtschaftung und Nutzung von wertvollen Gemeingütern ihrerseits immaterielle öffentliche Güter stiftet: Zusammenhalt, Gemeinsinn, Verantwortlichkeit, Respekt. Auch damit ist die Allmende ein Segen für die Menschheit.

Papier macht schlau

Pergament ist edel, aber nur für die Eliten. Papier kann sich jedermann leisten. Und lesen, was anderen klugen Leuten eingefallen ist.

Papier und Pergament streiten sich in Abraham a Santa Claras Schrift „Judas, der Erzschelm" von 1695. Das Papier rühmt sich, für die Heilige Schrift und für Lehrbücher gebraucht zu werden. Das Pergament versetzt, Papier gehe zugrunde, wäre es nicht in Pergament gebunden. Nur Rechnungen bestünden ausschließlich aus Papier. Wenn schon, meint das Papier, Kriegstrommeln würden jedenfalls nur mit Pergament bespannt, Papier sei friedlich. „Ho ho", sagt das Pergament, „du kommst von Hadern und Zanken, wie auch der ärgste Lumpenhändler!" – „Das musst Du mir beweisen", schreit das Papier, „Ganz gern", sagt das Pergament, „was seynd der Spiel-Karten als Papier. Und was verursacht mehrer Hadern, Zanken und Schläg, was macht mehrer Übel und Lumpen-Sachen als der Karten?" Hierauf, heißt es bei Santa Clara, „musste das Papier den Maul halten!"

Für den katholischen Prediger, der glaubte, Karte käme von Karthago und Pergament von Bergamo, war das Papier wohl weniger des Kartenspiels wegen ein Medium des Streits. Vielmehr war Papier das Medium des Buchdrucks, der Reformation und des Kaufmannswesens: Sie lösten zusammen die Welt auf, an der Santa Clara hing, jene Welt, in der es nur autoritative Texte und das Gespräch unter Anwesenden gab. Seit es massenhaft Papier gibt, haben Dissens und Eigensinn zugenommen.

Dabei diente es zunächst nur zum Verpacken. Das älteste bekannte Papierstück wurde in einem chinesischen Grab entdeckt, das zwischen 140 und 87 v. Chr. angelegt worden sein muss. Die ersten Papiere entstanden aus Hanfbrei und mitunter Seidenabfällen. Erst allmählich kam die Benutzung als Schreibunterlage auf, um 105 entwickelte der Hofbeamte Ts'ai Lun ein Papier, das Kalligrafie ermög-

Grundlage für alle Kalligrafie: Papierherstellung in China im 18. Jahrhundert.

lichte, 404 wurde für China kaiserlich erlassen, nicht mehr auf Bambusstreifen, Holz oder Seide zu schreiben. Der Grund: In Papier dringt die Tinte stärker ein, es war weniger leicht manipulierbar.

Bis zum Ende des 11. Jahrhunderts dauerte es, dass die Technik des Papierschöpfens über Samarkand – dorthin im 8. Jahrhundert womöglich durch chinesische Kriegsgefangene der Araber gelangt – nach Südspanien kam. Zunächst verwendete man es vor allem für Rechnungsbücher und informelle Niederschriften. Das älteste erhaltene europäische Dokument sind die 1154 verfassten Urkunden des Genueser Notars Giovanni Scriba. Der Staufer Friedrich II. dekretierte noch 1221 alles auf Papier Geschriebene für ungültig; vermutlich unter dem Einfluss von Lobbyisten der Viehzucht, die um den Absatz ihrer Tierhäute bangten, wie Therese Weber in ihrer schönen Chronik „Die Sprache des Papiers" (Bern 2004) anmerkt.

Der erste europäische Beitrag zur Papiergeschichte waren die Wasserzeichen als Markenzeichen, die durch das Einbringen von Drahtformen auf dem Schöpfsieb erzeugt wurden. Im Islam fasste man sie als Bilder und insofern als Entweihung des Textes auf. Die Europäer hingegen hielten ihre Schriftzeichen nicht für heilig, weshalb sie nicht am Handgeschriebenen hingen und dem Blockdruck gegenüber offen waren. Der erste arabische Text, der von einem Muslim gedruckt wurde, erschien 1741, der erste für Muslime gedruckte Koran erschien dreihundert Jahre nach Gutenbergs Erfindung.

Als Ullmann Strohmer die erste sicher bekundete deutsche Papiermühle 1389 in Nürnberg errichtete, beruhte sie auf italienischem Know-how. Trotz der Geheimhaltung, die dem Lizenznehmer und seinen Mitarbeitern abverlangt wurde, verbreitete sich die Technik allmählich. Erst mit Gutenbergs Druckmaschine aber kam auch die Papierproduktion richtig in Schwung. Die lateinische Gelehrtensprache sorgte dafür, dass die Drucker mit ihren Büchern einen Weltmarkt bedienen konnten. Außerdem nahm die kaufmännische und staatliche Papiernutzung stark zu. Wenn es Papier gibt, werden mehr Akten angefertigt. Akten erzeugen andere Akten, entsprechend stieg der Bedarf rapide. Mit der gesamten Produktion des fünfzehnten Jahrhunderts könnte man heute nicht einmal die Firmenkommunikation von Siemens bewältigen. 1450 gab es in Deutschland kein Dutzend Papiermühlen, 1500 waren es etwa 25, um 1600 schon 160. Heute arbeiten hierzulande mehr als 40 000 Beschäftigte in der Zellstoffindustrie. Der Verbrauch pro Kopf liegt bei 250 Kilo im Jahr, nur die Österreicher und die Amerikaner benötigen noch mehr.

Die Papiermühlen lagen zumeist in der Nähe von Fernhandelswegen – und von Siedlungen, schließlich wurde Papier aus Hadern, alter Wäsche, hergestellt. Außerdem brauchte man für das Sieben viel Wasser. Der Wirtschaftshistoriker Viktor Thiel hat notiert, dass aufgrund der technischen Schwierigkeiten und der Proteste von Anrainern gegen den Schmutz (faulende Textilien) sowie den gewaltigen Lärm die Betriebe oft nur eine kurze Dauer hatten. Zunächst war der Rohstoff äußerst knapp, verständlich in einer Ökonomie, in der nichts so schnell weggeworfen wurde. Aus den Anfängen wird sogar der Diebstahl von Leichentüchern als Beschaffungsmethode erwähnt; England untersagte 1666 Totenhemden aus Leinen. Die Fürsten erteilten Privilegien zum Einsammeln und Kaufen von Hadern samt Ausfuhrverboten für Leim und Lumpen. Das führte oft zum Preisverfall, die Papierqualität nahm ab, der Hadernschmuggel blühte.

Erst die Ablösung von den Hadern machte aus Papier ein Massenprodukt. Der Naturkundler Réaumur hatte schon 1719 vorgeschlagen, Holzfasern zu verwenden. Ihm war an Wespen aufgefallen, dass sie Papiernester aus zerkautem Holz herstellen. Nach 1765 veröffentlichte der Regensburger Superintendent Schäffer eine ganze Serie von Büchern über die Herstellung von Papier aus Pflanzen. Das erste Buch, an dem kein Lumpensammler mehr beteiligt war, erschien 1786. Eine Reihe von entsprechenden Versuchen mit Lindenbast, Seidenpflanzen, Stroh und Fichtenspänen folgte, bis Mitte des 19. Jahrhunderts schließlich Verfahren entwickelt wurden, um Holz in geschmeidige Zellulose umzuwandeln, und dann solche, die das Papier von den Nebenfolgen dieser Technik, die es brüchig und vergilbungsanfällig macht, zu befreien. Nun konnte man nicht nur versuchen, allen das Lesen beizubringen, sondern auch, allen etwas zum Lesen zu geben. Die ersten Langsiebpapiermaschinen, die das Hanfschöpfen an den Bütten ersetzten und meterlange Papiere ermöglichten, waren da ebenso wie die Chlorbleiche schon fünfzig Jahre alt.

Machen wir einen Sprung. 1975 publizierte das Magazin „Business Week" die Prognose des zukünftig „papierlosen Büros". Sie war insofern beeindruckend, als George Pake, der Chef des Forschungszentrums von Xerox, den das Blatt befragt hatte, die Bildschirmarbeit und die E-Mail vorhersagte. Man hatte dort zwei Jahre zuvor den ersten Tischcomputer erfunden. Dass man selbst in Diensten einer Firma stand, die Kopierer herstellte, blieb unberücksichtigt. Zwei Jahre nach der Prognose erfand dasselbe Labor den Laserdrucker.

Doch selbst die papiersparenden Technologien steigerten den Papierverbrauch. E-Mails etwa reduzieren die Papierpost, erhöhen aber gleichzeitig die Zahl der Mitteilungen. Wenn man nur jede zwanzigste ausdruckt, steigt der Papierbedarf im Vergleich zur Welt der Briefe stark. Allerdings hat der Papierverbrauch des durchschnittlichen amerikanischen Büroangestellten seit dem Jahr 2001 tatsächlich seinen historischen Zenit überschritten und liegt jetzt wieder auf dem Niveau von 1995. Telefonbücher und Karten verschwinden, wenn es das Internet und GPS gibt – oder besser: so lange es die Energie gibt, um alle Computer am Laufen zu halten. Aber bis das Papier gegenüber dem Bildschirm das Maul hält, dürfte es angesichts seiner praktischen Aspekte noch eine Weile hin sein.

Die Antike plädiert für eine Ethik des Maßes

Die Ausgaben dürfen nicht höher sein als die Einnahmen. Darauf hat ein guter Hausvater zu achten. Aristoteles legte Wert darauf, dass Ökonomik die Lehre vom guten Leben ist.

Die Ökonomie ist die Lehre von der richtigen Hausverwaltung, denn das griechische Wort oikos, in latinisierter Form oecus, bedeutet Haus(halt). Auch bei Aristoteles geht es unter dem Stichwort der Ökonomie um die Verwaltung des Hauses unter Leitung eines Familienoberhauptes; das Haus wiederum ist eingebettet in die Polis, die eine eigenständige politische Einheit bildet. Aristoteles kennt zwar Gesetze des Marktes, aber die Märkte bilden kein eigenes System, sondern sind im Kontext einer politischen Ordnung zu sehen.

Folglich spricht Aristoteles (384 bis 322 v. Chr.) im ersten Buch seines Werkes über Politik von der Ökonomie: Zum oikos gehören Mann und Frau, die sich zum Zweck der Fortpflanzung vereint haben, sowie Abhängige. Doch erst in der Polis kann sich das vollenden, was für den Menschen spezifisch ist: ein Austausch über Nützliches und Unnützes, über Gerechtes und Unrechtes. Insofern ist der Mensch auch als Hausherr ein auf die Polis bezogenes Lebewesen – das schreibt Aristoteles in einer Zeit, da die äußere Schwäche der Polis im Vergleich zu großen Mächten wie Makedonien offenbar geworden war.

Fern der Wirtschaft ist die Ökonomie aber nicht, denn ein oikos muss ja seine Existenzgrundlage sichern. Dabei ist nicht alles statthaft, denn Aristoteles kennt sowohl naturgerechte als auch widernatürliche Formen des Erwerbs. Naturgerecht ist, durch Jagd und Ackerbau sich anzueignen, was von der Natur aus zur Verfügung steht. Doch einen Erwerb, der allein auf möglichst großen Geldgewinn zielt, missbilligt der Philosoph. Es ist nicht Aufgabe der Haushaltsführung, der Ökonomik, unbegrenzten Reichtum zu gewinnen. Das sittlich gute Leben ist der Maßstab, um wirtschaftliche Aktivitäten zu beurteilen. Der Homo oeconomicus im modernen Sinn ist das Gegenteil von dem, was Aristoteles sich als guten Ökonomen vorstellte.

Eine eigene Schrift zur Ökonomie hat Aristoteles nicht verfasst, das wäre ihm vielleicht sogar als unnötig erschienen, da er ja das Thema in seinen politischen Kontext eingebettet hatte. Zahlreiche andere Schriften zu dem Thema entstanden allerdings im antiken Griechenland, darunter drei kleine Bücher, die zusammen als *Oikonomika* bezeichnet werden und man lange fälschlicherweise Aristoteles zuschrieb.

In manchem unterschieden sich ihre Aussagen von jenen des Aristoteles – so betonen sie die Bedeutung der Polis weniger als der große Philosoph -, aber im Verhältnis zur Ökonomie gleichen sie ihm: Es geht zuallererst um die Verwirklichung eines guten Lebens, und die Landwirtschaft ist unter allen wirtschaftlichen Betätigungen die natürlichste. Das erste Buch behandelt vor allem den Umgang mit Frauen und Sklaven, die für die Antike zu einem leidlich anständigen Haushalt gehörten.

Zum Verhältnis der Geschlechter formuliert der Verfasser klare Vorstellungen: „Den Mann hat die Natur kräftiger gemacht, die Frau schwächer, damit diese aufgrund ihrer Furchtsamkeit schutzbedürftiger, jener aber zur Abwehr fähiger sei." Er ergänzt: „Damit der Mann herbeischaffe, was von außen notwendig ist, die Frau aber das beschütze, was innen ist." Das Verhältnis des Mannes zur Frau ist ein erzieherisches, aber auch eines des Respektes: Eheliche Treue wird auf beiden Seiten hoch veranschlagt.

Den Sklaven ist mit Strenge zu begegnen, aber auch mit der Bereitschaft, sie zu fördern. Arbeit, Strafe und Nahrung müssen in einem ausgewogenen Verhältnis stehen. Vom Hausherrn ist zu erwarten, dass er Besitz erwirbt, bewahrt, ordnet und nutzt. Diszipliniert muss er den Haushalt beaufsichtigen, vor allen andern aufstehen und später als sie schlafen gehen. In der Ökonomie schlägt sich eine Ethik der Mäßigung nieder, die die ganze Lebensführung normiert.

Noch stärker auf die Ehe als dem Kern der Ökonomie konzentriert sich das dritte, nur in Latein noch erhaltene Buch. Anders als das erste präsentiert es sich im Gestus der Ermahnungen. Die Kooperation der Ehepartner und ihre sittliche Eintracht sind grundlegend für die

Ökonomie; die Hausfrau soll die inneren Angelegenheiten des Hauses steuern und der Mann gar nicht wissen, was dort geschieht. Umgekehrt soll die Frau dem Mann in allem folgen, was das Äußere betrifft. In Treue sind sie wechselseitig verbunden. Die Kinder sollen gut erzogen sein, damit sie sich später wieder um ihre Eltern kümmern.

Wann diese Schriften der Aristoteliker genau entstanden, ist strittig, aber mit Sicherheit geschah dies in einer Zeit, da die Polis als Organisationsform an Bedeutung eingebüßt hatte. Schon Aristoteles selbst war ja eigentlich unzeitgemäß: In Stageira am Rande Makedoniens aufgewachsen, zählte er zu den Erziehern Alexanders des Großen, der ein großes Reich begründen sollte.

Doch für die Wirtschaft eines Reiches war die Ökonomie des Aristoteles nicht ausgelegt: Sie nimmt das zweite Buch der pseudo-aristotelischen Oikonomika in den Blick, das damit in der antiken Literatur einzigartig ist. Es geht um Finanzverwaltung, um die Erzielung von Einkünften. Präzise benennt der Verfasser die Einkünfte des Königs, des Statthalters, der Polis und des einzelnen Mannes, wobei zwischen Einkünften aus der Landwirtschaft, sonstiger Erwerbstätigkeit und Geldgeschäften ethisch nicht differenziert wird. Für alle gilt eine (naheliegende) Grundregel: Die Ausgaben dürfen nicht höher sein als die Einnahmen. Den Hauptteil der Schrift aber machen historische Beispiele aus, Tipps und (überwiegend miese) Tricks dazu, wie man öffentliche Einkünfte generieren konnte. Das Buch kommt der Vorstellung einer Staatsökonomie nahe, aber es blieb untypisch für die antike Ökonomie.

Obwohl vieles, was Aristoteles und seine Nachfolger über die Ökonomie in der Polis schrieben, nicht mehr gut in ihre eigene Zeit passte, erwies es sich als übertragbar auf andere Epochen. So ließen sich die Ratschläge der Hauswirtschaften leicht mit christlichen Lehren verbinden, namentlich mit einer protestantischen Arbeitsethik, und sie rechtfertigten auch in späteren Zeiten die Geschlechtertrennung.

Vom 16. bis zum 18. Jahrhundert entstand so eine Flut von Texten, die sogenannte Hausväterliteratur. Sie griff auf (den angeblichen) Aristoteles zurück, insbesondere auf das dritte Buch mit seinen vielen Lebensregeln. Auch hier ging es darum, eine gute Ordnung im Haus zu rechtfertigen, mit einem Hausvater, der hinaus ins feindliche Leben musste, und einer züchtigen Hausfrau.

Doch auch diese Literatur wurde unzeitgemäß. Denn eine neue Vorstellung von Wirtschaft setzte sich durch, die die Vermehrung des Reichtums, bald die Anhäufung von Kapital ins Zentrum stellte und die Wirtschaft als einen Bereich identifizierte, der eigenen Gesetzen folgte.

So wurden wir reich an materiellen Gütern, doch anderes ging dabei verloren. Gewiss können Aristoteles und seine Nachfolger nicht als Vorbilder dienen, wenn sie die soziale Ordnung ihrer Zeit rechtfertigen, aber eine Vorstellung der Ökonomie, die vom guten Leben ausgeht, besitzt eine ungebrochene, wenn nicht sogar neue Aktualität.

Lieber verschuldet und frei als Sklave und arm

Staatsschulden waren ursprünglich ein Fortschritt. Solange die Bürger auf die Verwendung des Geldes aufgepasst haben. Schade, dass das heute nicht mehr gilt.

Dass Staaten pleitegehen, ist eine historische Erfahrung. Doch kein Bankrott in der Geschichte Europas war folgenschwerer als der finanzpolitische Offenbarungseid, den das französische Ancien Régime im Jahr 1788 leisten musste: Die Staatspleite des französischen Königshauses wurde zum Mitauslöser der Französischen Revolution. Ein Jahr später, 1789, folgte dem finanziellen Kollaps der politische Zusammenbruch.

Warum aber kam es in Frankreich 1788 zum Staatsbankrott, obwohl die Schuldenquote bezogen auf das Bruttoinlandsprodukt „nur" 65 Prozent betrug (das hätten sogar die Maastricht-Kriterien heute mit Ach und Krach durchgelassen), während England mit 182 Prozent viel stärker bei seinen Gläubigern in der Kreide stand? Trotzdem mussten die Engländer für ihre hohen Schulden nur gut acht Prozent Zinsen zahlen, während von Frankreich unerträgliche zwölf Prozent verlangt wurden.

Waren die Kapitalmärkte auch damals schon ungerecht? Nein, sagen die Wirtschaftshistoriker. „Demokratien können sich billiger verschulden als Aristokratien", folgert James MacDonald, ein Ex-Investmentbanker, der vor ein paar Jahren eine faszinierende Geschichte der Staatsschulden geschrieben hat. England, bekanntlich seit 1688 eine Demokratie, hatte es am Kapitalmarkt leichter als Frankreich und war folglich auch weniger als Frankreich darauf angewiesen, zur Finanzierung der Staatsaufgaben und -ausgaben den Landsleuten direkte Steuern abzupressen. Offenbar ist (oder war es zumindest damals) das Vertrauen der Märkte in Demokratien höher (und der Zins deshalb niedriger) als in Autokratien. Pointierter ausgedrückt: Die

Gläubiger belohnen Regierungsformen, in denen die Bürger über ihre Geschicke selbst bestimmen, und bestrafen autoritäre Regimes. Das hat einen ökonomischen Druck auf den fortschreitenden Demokratisierungsprozess ausgeübt.

Der lupenreinste Beweis dieser angesichts der heutigen schweren Staatsschuldenkrise überraschenden These findet sich in den ober- und mittelitalienischen Städten des späten Mittelalters und der Frühen Neuzeit. In den Republiken Florenz und Venedig war es das Privileg der Stadtbürger (und nur der Stadtbürger), dass ihre Steuern vom Stadtstaat als rückzahlbar angesehen wurden und er ihnen sogar bis zum Zeitpunkt der Rückzahlung einen verlässlichen Zinssatz (üblicherweise fünf Prozent) garantierte. In Florenz und Venedig wurden die Bürger dadurch per Definitionem zu Gläubigern ihres Staates. Steuern sind Zwangsabgaben, die ein für alle Mal verloren sind. Staatsschulden sind „rückzahlbare Steuern", die (meist) freiwillig gezeichnet werden und für die der Staat einen Preis (Zins) zahlen muss.

Vor der Erfindung der Staatsschulden leisteten die Herrscher sich keine Defizite, sondern fuhren Haushaltsüberschüsse ein, die sie aus Beutezügen unter den von ihnen besetzten und unterdrückten Völkern speisten. Die okkupierten Länder wurden zu Kriegsdienst und Sklaverei gezwungen (eine Art Naturalsteuer), während Untertanen mit Bürgerrecht staatliche Wohltaten bezogen und häufig von der Steuer befreit waren.

Das änderte sich im 14. Jahrhundert. Die Bürger mussten sich an der Finanzierung ihres Gemeinwesens beteiligen, aber ihr Staat sah sich dazu verpflichtet, anders als bei der Steuer, ihnen für die zeitliche Überlassung des Geldes nicht nur eine Gegenleistung zu bieten, sondern darüber hinaus das geliehene Geld auf Heller und Pfennig zurückzuzahlen. Weil die Bürger sich aber nie sicher sein konnten, ob der Staat ihr Geld nicht verplemperte, und sie Gefahr liefen, es nicht mehr zurückzubekommen, verlangten sie mehr und mehr politische Rechte der demokratischen Mitbestimmung.

„Der Schuldenstaat ist die Wiege der modernen Demokratie", behauptet James MacDonald. „Taxation", Besteuerung, bedeutete häufig Unterdrückung, also nicht Mitbestimmung („Representation"), wie von der Boston Tea Party (1773) gefordert. Anleihenkäufer aber verlangten schon seit der Renaissance nach demokratischer Mitbestimmung: Die Gläubiger der Staaten waren dann zugleich Agenten des Schuldners („citizen creditors“). Das schweißte Repräsentierte und Repräsentanten eng aneinander. Die Bürger passten auf, dass der Staat, dem sie ihr Geld liehen, damit kein Schindluder trieb.

Deshalb erweist sich die Verschuldung verglichen mit der Steuer als die freiheitlichere Form der Staatsfinanzierung. Der Staat muss Reputation (ein gutes Rating) haben, damit der Markt der Bürgergläubiger keine Wucherzinsen verlangt. Pathetisch heißt es in einem anonymen englischen Pamphlet von 1719: „Lasst uns lieber eine hochverschuldete, aber freie Nation sein – a free nation deep in debt –, das ist besser als eine Nation von Sklaven, die nichts haben.“

Kein Staat hat es freilich auf Dauer durchgehalten, ausschließlich auf Pump zu leben. Zumindest um den Schuldendienst zu bedienen, brauchte er auf mittlere Sicht Steuern. Aber die Finanzierungsmöglichkeiten wachsen durch die Möglichkeit der Anleiheemission ungemein, während der reine Steuerstaat stets Gefahr läuft, die Leistungsfähigkeit seiner Bürger zu überdehnen. Gewiss, auch Schulden sind nichts anderes als die Steuern von morgen: Doch in guten Händen generiert der Kredit künftigen Wohlstand und Wachstum, welche dann die Steuerquellen um so kräftiger sprudeln lassen.

Dies beweist, dass Wohl oder Wehe eines Schuldenstaats essenziell davon abhängt, wie solide er geführt wird: Good Governance ist die entscheidende Voraussetzung für seinen Wohlstand. Denn die Staatsfinanzen können, wie man nicht erst heute merkt, leicht aus dem Ruder laufen.

Am besten funktioniert das Schuldenmanagement aller historischer Erfahrung nach in kleinen Gebietskörperschaften (Stadtstaaten, föderalen Gemeinwesen). Besser als große repräsentative Demokratien funktionieren offenbar Gemeinwesen, die von oligarchischen Wirtschaftseliten geführt werden oder die das demokratische Stimmrecht auf die Wirtschaftsbürger konzentrieren, behauptet der Politologe David Stasavage. Erfahrene Kaufleute, so seine These, seien es in ihrem Geschäft gewohnt, darauf zu achten, dass das Geld zusammenbleibt. Sie werden deshalb auch darauf achten, dass ihr Staat solide wirtschaftet. „Demokratien gewähren zwar eine größere politische Partizipation; sie müssen aber in Kauf nehmen, dass diese zerstörerische Effekte auf die Staatsfinanzen hat", sagt Stasavage.

Demokratische Wohlfahrtsstaaten verstärken diesen Destruktionseffekt. Der Sozialstaat zaubert sich seine Leistungsversprechen aus Schulden zusammen. Aber jene Wirtschaftsbürger, die für die Rückzahlung der Schulden geradestehen müssen, kommen zahlenmäßig immer stärker in die Minderheit. In dem Maße, in dem die Transferempfänger zur politisch relevanten Wählergruppe werden, hat der Wirtschaftsbürger als „citizen creditor" verspielt. Haushalts-, also Ausgabendisziplin zu halten, fällt dem Wohlfahrtsstaat unerträglich schwer, weil jede Ausgabenkürzung von den Verlierern mit dem Verlust von Wählerstimmen bestraft wird. So wird schließlich jener Schuldenstaat, der maßgeblich zur Herausbildung der Demokratie beigetragen hat, im Lauf der Geschichte zum Werkzeug ihrer Erosion.

Die Leistungseliten sind an diesem Drama nicht ganz unschuldig. Die Abwicklung des Schuldenmanagements nämlich haben sie seit dem frühen 20. Jahrhundert zunehmend der Finanzindustrie (Banken, Sparkassen, Versicherungen) überlassen. Mindestens bis zum Ersten Weltkrieg musste der Staat seine Bürger direkt von seinem Geldhunger überzeugen und mit Argumenten und guten Renditeversprechen seine Emissionen an den Mann bringen. Dieses gütliche Vertrauensverhältnis zwischen Bürgergläubigern und Staatsschuldnern ist im 21. Jahrhundert endgültig verloren gegangen. Das hat den Wohlfahrtsstaat in eine Sinn- und Finanzierungskrise gestürzt. Und es bringt die Europäische Union in die Nähe des Abgrunds.

Das alte Athen rettete sich durch Umschuldung

Solon hieß der Held, der im 7. Jahrhundert v. Chr. eine geniale Idee hatte: Er rettete die armen Athener vor der Schuldknechtschaft. Und reformierte das Land.

Schuldenkrisen kennt Athen nicht erst seit der Neuzeit. Schon um 600 vor Christus war der Agrarstaat in eine bedrohliche Schieflage geraten. Der kleine Mann war mit Hypotheken überschuldet. Manchen Kleinbauern trieben finanzielle Nöte sogar in die Schuldknechtschaft. Das Land der Athener befand sich zunehmend in den Händen weniger, deren politische Ansprüche wuchsen und die als Aristokraten das Gemeinwesen beherrschten. Gemeinsinn war nicht ohne Weiteres zu erwarten.

Ihre fehlende Weitsicht war ein ernsthaftes Problem, das an der Existenz Athens rührte. Krieg drohte immer in der rauen Welt der griechischen Frühzeit, Schwäche forderte den Angriff heraus. Aristokraten und Volk brauchten einander: als Heerführer, Reiter und Schwerbewaffnete. Die Polis, wie die Griechen ihr Gemeinwesen nannten, war kein abstrakter Staat, sondern vielmehr die Summe aller freien und wehrfähigen Männer.

Als die Polis an den sozialen Verwerfungen zu zerreißen drohte, mischte sich Solon ein. Schon im Krieg gegen das benachbarte Megara hatte der Aristokrat die Bürgergemeinschaft Athens beschworen. Die innere Krise nun forderte erneut einen Mahner und machte ihn zum Reformer. Wie sich später zeigte, machte Solon Athen zukunftsfähig. Er erleichterte sogar die spätere Entfaltung der Demokratie, auf die wir uns so gern berufen, wenn er sie nicht sogar erst ermöglichte. Die Athener waren bereichert worden.

Die Griechen adelten sein Werk, indem sie Solon zu den sieben Weisen rechneten. Was war geschehen? Geniale Männer und Frauen kommen meistens zu früh, seltener zu spät. Weisheit zur falschen Zeit ruft Kopfschütteln hervor, Chancen werden verspielt. War es einfach der rechte Augenblick, den die antiken Griechen schätzten, erwischte Solon den kairós?

Nun hatte Solon zwar nicht mit rücksichtslosen Hedgefonds-Managern, anmaßenden Rating-Agenturen und uneinsichtigen Banken zu kämpfen, doch die Widerstände, die er zu überwinden hatte, waren nicht weniger groß als heute. Unangenehme Dinge mussten die Athener hören: Die Krise sei hausgemacht – so lautete Solons Diagnose, die er in seiner „Eunomía-Elegie" singend vortrug, denn Dichtung und Musik besaßen noch politische Überzeugungskraft. Die Athener selbst zerstörten ihre Polis, hielt ihnen der Sänger vor, während die Götter, allen voran Zeus und Athena, sie schützten. Übermut und Habgier Einzelner, welche die Gottheit Dike und damit die Prinzipien von Recht und Gerechtigkeit missachteten, richteten alle zugrunde. Das führte sie in die Sklaverei.

Innerer und äußerer Krieg seien die Folge, das Unglück mache vor keiner Tür halt. Seiner Prognose schloss Solon eine eindringliche Empfehlung an: Der „Unordnung" (dysnomíe) müsse die „Wohlordnung" (eunomíe) entgegengesetzt werden. Die emphatischen Schlagwörter kreisten um den wohlvertrauten Begriff des nómos, in dem sich nicht nur „Herkommen", sondern auch normative Vorstellungen wie Gesetz und Recht artikulierten, welche die wohlgeordnete Polis garantierten.

Unbedingt neu war dieser Gedanke nicht, auch in Athen muss er in der Luft gelegen haben. Irritierend, aber bezwingend war wohl das Argument der kollektiven Verantwortung der Menschen, das Solon seiner Analyse voranstellte, so dass die möglichen Auswirkungen der Misere, die er kommen sah, um so erschreckender erschienen. Nicht die Unsterblichen allein sind für das Wohl der Polis verantwortlich, nein, die Sterblichen sind sogar imstande, so sie es nur wollen, selbst Einfluss auf ihre Verhältnisse zu nehmen. Die Polis erschien aus Solons Perspektive reformierbar.

Mit seinem Appell an den Gemeinsinn hatte sich Solon dank seiner zupackenden Lösungsorientierung als Vermittler, Versöhner und Reformer empfohlen. Ob die Situation „alternativlos" war, wie das auch in der aktuellen Schuldenkrise immer wieder mal gesagt wird, ist nicht bekannt. Jedenfalls muss die Lage so verfahren gewesen sein, dass ihn die Athener im Jahre 594 vor Christus zum Archon wählten, zum höchsten Beamten, und ihm damit das nötige Vertrauen aussprachen. Tatkräftig setzte er seine Vorstellungen einer wohlgeordneten Polis um und widmete sich zuallererst dem Quell allen Übels.

Der Schuldenkrise begegnete Solon durch eine sogenannte Lastenabschüttelung. Die Verbindlichkeiten der abhängigen Kleinbauern wurden getilgt, die Hypothekensteine von ihrem Land entfernt. Die durch Überschuldung in die Sklaverei gelangten Männer wurden befreit, ihre Scholle erhielten sie zurück. Sogar die Schuldknechtschaft, das Darlehen gegen leibliche Haftung, wurde durch Gesetz verboten, um etwaigen neuen Anfängen zu wehren. Es war unglaublich: Die Gläubiger hatten Einsehen gezeigt, die Balance zwischen Aristokraten und Volk war durch diese tiefen Eingriffe austariert worden, die wirtschaftliche Grundlage der Polis gesichert. Solon aber machte mit der Sicherung des freien Bauerntums nicht halt, sein Blick reichte weiter.

Alle Bürger Athens wurden nach Einkommen in vier Schätzungsklassen eingeteilt. Mit dieser Maßnahme verfolgte Solon zwei Ziele. Wie die Bezeichnungen der Klassen nahelegen, stärkte er das militärische Aufgebot der Polis, denn jeder Polit musste sich selbst ausrüsten. Durch die Zuordnung zu einer „Waffengattung" nahm der Reformer aber auch eine Abstufung der politischen Rechte vor. Wirtschaftliche Leistungsfähigkeit, nicht Herkunft durch Geburt, entschied fortan über das Maß des politischen Einflusses, denn sie regelte den Zugang zu den Institutionen des Gemeinwesens.

Gewiss, Solon suchte kein Gleichheitsprinzip umzusetzen, doch vor dem Horizont seiner Zeit verbreiterte seine am Vermögen orientierte Neustrukturierung der Bürgerschaft Athens die Möglichkeiten der Teilhabe an der Polis, förderte auf lange Sicht soziale Mobilität wie Gemeinsinn und wirkte auf eine gewisse Art emanzipatorisch. Elite und Masse waren neu aufeinander bezogen.

Einmal mehr hatte Solon Augenmaß bewiesen. Nur beiläufig sei erwähnt, dass auch seine Reformen des Rechtswesens einer solchen Konzeption folgten, die ebenso wenig auf umstürzende Neuerungen zielten. Bei allen seinen Maßnahmen setzte er auf die Kraft von Recht und Gesetz, das er veröffentlichte und damit zugänglich machte. Mit seinen Satzungen hatte er die gesamte Polis neu aufgestellt, damit aber auch Vorstellungen vom rechten Maß umgesetzt. So überrascht es nicht, dass die Antike in Solon einen „Mann der Mitte“ erkannte.

Vielleicht auch deshalb verließ Solon nach Vollendung seines Reformwerks Athen. Seine Spur verliert sich in Legenden. Die baldige Errichtung einer Tyrannis in seiner Heimatstadt, eine Monopolisierung aristokratischer Herrschaft, weniger eine Tyrannei für das breite Volk, bedrängte die alte Elite. Sie konnte der Solonischen Ordnung allerdings wenig anhaben. Das Rad war nicht mehr zurückzudrehen, bürgerstaatliches Denken hatte sich Bahn gebrochen. Athen, bis dahin nur eine Polis unter vielen, sollte einen rasanten Aufstieg nehmen. Die Überzeugung, dass die Geschichte eine Lehrmeisterin ist, ist bedauerlicherweise ins Wanken geraten. Das Beispiel Solons aber zeigt, wie auch wir reich wurden – und wie wir es bleiben können.

Kleider machen Karrieren

Die Kleiderordnung signalisierte früher die Zugehörigkeit zu einer Schicht. Das machte das Leben leichter und half dem Geschäft.

Eigentum ist nicht nur ein Rechtstitel, nicht nur eine Quelle des Konsums, nicht nur eine Sicherheit. Eigentum ist auch eine Mitteilung. Man versucht deshalb, nicht nur zu besitzen, was man liebt. Man liebt auch, was man besitzt – weil man sich dadurch ausgezeichnet sieht und die Wahrnehmung anderer dadurch auf sich, den Besitzer, hinlenken kann.

Georg Simmel hat darauf 1908 in seiner „Soziologie" in einem „Exkurs über den Schmuck" hingewiesen. Der Schmuck diene dem Egoismus mittels Großzügigkeit. Man zeichne sich aus, indem man dem Gegenüber eine Freude zu sein versuche. Man hebt sich heraus, kann das aber nur, insofern man beachtet, was als bewundernswert gilt.

Der Schmuck und die Mode stehen darum seit jeher in der Polarität von persönlichem Akzent und Teilhabe am Gehorsam gegenüber dem Kollektiv. Die Kleiderordnungen der guten Gesellschaft geben ein Beispiel für diesen Zusammenhang. Überall dort, wo Schichtzugehörigkeit der entscheidende soziale Unterscheidungsgesichtspunkt war, in Europa weit bis ins 18. Jahrhundert, lag es nahe, ihre Wahrnehmung zu erleichtern: durch strikte Regulierung, wem was zu tragen gestattet ist. Man unterstrich sein Ego nur als Repräsentant der Familie, des Standes, der Berufsgruppe – und konnte entsprechenden Respekt verlangen. Kleidung teilte Zugehörigkeit mit. Schon Tacitus berichtet, dass die Briten, als sie sich den Römern annäherten, auch begannen, die Toga zu tragen, und er verwendet den Begriff „Habitus" dafür: „Inde etiam habitus nostri honor et frequens toga."

Warum? Zum einen hatte man etwas gegen Mischungen. Unter Trajan soll der Präfekt Ägyptens einen Ortsansässigen getötet haben, der im Theater von Alexandria nicht weiß gekleidet erschienen war.

In der Öffentlichkeit und an zeremoniellem Ort sollte man sich also gerade nicht als Einzelner hervortun. „Soll der Schmuck das Individuum durch ein Überindividuelles erweitern, das zu Allen hinstrebt und von Allen aufgenommen und geschätzt wird, so muss er, jenseits seiner bloßen Materialwirkung, Stil haben“, schreibt Simmel. Stil ist Wiedererkennbarkeit, Stil ist Verneigung vor dem Publikum.

Das Konzil von Trier (1277) legte Mönche und Nonnen auf schmuckloses Erscheinen fest, was bis heute in einer bunten Umgebung seinerseits stilvoll wirkt. Die Kleiderordnungen des 14. Jahrhunderts kannten Farben für Amtsträger, Dirnen hatten Gelb oder Gelb-Rot zu tragen, purpurne Mäntel standen unter Adelsvorbehalt und so weiter. Für die Hersteller hieß das Berechenbarkeit.

Zum anderen ist die Ständegesellschaft rangempfindlich, und die Rangwahrnehmung ist irrtumsempfindlich. Sklaven, heißt es in der „Historia Augusta“, sollten erkennbar sein. Salvian von Marseille, der Chronist der Völkerwanderung, notiert, wer seine Kleider wechsele, wechsele seinen Rang. Geregelt war die Verteilung der Farben später nicht zuletzt, weil sie teuer waren und es unerwünscht schien, dass der Besitz den Rang aussticht. Noch sollte man Eigentum nicht einfach in Ansehen umtauschen können. Kleiderordnungen des 14. Jahrhunderts banden die Mode an die Steuerleistung. Vor allem die Nachahmung höfischer Mode durch Nichtadlige sollte unterbunden werden. Des Weiteren bekämpfte man die Prunksucht durch Obergrenzen, die für Kleiderausgaben festgelegt wurden.

Sehen und gesehen werden: Auf der Rennbahn (Zeichnung von 1927).

„Ein Kaiser neuerer Zeiten“, schreibt der junge Hegel Ende des 18. Jahrhunderts, sei nach wie vor „als derselbe Kaiser, der Karl der Große war, dargestellt, dass er ja sogar noch dessen eigne Kleider trägt“. Das führt auf einen letzten Grund der Kleiderordnung: das politische Ritual einer Gesellschaft, der an ständiger Sichtbarmachung ihrer Strukturen gelegen war. Feste, Turniere, Hochzeiten, Einzüge und Huldigungen, so die Historikerin Barbara Stollberg-Rilinger, waren nicht „kulturelles Beiwerk“, Freizeit, sondern gehörten zur Politik, weil Politik auch der ständigen Demonstration von Verwandtschaft, Loyalität und Anerkennung von Machtdifferenzen diente. Entsprechend hatten die Juweliere, die Schneider, Goldschmiede und Nadelspitzenmacher als Dekorateure der Macht viel zu tun.

Kleidung stellte also Schichtung dar. Der Heraldiker Michel Pastoureau hat in „Etoffe du Diable“ eine der merkwürdigsten Folgerungen beschrieben: die Aversion der alten Zeit gegen gestreifte Kleider. Als Ludwig der Heilige 1254 von einem Kreuzzug nach Paris zurückkehrt, bringt er aus Palästina Karmelitermönche mit. Über deren quergestreifte Gewänder regt sich die Bevölkerung so auf, dass es zu einem jahrzehntelangen Konflikt des Ordens mit den Päpsten in der Kleiderfrage kommt. 1287 erfolgt ein Bann gestreifter Gewänder.

Wieso? Farbenwechsel auf einer Fläche symbolisierte „diversitas“. Abweichende Verhaltensweisen – Prostitutierte, Narren, Kriminelle, Häretiker – wurden gestreift dargestellt. Streifen, so Pastoureau, erlauben nicht mehr zu sehen, was Vordergrund und was Hintergrund ist, was als Höchstmaß an Unordnung und mitunter geradezu als diabolisch empfunden wird. Erst allmählich gewöhnte man sich an Streifen als Muster.

Es gab allerdings noch einen anderen Gegensatz zur Ordnung der Kleider. In einer Novelle des Giovanni Sercambi (1348–1424), so berichtet der französische Historiker Philippe Braunstein, gerät ein Kürschner aus Lucca im öffentlichen Bad in Panik, weil er inmitten all der Nackten um seine Identität fürchtet. Weshalb er ein Kreuz aus Stroh an seiner Schulter befestigt, das sich aber löst und einem anderen in die Hände fällt, worauf der Kürschner sich buchstäblich als „tot“ empfindet. Braunstein merkt an, wie boshaft es war, als Narren dieser Geschichte einen Pelzmacher zu wählen.

Die Kritik der Kleider hat als Kritik an gesellschaftlichen Rangverteilungen das Motiv der Nacktheit stets gern ins Feld geführt. Die „nackte Wahrheit", der ursprünglich – von Geburt an, aber auch im Paradies – nackte Mensch, beide vertreten die Indifferenz gegen soziale Rücksichtnahme. Hans Christian Andersens Märchen „Des Kaisers neue Kleider", 1837 veröffentlicht, spielt mit diesem Motiv, das aus einer Sammlung moralischer Geschichten des 14. Jahrhunderts stammt.

Viel mehr aber als durch den Hinweis auf die Natur und den bloßen Schein, der sie einkleidet, ist die Kleiderordnung durch die soziale Mobilität verwandelt worden. Die Kleiderordnung wird in der modernen Gesellschaft nicht abgeschafft, sondern in Bewegung gesetzt. In saisonale Bewegung: Die Farben und die Rocklängen müssen abwechseln. Und in soziale Bewegung: Die Mode diffundiert von oben nach unten, aber auch – die Jeans und Vivienne Westwood haben es gezeigt – von unten nach oben.

Einen stabilen Dress-Code gibt es nur noch in Sonderwelten, in manchen Büros, in Clubs, bei Hochzeiten auf höchstem Niveau. Wer hat denn noch einen Cutaway, Stresemann, Frack und Smoking im Schrank? Ansonsten aber liegen, zumindest für Frauen und Jugendliche, genau so hohe Prämien auf dem Mitmachen wie auf dem Abweichen. Zu jedem einzelnen Zeitpunkt mag, besonders für Jugendliche, Gruppendruck auf der Kleiderwahl liegen. Aber die Richtung, in die er geht, wechselt.

Das gibt der Modeindustrie ungeheure Freiheitsgrade, was ihre Farben, Formen und Materialien angeht. Das verweist sie jedoch zugleich auf ein ganzes Unterstützungssystem aus Medien, Werbung und Einzelhandelsgeschäften, die mit dem Anschein der Unumgänglichkeit versehen, was genauso gut anders sein könnte. Denn die Mode soll ja beides erlauben, im Trend zu liegen und zugleich die Einzige zu sein, die mit diesem Kleid auf der Party erscheint.

WO KOMMT DAS GELD HER?

Nur freie Bauern ernähren die Menschheit

Wenn Bauern nicht den Boden besitzen, den sie bewirtschaften, ackern sie nur mit halber Kraft. Darum hat der preußische König Friedrich Wilhelm III. 1810 die Bauern befreit. Plötzlich gab es keine Hungersnöte mehr. Die Industrielle Revolution kam in Fahrt.

Er wollte die Erbuntertänigkeit der Landbevölkerung in den preußischen Provinzen aufheben und dazu die Landeigentumsrechte klären. König Friedrich Wilhelm III. begründete das im berühmten Oktoberedikt so: „Nach eingetretenem Frieden hat Uns die Vorsorge für den gesunkenen Wohlstand unserer getreuen Unterthanen, dessen baldigste Wiederherstellung und möglichste Erhöhung vor Allem beschäftigt", das war die Präambel des preußischen Königs zum Oktoberedikt.

Ihm war klar, dass diese Wiederherstellung des Wohlstands nicht bloß durch das Verteilen von Geld erreicht würde: „Wir haben hierbei erwogen, daß es, bei der allgemeinen Not, die Uns zu Gebote stehenden Mittel übersteige, jedem Einzelnen Hilfe zu verschaffen, (...) und daß es (...) den Grundsätzen einer wohlgeordneten Staatswirthschaft gemäß sey, Alles zu entfernen, was den Einzelnen bisher hinderte, den Wohlstand zu erlangen, den er nach dem Maaß seiner Kräfte zu erreichen fähig war."

Was den Bauern zu jener Zeit am meisten einschränkte, hatte der König bereits ausgemacht: Dass der Bauer unfrei war und nicht das Land besaß, auf dem er wirtschaftete, so sagte der König, würde ihm „eine große Kraft seiner Tätigkeit entziehen" und „einen höchst schädlichen Einfluß haben, (...) indem sie den Werth der Arbeit verringern". Nach Martini 1810 sollte es keine unfreien Menschen in Preußen mehr geben, verfügte das Oktoberedikt. Und in dem wenig später erfolgenden Edikt zur Gewerbefreiheit wurde der Zunftzwang aufgehoben und die Ausübung eines Gewerbes dem Einzelnen überlassen – solange der nur bereit war, Gewerbesteuer zu entrichten.

Mit diesen Reformen vollzog sich nichts weniger als eine institutionelle Revolution. Denn sie brachen mit der bisherigen Wirtschaftsverfassung, die die Freiheit der Arbeit und des Gewerbes zumindest nach dem Gesetz nicht gekannt hatte. Zwar hielten sich vielerorts Handwerk und Landwirtschaft längst nicht mehr an die restriktiven Vorschriften oder unterliefen sie. Doch erst mit der Aufhebung solcher Vorschriften ließen sich die Möglichkeiten wirklich nutzen, die sich in der Frühindustrialisierung andeuteten. Der Niederlage Preußens gegen Napoleon kam dabei zweifellos katalytische Wirkung zu.

Doch der Weg, den die Reformer um den Freiherrn von und zum Stein sowie Friedrich von Hardenberg einschlugen, wäre unvorstellbar gewesen, hätten sie nicht starke Impulse aus dem englischen Wirtschaftsliberalismus erhalten sowie aus dem Physiokratismus und der auch in Deutschland aufkommenden Diskussion um die wirtschaftliche Natur des Menschen.

Voraussetzung für den wirtschaftlichen Wandel – die Befreiung der Bauern: Der Pflüger (Rudolf Koller, 1870).

Die Präambel zum Oktoberedikt war nicht allein von Nützlichkeitsüberlegungen bestimmt, sondern sie verwarf einen großen Teil der älteren Traditionen. Denn die hinderten die Menschen grundsätzlich daran, ihre Kräfte einzusetzen und ihr Eigentum gewinnbringend zu nutzen.

Hier kam eine ganz neue, moderne Wirtschaftsanthropologie zum Tragen, und das zu einer Zeit, als noch keineswegs absehbar war, ob die neuen Gesetze und Institutionen sich als wirtschaftlich erfolgreich erweisen würden. Es handelte sich um eine Investition in die noch unbekannte Zukunft, die sich erst später bezahlt machen sollte.

Der Widerstand gegen die preußischen Reformen war zu Anfang ausgesprochen heftig. Die Opposition des Adels um Friedrich August von der Marwitz, dem Liebling Theodor Fontanes, argumentierte dabei nur vordergründig mit der Verletzung alter Rechte des landsässigen Adels. Im Kern ging es um den Zugriff auf die ländlichen Arbeitskräfte, der durch die Erbuntertänigkeit zumindest für die Gutsherren bisher einfach und kostengünstig möglich war.

Die Durchsetzung des vollen Privateigentums an Grund und Boden wurde zumeist begrüßt, da dies die Möglichkeit der Kreditaufnahme entscheidend erleichterte. Zumal das Fideikommiss-Recht es auch in bestimmten Fällen weiterhin ermöglichte, adligen Familienbesitz zu schützen. Doch es schien sich nun eine Verknappung, auf jeden Fall aber Verteuerung der ländlichen Arbeitskräfte abzuzeichnen.

Deshalb schloss sich an die Reformgesetzgebung nach der Niederlage Preußens gegen Napoleon ein zäher und langwieriger Prozess der „Regulation" an. Damit sollten die bisherigen Grundbesitzer für die Verluste aus der Aufhebung der bäuerlichen Frondienste entschädigt werden. Diese Regulation war erst 1859 zur Jahrhundertmitte rechtlich abgeschlossen. Es fand ein Vermögenstransfer zugunsten des Großgrundbesitzes statt, da die freien Bauern für die früheren Frondienste Ablösungszahlungen in Form von Land oder Geld leisten mussten.

Die Bedeutung der Bauernbefreiung und der anschließenden Regulationsgesetzgebung war lange ausgesprochen umstritten. Über das „Bauernlegen" wurde geklagt, über das Zusammenlegen der Bauernhöfe und das Aufkaufen freier Höfe, oft mit erheblichen

Druckmitteln. Auch von Ausplünderung der Bauern war viel die Rede, was nicht nur in der Forschung der DDR auf viel Resonanz stieß. Dabei war, wie die neuere Forschung zeigt, in vielen Fällen geradezu das Gegenteil der Fall: In großen Teilen des preußischen Ostens entstand eine durchaus lebensfähige Bauernschaft.

Die Klagen der Grundbesitzer, die ihre billigen Arbeitskräfte verloren, verstummten bald, da erhebliches ländliches Vermögen mobilisiert wurde, das größere Betriebe gezielt zur Modernisierung einsetzten. Zudem bescherte die damalige Überbevölkerung auf dem Lande den Großgrundbesitzern ein großes Potenzial an billigeren Arbeitskräften. Erst gegen Ende des Jahrhunderts wurde eine „Leutenot" daraus, als etliche Arbeitskräfte aufgrund besserer Löhne und Arbeitsbedingungen in die rasch wachsenden industriellen Reviere abwanderten.

Für die Landwirtschaft hatten die Bauernbefreiung und die Regulationsgesetzgebung daher eine Modernisierung zur Folge, die zwar schon im 18. Jahrhundert punktuell eingesetzt hatte, nun aber mächtig in Fahrt kam und im Agrarkapitalismus der zweiten Hälfte des 19. Jahrhunderts endete.

Die Regulierung der Eigentumsverhältnisse ermöglichte Flurbereinigungen und eine Ausrichtung am wirtschaftlichen Erfolg. Aus der bisherigen bäuerlichen Subsistenzwirtschaft wurde ein Gewerbe, das am Anbau und Verkauf von Agrarprodukten Geld verdiente. Die Auflösung der gemeinschaftlich genutzten Flächen vergrößerte die landwirtschaftlich genutzte Fläche überdies erheblich. Und die Großgrundbesitzer steigerten ihr ländliches Investitionsvolumen.

So stiegen die Erträge aus Ernte, Vieh- und Milchwirtschaft. Zugleich sank bei steigender Arbeits- und Bodenproduktivität der Faktoreinsatz. Es wurde möglich und preiswerter, die wachsende Bevölkerung zu ernähren, sodass ein wachsender Teil des Sozialprodukts für die industrielle Entwicklung des Landes verwendet werden konnte. Die Modernisierung der Landwirtschaft wurde so zu einer wesentlichen Bedingung des wirtschaftlichen Strukturwandels. Erst mit dem entstehenden Agrarkapitalismus gelang es, die Malthusianische Falle aus Überbevölkerung, Hunger und Krisen in Europa endgültig zu überwinden.

Preußen stand mit diesen Reformen nicht allein; es bewegte sich in der Mitte einer gesamteuropäischen Entwicklung. In Großbritannien war die Aufhebung der ländlichen Untertänigkeit und die Überführung des Landes in Privateigentum frühzeitig vollzogen. In Frankreich beseitigte die Revolution schlagartig die alte Agrarverfassung und die Rechte des Adels. Gebiete, die unter napoleonische Herrschaft gerieten, übernahmen das fortgeschrittene französische Wirtschaftsrecht. Nur Österreich und Russland hinkten hinterher. In Russland kam es erst in den 1860er-Jahren zur Bauernbefreiung.

Überall aber war die Befreiung der Bauern die entscheidende Voraussetzung für jenen wirtschaftlichen Wandel, mit dem die Armut der traditionellen Welt überwunden werden konnte.

Das Schmiermittel des Handels

Weil die Leute ihre Geldsäcke zu Hause lassen wollten, haben sie den Wechsel erfunden. Es war der Beginn des bargeldlosen Zahlungsverkehrs.

Im Jahre 1487 reiste der Genueser Kaufmann Francesco Grimaldi (die Namen in dem nachfolgenden Beispiel sind fiktiv) zur Frühjahrsmesse nach Frankfurt, um nach Waren für sein Geschäft Ausschau zu halten. Fündig wurde er auf dem Stand des Bremer Kaufmanns Bartholomäus Dalfinger, der hochwertige Lederwaren feilbot.

Allerdings trug Grimaldi keinen größeren Geldbestand mit sich. Geld war damals Münzgeld, das sich in größeren Beträgen über weite Strecken nur schlecht transportieren ließ. Die Mitnahme zahlreicher Münzen war nicht nur unpraktisch und unbequem, sondern auch höchst unsicher, da hinter jeder Kurve Räuber lauern konnten.

Fernhandel hatte es in Europa seit der Antike gegeben; Messen sind seit dem 7. Jahrhundert bekannt. Das Wachstum des Fernhandels litt lange Zeit aber nicht nur unter der Armut der Bevölkerung, dem schlechten Zustand der Wege sowie der steten Gefahr von Überfällen. Als hinderlich erwies sich für den Fernhändler auch die Notwendigkeit, Münzen in größeren Summen mit sich zu führen.

Als sich Grimaldi mit Dalfinger in Frankfurt über den Kauf von Lederwaren einigte, war allerdings schon ein Weg bekannt, dieses Problem zu überwinden. Denn Grimaldi zahlte nicht in bar, sondern stellte Dalfinger eine Urkunde aus, die einen bevollmächtigten Vertreter Dalfingers ermächtigte, sich von Grimaldis Genueser Bank, der Banco di San Giorgio, die Kaufsumme entweder in bar aushändigen oder auf einem Konto gutschreiben zu lassen. Weil ein geregelter Postverkehr damals noch unbekannt war, wurden vorsichtshalber mehrere Kopien der Urkunde angefertigt. Eine solche Urkunde nannte man einen Wechsel – die wohl wichtigste Finanzinnovation des

Mittelalters. Die Erfindung des Wechsels trug nach Ansicht von Wirtschaftshistorikern wesentlich zur Erleichterung des Handels und zur Finanzierung des wirtschaftlichen Aufstiegs in der frühen Neuzeit bei. Bis in das 20. Jahrhundert blieb der Wechsel geläufig, auch wenn er seine Rolle als wichtigste Finanzinnovation während der Neuzeit an die Banknote verlor. Vorläufer des Wechsels existierten im Römischen Reich; die Erfindung des modernen Wechsels wird den Norditalienern vermutlich im 12. Jahrhundert zugeschrieben. Von Italien breitete er sich vor allem über die regelmäßig stattfindenden Messen in Europa aus. In Deutschland ist er mindestens seit dem ersten Drittel des 14. Jahrhunderts bekannt.

Die Vielseitigkeit des Wechsels war seiner Verbreitung förderlich. So ließ er sich als Zahlungsmittel wie als Kreditmittel verwenden. Falls Dalfinger selbst in Norditalien Geschäfte betrieb, konnte er einem dortigen Vertreter – einer Bank, einem Geschäftsfreund oder einer dortigen Niederlassung seines Betriebs – den Wechselbetrag von Grimaldis Bank in Genua auszahlen oder auf einem Konto in Italien gutschreiben lassen. Bei einem solch grenzüberschreitenden Geschäft musste für die in Frankfurt und Genua verwendeten Währungen ein Austauschverhältnis errechnet werden: Berühmt wurde dies unter dem Namen Wechselkurs.

Dalfinger konnte aber auch versuchen, den Wechsel in Frankfurt oder in seiner Heimatstadt Bremen oder sonstwo einer Bank zu verkaufen, sofern Grimaldis Genueser Bank, die Banco di San Giorgio, dort als seriöse Adresse bekannt war: Dalfingers Bank würde allerdings auf einem Abschlag auf den Wechselbetrag bestehen, weil sie die Gesamtsumme anschließend erst noch in Italien eintreiben musste: Dieser Abschlag hieß Diskont; der Zinssatz, auf dessen Basis der Abschlag errechnet wurde, war der Diskontsatz. So spielte der Wechsel eine wesentliche Rolle bei der Ausbildung des bargeldlosen Zahlungsverkehrs.

Der Wechsel war nicht nur Zahlungs-, sondern auch Kreditmittel. Grimaldi konnte auf der Frankfurter Messe einkaufen; der von ihm ausgestellte Wechsel wurde aber erst nach einer vorher vereinbarten Frist seiner Bank in Genua präsentiert. Im Mittelalter besaß der Wechsel überdies eine weitere Eigenschaft: Durch eine „kreative“ Gestaltung der Zahlungsbedingungen ließ sich das kanonische Zinsverbot umgehen.

Die zunehmenden Wechselgeschäfte förderten nicht nur internationalen Handel und Wirtschaftswachstum, sondern bildeten auch eine international angesehene Kaufmanns- und Bankenelite heraus. Wer sich an solchen grenzüberschreitenden Geschäften als Unternehmen oder als Bank beteiligen wollte, musste sich hohen Ansehens in Geschäfts- und Finanzkreisen erfreuen. Die Etablierung Amsterdams als bedeutender Finanzplatz in der frühen Neuzeit erklärte sich unter anderem dadurch, dass die dortigen Banken am internationalen Wechselgeschäft stark beteiligt waren. Eine hervorragende Rolle spielte dort lange die Amsterdamer Wechselbank. Freilich gab es im Geschäft mit Wechseln auch immer Betrüger. Um die Möglichkeit des Missbrauchs zu verringern, wurden im Laufe der Zeit zahlreiche Wechselordnungen und Wechselgesetze beschlossen.

Der Wechsel spielte auch eine bedeutende Rolle in der Entwicklung des modernen Notenbankwesens. Wenn ein Kaufmann einer Bank einen Wechsel einreichte, konnte er sich den Gegenwert nicht nur auf einem Konto gutschreiben, sondern auch bar auszahlen lassen. So entstand im Laufe der Zeit die Ausgabe von Banknoten im Zuge des Ankaufs von Wechseln. Die Deutsche Bundesbank betrieb dieses Geschäft noch bis zum Ende des 20. Jahrhunderts und hielt den Wechsel auf diese Weise künstlich am Leben. Hätte sie den Wechsel nicht mehr angenommen, wäre diese Finanzierungsform vermutlich viel früher ausgestorben.

Denn wenn die Vorzüge des Wechsels während des Mittelalters und der frühen Neuzeit unbestreitbar waren, so muss er aus heutiger Sicht vor allem als ein kompliziertes Konstrukt gelten. Der moderne bargeldlose Zahlungsverkehr hat den Wechsel überflüssig gemacht. Auch als Kreditmittel ist er außer Mode gekommen, weil es einfachere Möglichkeiten gibt, bei einer Bank Geld aufzunehmen. Doch obgleich der Wechsel zweifellos der Vergangenheit angehört, kann seine Bedeutung für die Ausformung der modernen Wirtschaft nicht überschätzt werden.

Das süße Gift der Sklaverei

Sklaven sind billige Arbeitskräfte. Sie auszubeuten ist nicht nur unmoralisch, sondern auch ökonomisch gefährlich.

Wie brutal der Kampf um die Abschaffung der Sklaverei in den Vereinigten Staaten einst geführt worden ist, erlebt man noch heute in Washington D. C.. Es gibt eine Metrostation mit dem Wortwurm „African-American Civil War Memorial". Sie erinnert an die Opfer des amerikanischen Bürgerkriegs, der auch ein Krieg um die Beibehaltung oder Abschaffung der Sklaverei war.

Die Sklaverei war für den Süden der Vereinigten Staaten prägend. Sie war die Voraussetzung, um auf riesigen Plantagen Baumwolle, Tabak, Zuckerrohr und Holz anzubauen. Typischerweise basierte die Sklaverei auf einem „Ringtausch". Aus Europa segelten Schiffe mit Waffen und Konsumgütern nach Westafrika. Dort wurde die Ladung gegen Sklaven getauscht. Dann ging es weiter nach Amerika. Hier wurden die Sklaven gegen Plantagenerzeugnisse gehandelt. Schließlich führte die Reise zurück nach Europa, wo die Waren an die Industrie verkauft wurden. Mit dem Erlös erwarben die aristokratischen Südstaatler britische oder französische Luxusgüter aller Art.

Mit dem „Ringtausch" zeigt sich das süße Gift der Sklaverei. Wie aus einem unerschöpflichen Reservoir konnte sich der amerikanische Süden in Afrika Millionen billiger Arbeitskräfte beschaffen. Weil Arbeit so wenig kostete, wurde sie reichlich eingesetzt. Entsprechend spezialisierte man sich auf eine arbeitsintensive Herstellung von Agrarprodukten in Form der Plantagenwirtschaft.

Es gab keinen triftigen ökonomischen Grund, in Bildung und Gesundheit der Sklaven zu investieren. Stattdessen wurden sie schlicht ausgebeutet. Es war billiger, aus dem afrikanischen Reservoir Nachschub zu holen. Kurzfristig schien das ökonomische Kalkül, losgelöst von moralischen, ethischen oder humanitären Gesichtspunkten, auf-

Sklaven zum Verkauf: Eine Szene aus New Orleans Mitte des 19. Jahrhunderts.

zugehen. Langfristig führte es zum Drama des amerikanischen Südens: Der Strukturwandel unterblieb. Feudalherren hatten das Sagen. Eine Modernisierung der Gesellschaft und eine Transformation zu einer industriellen Produktion verliefen verzögert. Weil die Sklaven ungebildet und oft gesundheitlich angeschlagen waren, blieb ihre Leistungsfähigkeit beschränkt.

Im amerikanischen Norden hingegen, der die Sklaverei ablehnte, wurden vergleichsweise teure Arbeitskräfte häufiger durch technische Geräte ersetzt. Mussten im Süden die Sklaven die Ernte über Kilometer von Hand transportieren, wurden im Norden Wagen und Zugtiere eingesetzt. Im Süden ließ man die Sklaven Wasser schleppen, im Norden entstanden erste Bewässerungssysteme. Mit den Hilfsmitteln kamen automatisch die Innovationen. Denn wenn schon Technik eingesetzt wird, dann beginnt von allein ein Wettlauf um bessere Lösungen – wie ausgewuchtete Räder, gefederte Achsen, gepolsterte Sitze, befestigte Straßen, kluge Transport- und Logistiksysteme. Wenig überraschend hatte es im amerikanischen Norden die Industrialisierung leichter, Fuß zu fassen.

Europa und insbesondere das amerikanische Mutterland Großbritannien spezialisierten sich, im Rahmen der einsetzenden internationalen Arbeitsteilung, auf die kapitalintensivere, industrialisierte Weiterverarbeitung der billigen Agrarprodukte aus den Plantagen des amerikanischen Südens. So entstanden die Textil- oder Schuhindustrie und allgemein die Konsumgüterindustrie, die dann ihrerseits zu vielfachen Innovationen in unterschiedlichsten Gebieten und damit zum Höhepunkt der Industrialisierung führten. Damit wurde ein Produktivitätsfortschritt möglich, der die Grundlage bildete, langsam den Mängeln und Abhängigkeiten einer Agrarwirtschaft zu entfliehen, Massenarmut und Massenarbeitslosigkeit zu überwinden und das allgemeine Wohlstandsniveau zu erhöhen.

Mit der Abschaffung der Sklaverei in den Vereinigten Staaten, wie mit dem Ende der Leibeigenschaft in Europa, wurden die Arbeiter nicht nur gesetzlich frei und eigenständig. Ökonomisch viel wichtiger war, dass nun das Ergebnis ihrer Anstrengungen nicht mehr dem Plantagenbesitzer oder dem Gutsherren gehörte, sondern den Arbeitern selbst. Es entstand ein Eigentumsrecht an den eigenen Leistungen. Damit wurde es möglich, durch harte Arbeit die eigenen Lebensumstände zu verbessern.

Es entstanden die für das kapitalistische System so wichtigen Leistungsgesellschaften. Der amerikanische Traum, durch harte Arbeit und eisernen Willen vom Tellerwäscher zum Millionär aufsteigen zu können, bleibt auch heute noch ein fundamentaler Pfeiler des amerikanischen Selbstverständnisses. Kein anderer als Barack Hussein Obama verkörpert ihn besser. Der Vater, der in einer Hütte in Kenia geboren wird, die Mutter, die mit Lebensmittelmarken die Familie über Wasser hält, und der Sohn, der aus einfachen Verhältnissen zum Präsidenten aufsteigt.

Freie Arbeitsmärkte mit mündigen Menschen haben so viele ökonomische Vorteile. Freiheit motiviert Menschen stärker als Zwang. Das gilt übrigens nicht nur für das Ende der Sklaverei. Es gilt auch in der heutigen Arbeitswelt. So sind für den Arbeitgeber nicht jene Arbeitskräfte am wertvollsten, die er am einfachsten ausbeuten kann. Ganz im Gegenteil: Die wertvollsten Arbeitskräfte sind jene, die jederzeit die Möglichkeit hätten, andernorts hinzugehen.

Diese zunächst verblüffende und scheinbar widersprüchliche Erkenntnis hat damit zu tun, dass gute Arbeitskräfte einen Betrieb rasch verlassen, wenn sie vermuten, von ihrem Arbeitgeber abhängig zu werden und sie damit Gefahr laufen, ausgebeutet werden zu können. „Wehret den Anfängen", lautet dann das Motto der Leistungsstärkeren, das zu deren Verlassen des Betriebs führt, solange sie andernorts noch Chancen haben. Also bleiben nur jene, die woanders keine Alternativen haben. Das sind aber in der Regel nicht die besseren, sondern die schlechteren Arbeitnehmer, mit denen ein Betrieb langfristig eher weniger als mehr Erfolg haben dürfte.

Sobald Menschen die Früchte ihrer Anstrengungen selbst ernten können, steigt nicht nur ihre Leistungsbereitschaft und Motivation. Sie spezialisieren sich entsprechend ihren Fähigkeiten und nicht gemäß den Absichten von Sklavenhaltern. Die Leistungsfähigkeit ergibt sich aus dem Wert, der dem Arbeitsergebnis beigemessen wird, und nicht aus dem Preis auf dem Sklavenmarkt. Vor allem aber wird es für freie Menschen viel attraktiver, in die eigenen Fähigkeiten zu investieren, also zu lernen und sich (weiter) zu bilden.

Von den (Bildungs-)Anstrengungen Einzelner profitieren nicht nur die Betroffenen selbst, weil sie dann besser verdienen und das Risiko, keinen Job zu haben, für sie geringer wird. Auch die Gesellschaft insgesamt hat einen Nutzen. Er entsteht, weil besser gebildete Menschen in vielerlei Hinsicht positive Auswirkungen auf andere haben.

Das beginnt damit, dass es studierten Eltern in aller Regel leichter fällt, ihren Kindern bei den Hausarbeiten zu helfen. Es geht weiter, weil kluge Vorgesetzte eher in der Lage sind, Geschäftsideen erfolgreich umzusetzen, die auch ihren Belegschaften den gut bezahlten Arbeitsplatz sichern. Und es findet seine Fortsetzung in der Politik, in der Forschung und bei der Suche nach neuen Lösungen für alte Probleme: Überall lebt es sich für alle besser, wenn jene Menschen, die Entscheidungen verantworten, mehr als weniger wissen und können. Denn Wissen ist bekanntlich einer der ganz wenigen Rohstoffe, der beim Teilen mit anderen nicht weniger, sondern mehr wird.

Kabel verbinden die Welt und ihre Kaufleute

Dank Unterseekabel kamen Nachrichten in wenigen Minuten um den ganzen Globus. Das verhalf findigen Händlern zu guten Geschäften.

Wenn Nachrichten schnell um den Globus kommen, rückt die Welt zusammen – und dabei hilft die Telegrafie. So änderte sie die Welt schlagartig. Denn die Telegrafie hat sich nicht wie manch andere Technik langsam und in kleinen Schritten entwickelt, sondern hat in kurzer Zeit die Welt verändert, nachdem wichtige Hürden genommen waren.

Die erste: Nachdem der Amerikaner Samuel Morse 1837 den ersten Prototyp eines Telegrafen in einem öffentlichen Experiment vorgestellt hatte, wurde die neue Erfindung ab 1844 technisch wie geschäftlich verwertbar. In den Vereinigten Staaten und in den industriell fortgeschrittenen Ländern Europas wurden in den Jahren danach rasch Telegrafenverbindungen zwischen den großen Städten aufgebaut. 1862 hatte das landgestützte Telegrafennetz weltweit bereits eine Länge von 150 000 Meilen erreicht.

Trotzdem war es immer noch schwer, Nachrichten über sehr große Entfernungen hinweg zu übermitteln. Dort, wo Überlandverbindungen zu kostspielig und zu unsicher oder gar unmöglich waren, mussten die Nachrichten das Meer überwinden. Dazu mussten stromführende Kabel unter Wasser verlegt werden. Dies gelang erst, als ein geeignetes Isoliermaterial gefunden worden war: Guttapercha, ein eingetrockneter Milchsaft südostasiatischer Bäume, der dem Kautschuk ähnelt. Damit konnte eine zweite technische Hürde überwunden werden: Von 1851 an lag ein problemlos funktionierendes Seekabel unter dem Ärmelkanal, das von einem nahtlosen Guttaperchamantel geschützt wurde. Auch jetzt war die Frage noch nicht beantwortet, wie sich Kabel zwischen Kontinenten dauerhaft in der

Tiefsee installieren ließen. Dazu brauchte es Kabel von beispielloser Länge. Sie mussten für den Meeresgrund geeignet sein, der damals kaum erforscht war – und vor allem waren Schiffe nötig, die die schweren Kabelrollen tragen konnten. Als im August 1866 eine dauerhaft leistungsfähige Verbindung zwischen Europa und Nordamerika – anfangs zwischen den britischen Territorien Irland und Neufundland – eingerichtet werden konnte, war auch diese dritte technische Hürde genommen. Das gelang, weil der damals größte Ozeandampfer der Welt das Kabel über das Meer fuhr.

Von diesem Moment an brauchten wichtige Nachrichten kaum noch Zeit – in den Augen der Zeitgenossen waren sie sofort da. Bis eine Nachricht von Europa nach Amerika gekommen war, dauerte es nicht mehr Wochen, sondern nur noch Stunden. Kurz vor dem Ersten Weltkrieg, nachdem die Technik weitere Fortschritte gemacht hatte, betrug die Übertragungszeit für eine telegrafische Nachricht per Seekabel von einer europäischen in eine nordamerikanische Metropole nur noch vier Minuten, während der schnellste Postdampfer nicht weniger als sechs Tage unterwegs war.

Das Transatlantikkabel war die wichtigste Verbindung in einem System, das bald den gesamten Globus umspannte. Weltweit wurden Unterseekabel verlegt: Indien war 1870 per Kabel erreichbar, China, Japan und Australien 1871, die Karibik ein Jahr später. Bis 1875 waren alle größeren Staaten Südamerikas an das Kabel angeschlossen, Süd- und Ostafrika folgten 1879 und Westafrika 1886 und im Oktober 1902 wurde das planetarische Netz durch die Eröffnung eines Pazifikkabels geschlossen. Öffentliche Geschäftsnachrichten, etwa Börsendaten und Preisnotierungen, waren in den späten 80er-Jahren des 19. Jahrhunderts nach spätestens drei Tagen in London – und zwar aus jedem Teil der Welt. Private Kabelbotschaften erreichten den Empfänger meist innerhalb eines Tages.

Welch ein Kontrast zur Vergangenheit war das, und welche Verluste wurden dadurch vermieden! Bevor es die Kabel gab, waren am 8. Januar 1815 in der Schlacht von New Orleans tausend britische und amerikanische Soldaten gestorben – weil ihre Kommandeure nicht wussten, dass die Gegner bereits am 24. Dezember in Gent Frieden geschlossen hatten. Im selben Jahr dauerte es zweieinhalb Tage, bis das Kabinett in London von Napoleons Niederlage bei Waterloo erfuhr. Noch um 1860 waren Briefe aus New York 14, aus Kapstadt 30, aus Kalkutta 35, aus Schanghai 56 und aus Sydney 60 Tage nach London unterwegs. Und als Abraham Lincoln ermordet wurde – ein Jahr bevor das transatlantische Kabel in Betrieb war -, erfuhren die Londoner erst 13 Tage später davon.

Per Telegraf waren so viele Orte so schnell erreichbar, dass das Kabelnetz gelegentlich als „viktorianisches Internet“ bezeichnet wird. Dazu war der Telegrafenverkehr allerdings viel zu schwerfällig, überlastungsgefährdet und teuer. Vor dem Ersten Weltkrieg hatten nicht einmal zehn Prozent aller transatlantischen Kabelnachrichten zwanzig Wörter oder mehr. 1898 gab die Londoner „Times“, die ein weltweites Korrespondentennetz unterhielt, 15 Prozent ihres Jahreserlöses für Telegrafie-Gebühren aus. Diese Schwierigkeiten wurden bis zum Ende der Telegrafie kaum überwunden. Aus Kostengründen blieb der Telegrammstil geboten, und große Datenmengen ließen sich überhaupt nicht übertragen.

Trotzdem war um 1880 ein historisch beispielloses weltweites Netz (englisch: World Wide Web) geschaffen. Es war viel stärker zentralisiert als das heutige Internet: Die Telegrafenleitungen und die finanziellen Fäden liefen lange Zeit in London zusammen. Das behinderte den Informationsfluss kaum – bis Großbritannien während des Burenkrieges eine Kabelzensur zu praktizieren versuchte. Die globale Telegrafie war von Anfang an ein großes Geschäft. Sie erforderte riesige Investitionen und versprach gewaltige Gewinne. Die Umschlagsgeschwindigkeiten auf Märkten erhöhten sich – also konnten kleine Handelsfirmen sich eher behaupten, denn sie brauchten weniger Lagerkapazität und weniger Kapital. Das war gut für die ganze Volkswirtschaft, weil sich das Kapital nun anders verwenden ließ. Allerdings profitierte nicht jeder gleichmäßig: Wer nicht vernetzt war, gehörte zu den Verlierern der neuen Ära.

Außerdem passten sich die Preise an weit entfernten Orten der Welt aneinander an. Schon kleinere Preisdifferenzen zwischen den Städten reichten, um Investitionen lohnenswert zu machen: Das machte große Kapitalströme während der dreißig Jahre vor dem Ersten Weltkrieg möglich: Das Geld floss um die Welt dorthin, wo es gerade am dringendsten benötigt wurde und die Zinsen am höchsten waren.

Von der neuen Geschwindigkeit profitierten vor allem Regionen, die von den Zentren der Weltwirtschaft weit entfernt waren: Japan und Australien zum Beispiel. Nicht nur wir Europäer wurden reicher, sondern auch manche andere Länder.

Wie der Kunstdünger den Hunger verringert

Früher wurden die Felder mit Asche, Knochen und Mist gedüngt. Dann kam der Kunstdünger. Und mit der Zeit wurden die Ernten üppiger.

Nachdem ein junger Münchner Agraringenieur in den 20er-Jahren seinen Arbeitsplatz als Laborant bei einem Düngemittelhändler verloren hatte, gab er sich über dieses Ereignis stolz. Er habe den Versuchungen der Lobby widerstanden, berichtete er sinngemäß. Denn er habe Ergebnisse von Experimenten, die mit Kunstdünger gemacht wurden, beschönigen sollen, „frisierte Berichte" abliefern, erinnerte sich Heinrich Himmler einige Jahre später. Von ihm sei der Beweis verlangt worden, „dass eine bestimmte große Anwendung von Kalkstickstoff das Beste für die Landwirtschaft wäre, was ich selbstverständlich nicht tat", erinnerte sich Himmler an diese Jugendepisode, als er es bereits zum Reichsführer SS gebracht hatte.

Himmler misstraute der Chemielobby. Er war der naturbelassenen Landwirtschaft näher und ließ einige Jahre später im Konzentrationslager Dachau einen Kräutergarten zu Versuchszwecken errichten. Den Siegeszug des Kunstdüngers konnte das nicht dauerhaft aufhalten. Nach dem Zweiten Weltkrieg setzte dieser auf der ganzen Welt mit einer historisch beispiellosen Ausweitung der landwirtschaftlichen Ernten ein. Dafür war zum Teil die Traktorentechnik ursächlich, zum wohl größeren Teil aber der Siegeszug der Düngemittel, Herbizide und Fungizide.

Die Einstellung der Deutschen zum Kunstdünger, also nicht „künstlichen", sondern künstlich hergestellten mineralischen Düngern, änderte sich erst nach der großen Hungererfahrung des Zweiten Weltkriegs. Plötzlich etablierten sich technische Errungenschaften, welche die bäuerliche Gesellschaft zuvor mit Skepsis beäugt hatte: die Maschinisierung, zunehmende Arbeitsteilung durch die

Etablierung von Lohnunternehmern – und der Kunstdünger. Die Düngemittelrevolution trug erheblich zum Strukturwandel der Landwirtschaft bei. Die durchschnittliche Größe der landwirtschaftlichen Betriebe stieg von 8,5 Hektar 1949 auf 56 Hektar 2010. In dieser Zeit konnten immer weniger Landwirte und Landarbeiter die Bevölkerung ernähren, was die Grundbedingung für die Urbanisierung der Lebensformen ist.

Die Produktion der Düngemittel Stickstoff und Kali stieg im Gleichschritt mit den Ernten Ende der 50er-Jahre sprunghaft an und erreichte in Deutschland ihren Höhepunkt um 1980. Heutzutage ernähren Lebensmittel, die es ohne Mineraldüngung nicht gäbe, schon etwa 50 Prozent der Weltbevölkerung, wie aus einer vom Industrieverband Agrar zitierten Studie hervorgeht. 1900 habe der Anteil bei null, 1950 bei acht, 1970 noch erst bei 24 Prozent gelegen.

In vorindustriellen Zeiten düngten die Menschen die Feldpflanzen fast nur mit organischen Substanzen, schon um 1800 verzeichnete eine Düngemittelübersicht vor allem Asche, Knochen, Gips oder Mist. In der ersten Hälfte des 19. Jahrhunderts lieferte die Wissenschaft von der Pflanzenernährung mehr und mehr Ergebnisse. Justus von Liebig wies nach, dass Stickstoff, Phosphate und Kalium wachstumsförderlich wirken (wobei Liebig gelegentlich auch die Entbehrlichkeit des Stickstoffs für das Pflanzenwachstum behauptete). Die neuen Erkenntnisse über die Pflanzenernährung waren jedenfalls der Grundstein für die spätere Agrarrevolution. Zunächst wurde Stickstoff etwa aus Guano gewonnen, das sind Exkremente von Seevögeln. 1880 gründete sich der Verein Deutscher Düngerfabrikanten, zu dieser Zeit waren die ersten Kunstdünger Superphosphat oder Thomasmehl, ein Nebenprodukt aus der Eisenerzeugung.

Ein Quantensprung der Kunstdüngerindustrie erfolgte rund dreißig Jahre später. Der Chemiker Fritz Haber entwickelte 1908 das Verfahren der Ammoniak-Synthese, und der Industrielle Carl Bosch erfand ein darauf basierendes Verfahren zur Massenproduktion von Ammoniak aus Stick- und Wasserstoff: das Haber-Bosch-Verfahren. Die BASF meldete 1910 das Patent darauf an, 1913 begann im BASF-Werk Oppau die Massenproduktion von Ammoniak. Und 1914 richtete BASF die Landwirtschaftliche Versuchsstation Limburgerhof ein –

in einer Zeit, in der immer noch die Düngung mit menschlichen Fäkalien gang und gäbe war.

Im Kaiserreich betrachtete die Gesellschaft die Agrikulturchemie noch als fortschrittlich, wie der Historiker Frank Uekötter in seiner Wissensgeschichte „Die Wahrheit ist auf dem Feld“ schreibt. In der Weimarer Republik kippte die Akzeptanz. 1919 waren zwar noch 579 Düngeversuche angemeldet, Produzenten und Landwirte partizipierten an Versuchen. Doch die Erfahrungen, die sie machten, waren durchwachsen. In den 20er-Jahren missrieten viele Experimente, Felder wurden überdüngt, das führte zu Missernten, Wasserverschmutzungen und brachte Landwirte an den Rand des Ruins. Scharlatane verkauften teure Düngemittel, die nichts taugten. Und die Reaktionen der Böden auf Stickstoffdung waren anders als erwartet. Die Düngung führte oft zu Übersäuerung, die nur durch Kalkzugabe wieder ausgeglichen werden konnte – was die Ernten nicht merkbar steigerte, aber die Bauern doppelt so viel Geld kostete.

Die Düngerlobby versuchte 1930, den Ruf ihrer Produkte mit Sprachpolitik zu retten. „Vielleicht wäre es besser, das Wort ‚Kunstdünger‘ möglichst weniger zu gebrauchen und zu ersetzen durch das Wort ‚Pflanzennährsalze‘, das wirkt viel natürlicher“, sagte ein Referent des Düngerausschusses des Preußischen Landtags. Die Nationalsozialisten waren dem Kunstdünger nicht so wohlgesinnt, unter ihren prominenten Figuren ließen Himmler, Darré und Heß eher Sympathien für die biologisch-dynamische Landwirtschaft erkennen, wie Frank Uekötter erwähnt, die Agrochemie galt als Ausgeburt des jüdisches Geistes. Nach Kriegsende ließ nicht nur die Erfahrung des Hungers die gesellschaftliche Akzeptanz der künstlich gewonnenen Düngemittel steigen, sondern auch zunehmende Erfolge.

Von 1949 bis 1985 vervielfältigte sich der durchschnittliche Stickstoffverbrauch der deutschen Landwirte um das 5-fache pro Hektar. Diese Jahrzehnte waren rückblickend betrachtet die Zeit „hemmungsloser Überdüngung“, so Frank Uekötter. 1970 lag die Obergrenze der wirtschaftlichen Stickstoffdüngung teils doppelt so hoch wie der heutige rechtlich zulässige Höchstwert ist.

Zunehmend traten die Umweltschützer aufs politische Parkett. Durch Stickstoffdüngungen war etwa die Nitratbelastung von Seen und Flüssen massiv angestiegen. Ab Mitte der 80er-Jahre sank dann der Gebrauch von mineralischem Dünger in Deutschland und Europa, zuletzt waren sie auf einem niedrigeren Stand als 1960. Derweil fragen sich Zivilisationsskeptiker, wie die Ernährungssicherheit bestehen bleiben soll, wenn eines Tages die Grundstoffe für Düngemittel knapp werden. So mussten es die Bewohner der Pazifikinselrepublik Nauru erleben, dass sie verarmten, als die Jahrzehnte betriebene Ausbeutung von Vogelkot ein Ende hatte, der als Phosphatdünger hohe Deviseneinnahmen gebracht hatte.

Die Wassermühle macht Flüsse produktiv

Erst wurden Weizen und Roggen gemahlen. Und die Menschen lebten gesünder. Später konnte die Mühle auch Eisen formen. Das war der Einstieg in die Industrialisierung.

Bei all den Motoren, die technischen Fortschritt brachten und insbesondere die Industrialisierung antrieben, wird oft der bedeutendste Universalmotor der Geschichte vergessen: die Mühle. Die Wassermühle, aber auch Windmühlen und selbst Muskelkraftmühlen (Treträder und Göpelwerke, die von Menschen und Tieren bedient werden mussten, sowie Handmühlen) trugen zur Erleichterung und Technisierung menschlicher Arbeit bei.

Die Mühle nutzt sich reproduzierende Naturkräfte (Wasser, Wind, Muskelkraft) und tritt historisch relativ frühzeitig auf: Literarische Nachweise der uns bekannten üblichen Wassermühle mit vertikal angebrachtem Wasserrad sind für das antike Europa um das erste Jahrhundert vor Christi Geburt überliefert; Quellen zu frühen Formen der Windmühlen (Horizontalwindmühle) datieren aus dem persisch-afghanischen Raum aus dem 8./9. Jahrhundert nach Christi Geburt.

Die übliche Form der Vertikal-Windmühle (die Windmühlenflügel sind etwas schräg vertikal am Hauptbau der Mühle angebracht) verbreitete sich seit dem 12. Jahrhundert von England, der Normandie und Flandern aus über ganz Europa. Bei einigen, technisch eher simplen Sonderformen von Wasser- und Windmühlen kann die Entstehungszeit nur schwer nachgewiesen werden – die bedeutendste ist hier die nahezu weltweit verbreitete Horizontalwassermühle, die nach dem Turbinenprinzip funktioniert: Ein Wasserstrahl wird direkt auf horizontal an der Zentralachse angebrachte Schaufeln geleitet; immerhin reicht die Wasserkraft aus, um über die direkte Zentralachse einen kleinen Mühlstein anzutreiben. Es gibt diese Sonderform unter anderem in Irland und Nepal, in Skandinavien und in den Alpen.

Die Erwähnung der Sonderformen, von denen noch viele zu nennen wären, ist für die Einschätzung der Qualität des technischen Fortschrittes, den die Mühle verkörpert, wichtig: Sie unterscheiden sich durch die spezielle Ausprägung der Maschinenelemente, die den Impetus der jeweils genutzten Naturkraft aufnehmen: Die Form des Wasserrades variiert je nachdem, ob es sich um einen kleinen, rasch fließenden Gebirgsbach, einen mittleren Fluss mit kräftiger Strömung oder einen träge dahinfließenden Strom in der Ebene handelt.

Die Mühle ist eine Maschinerie, die nicht nur aus Antriebs-, Transmissions- und Arbeitselementen besteht, sondern dem gesamten Mühlenbau – wir haben sozusagen eine Maschinenarchitektur vorliegen: Die einfache Turmwindmühle, deren Flügel nicht in den Wind gedreht werden können, wird durch die Bockwindmühle, bei der das gesamte Mühlenhaus mit den Flügeln in den Wind gedreht wird, schließlich durch die Holländermühle, bei der nur das Dach mit den Flügeln in den Wind gedreht werden muss, ersetzt. Wobei Letzteres mit der Erfindung der „Windrose" im 18. Jahrhundert dann auch noch automatisch geschieht.

Trotz dieser technologischen Anpassung der Mühle an die Kraftquelle finden wir häufig auch Situationen, in denen in die Umwelt eingegriffen wurde, um die Energieausbeute der jeweiligen Naturkraft zu erhöhen: Durch Stauteiche wird die Arbeitsleistung der Wassermühle gesteigert, durch Mühlgräben die direkte Lage der Mühle am Fluss mit der entsprechenden Gefährdung durch Hochwasser vermieden oder zusätzliches Wasser herangeführt. Bedeutende Gewerbe- und Fernhandelsstädte bauten wasserwirtschaftliche Systeme aus, die ihre Mahl- und Gewerbemühlen gezielt mit Wasser versorgten und ferner versuchten, den Leistungsabfall in wasserarmen Zeiten zu verhindern oder Hochwasser fernzuhalten.

In mittelalterlichen und frühneuzeitlichen Gewerbelandschaften überzogen solche wasserwirtschaftlichen Systeme ganze Regionen: Erst jüngst wurde die Harzer Wasserwirtschaft, die mit einem ausgeklügelten System von Stauteichen, Überleitungsgräben und Vielfachnutzung der Antriebskraft des Wassers über Jahrhunderte hinweg den ökonomisch bedeutsamen Bergbau in Betrieb hielt, zum Unesco-Weltkulturerbe erklärt.

Die ersten und grundlegenden Anwendungen des Mühlenprinzips finden wir bei Mahl- und Wasserschöpfmühlen. Die Versorgung wachsender Bevölkerungszahlen mit den Grundnahrungsmitteln Brei und Brot sowie die Ermöglichung des Ackerbaus auch in siedlungsfeindlichen Regionen durch Be- und Entwässerung waren also die grundlegenden Leistungen der Mühle.

Es war dann eine Innovation, die wir ob ihrer Unscheinbarkeit heute nahezu übersehen, welche die Anwendungsbreite der Mühlen vervielfachte und ihren Siegeszug als Gewerbemühle einleitete: die sich im Hochmittelalter (nach vereinzelten Belegen im 10. Jahrhundert, vor allem dann im 11. und 12. Jahrhundert) verbreitende Nockenwelle. Diese ermöglichte bei der Transmission vom Antriebselement zum Arbeitselement die Umwandlung der Drehbewegung des Wasserrades oder der Windmühlenflügel in eine lineare Hin- und Herbewegung. Nun konnten nicht nur Mahlsteine oder Schöpfeimerketten im Kreise, sondern auch Sägen, Stampfen und Hämmer auf und ab bewegt werden.

Damit wurden das Zerstampfen von Erzen, das Sägen von Brettern, das Pressen von Öl, Schleifen und Polieren, das Ausschmieden von Eisen, das Ziehen von Draht und so weiter mechanisiert, zum Teil sogar schon „automatisiert".

Die Anwendung von Wasserkraft ermöglichte darüber hinaus die Herstellung von Produkten, die allein mit menschlicher oder tierischer Muskelkraft nicht möglich war.

Die Drahtzieherei ist hierfür ein Musterbeispiel. Bei der Drahtproduktion hämmerte man Eisenstäbe möglichst dünn und zog sie dann mit großer Anstrengung durch ein „Zieheisen" mit immer kleiner werdenden Löchern, damit ein entsprechendes Profil entstand. Erst die Anwendung der Wasserkraft erbrachte erheblich höhere Zugleistungen, als sie bei der Handarbeit erreicht wurden, so dass nun weitaus dünnere Drähte produziert werden konnten. Draht war ein wichtiges Halbfabrikat: Mit dünnen Drähten konnten so beispielsweise Schöpfsiebe für die Papiermacherei gefertigt werden, die wiederum die Qualität des handgeschöpften Papiers erheblich steigerten.

Im Spätmittelalter (14./15. Jahrhundert) nutzten bereits mehr als vierzig Gewerbe die Mühle als „zentralen Motor", am Ausgang des

18. Jahrhunderts dann weit über hundert Gewerbe. Dass die Industrialisierung mit der Erfindung der Dampfmaschine verknüpft wird, macht insofern Sinn, als sie die drohende Stagnation bestimmter Produktionszweige verhinderte: Mit der herkömmlichen Wasser- und Windkraftmaschinerie konnte man im 18. Jahrhundert in den Bergwerken den Abbau in tieferen Schichten nicht mehr bewältigen, hier erwies sich eine neue Kraftmaschine als unumgänglich.

Andererseits beruht der Industrialisierungsvorgang auf einem Energiemix, in dem Wasser- und Windkraft nach wie vor eine zentrale Rolle spielten. Basierte die Industrialisierung in den Mittelgebirgen auf der Mühlenmaschinerie, waren Dampfmaschinen insbesondere für ebene und wasserarme Landschaften von Bedeutung – so wurde die Industrialisierung in Berlin und Brandenburg eher durch Dampfmaschinen, die in Sachsen und Baden-Württemberg eher durch Wassermühlen angetrieben.

Selbst im „Mutterland der industriellen Revolution“, der „Werkstatt der Welt“, also England, basierte – wie unter anderem der englische Historiker Walter Minchington überzeugend nachgewiesen hat – die erste Industrialisierungsphase bis in die Mitte des 19. Jahrhunderts hinein auf Wasser-, Wind- und Muskelkraft, erst im späten 19. Jahrhundert dominierte dann die Dampfkraft.

Es darf ferner nicht vergessen werden, dass mit den Turbinen und Windrädern die Wasser- und Windkraftnutzung selbst industrialisiert wurde. Wasserkraftwerke und – gerade neuerdings – Windkraftanlagen liefern als Nutzungsformen regenerativer Energien einen wichtigen und zukunftsfähigen Beitrag zur Energiebasis moderner Industriegesellschaften. Da mag es durchaus angemessen sein, wenn die nostalgische Mühlenromantik unserer Tage der Wasser- und der Windmühle ein Denkmal setzt – für ihren zentralen Beitrag zu unserem Wohlstand.

Salz und Heringe für Europas Städte

Handelskonzerne gibt es im 14. Jahrhundert noch nicht. Aber einen Händlerverbund: die Hanse. Sie bringt Tücher und Gewürze durch halb Europa.

Um die Mitte des 15. Jahrhunderts dominieren die niederdeutschen Kaufleute der „dudeschen hense" den Handel im nördlichen Europa. Innerhalb von rund eineinhalb Jahrhunderten war es ihnen nach der Gründung Lübecks, der ersten deutschen Stadt an der Ostseeküste, gelungen, ihre Konkurrenten zwischen der französischen Atlantikküste und Nordwestrussland gegen die Wand zu drücken.

Das schafften sie vor allem durch ihre Masse. Kaufleute aus rund 200 Städten zwischen Niederrhein und Baltikum traten nach außen als geschlossene Gruppe auf. Sie konnten daher mehr Handelswaren beschaffen als alle ihre Konkurrenten, mehr exportieren und sich besser durchsetzen. Für die Herrscher in den Zielländern wurden sie unentbehrlich – deshalb konnten sie günstige Handelsverträge erzwingen. Die Hansekaufleute erhielten sogar eine eigene Gerichtsbarkeit – nur in Streitfällen mit Einwohnern der Gastländer mussten sie sich vor dortigen Gerichten verantworten.

Zu tun hatten die Kaufleute viel: Die hansischen Kaufleute expandierten ihren Handelsraum im späten 12. und im 13. Jahrhundert in einem Zeitalter enormen Bevölkerungs- und Wirtschaftswachstums. Sie mussten eine kontinuierlich wachsende Nachfrage des Um- und Hinterlandes ihrer Mitgliedstädte und der Zielländer befriedigen und verbanden dabei erstmals den Land- und Seehandel, die zuvor getrennt voneinander abliefen.

Aber es ist nicht leicht, Kaufleute in halb Europa zusammenzuhalten. Wie das funktionierte, zeigt das Beispiel von Hildebrand Veckinchusen († 1426) – des hansischen Kaufmanns, über den am meisten bekannt ist. Geboren in Dorpat (Tartu) in Estland, ist er später Lübecker Bürger, lebt aber über ein Vierteljahrhundert in Brügge, wo die wichtigste Auslandsniederlassung der Hanse liegt. Er hat Handelsverbindungen mit mehr als 1000 Handelspartnern. Mitglieder seiner Familie sitzen in den wichtigsten Städten entlang der hansischen Zentralroute von Nordwestrussland nach England und Flandern: in Tallinn, Riga, Danzig, Lübeck, London und Brügge sowie in Köln. In vielen anderen Städten hat er Handelspartner, mit denen er nicht verwandt ist, von Stettin (Szczecin) und Augsburg bis nach Bordeaux, Lucca und Venedig. Er handelt mit Rohstoffen und Lebensmitteln des Nordens und Ostens sowie gewerblichen Fertigprodukten und fernöstlichen Importen des Westens.

Hildebrand arbeitet mit seinen Handelspartnern auf eine neuartige Weise zusammen, die die Hanse entwickelt hatte: das „Handelsgeschäft auf Gegenseitigkeit". Dabei arbeiten zwei Kaufleute zusammen, die an unterschiedlichen Orten leben. Sie schicken einander Waren, und jeder verkauft an seinem Ort die Waren für den Partner. Für diese Arbeit berechnen sie einander nichts, der Lohn besteht in der Gegenseitigkeit. Ein schriftlicher Vertrag ist nicht nötig. Hildebrands Bücher sind voll davon. Er betreibt zum Beispiel Handelsgeschäfte auf Gegenseitigkeit mit seinem Schwiegervater. Als er sich aber in dessen Testament benachteiligt sieht, berechnet er seinen Verwandten die Arbeitsleistung rückwirkend.

Hansekaufleute hatten zahlreiche solcher Handelsverbindungen, so dass sich aus vielen dieser zunächst zweiseitig linearen Beziehungen die Struktur eines Netzes ergab. Auf diese Weise überspannten zahlreiche Netze den gesamten hansischen Wirtschaftsraum. Die Beziehungen zwischen den Mitgliedern dieser Netze waren nicht hierarchisch. Sie haben mit der heutigen Beziehungs-Netzwerk-Ökonomie einiges gemein.

Wo besonders viele Linien zusammenliefen, bildeten sich Knoten, und zwar personelle und örtliche. Die örtlichen sind die Auslandsniederlassungen, die Kontore; die bedeutendsten davon in Nowgorod in Nordwestrussland, in Bergen in Norwegen, in London in England und in Brügge in Flandern. So konnten die Hansekaufleute gemeinsam erledigen, was die großen oberdeutschen und italienischen Handelshäuser mit enormem Aufwand jeweils selbst machen mussten: Die

Hanse unterhielt vier große Kontore und 44 kleinere Niederlassungen von Lissabon bis Smolensk, über die der Handel mit dem jeweiligen Zielland abgewickelt werden musste.

Auch die sogenannten „Ratssendeboten" halfen, das Netzwerk zusammenzuhalten. Das waren Bürgermeister und Ratsherren, die von den Räten ihrer Hansestädte zu den Hansetagen abgeordnet wurden – einer Art „Europäischer Rat" der Hanse. So konnte die Hanse zum Beispiel 1398 eine eigene Flotte gegen Seeräuber auf den Weg schicken.

In Krisenzeiten erließ der Hansetag bisweilen zeitlich begrenzte Kreditverbote, um hansische Kaufleute, die die komplizierten geldpolitischen Zusammenhänge nicht kannten, zu schützen. Er handelte in diesem Fall wie der Senior eines hierarchisch aufgebauten Handelshauses, der aufgrund seines Überblicks seinen Angestellten Vorschriften macht, wie in

Im Hafen einer Hansestadt herrscht immer geschäftiges Treiben (Gemälde von Franz Bukacz, um 1909).

welcher Situation zu verfahren sei. Dieser Überblick war bei den Hansen mehr als gegeben: Denn auf den Hansetagen traf sich die geballte politische und wirtschaftliche Machtelite der Hanse, die „Wirtschaftskapitäne“ des hansischen Raumes. In den Beratungen liefen Informationen aus dem gesamten hansischen Wirtschaftsraum von Portugal bis Russland zusammen. So konnten Entscheidungen entstehen, die halb Europa banden. Und die ebenso mühsam ausgehandelt wurden wie heute die der Europäischen Union.

Wozu der Opiumkrieg alles gut war

Jahrhundertelang hatte sich China abgeschottet. Doch die Engländer fanden einen Weg, das Land zu öffnen: mit Opium.

„Wer die Geschichte der Weltwirtschaft verstehen will, muss sich mit China beschäftigen“, schreibt der Historiker David S. Landes. Wie recht er hat, zeigt eine Langzeitanalyse makroökonomischer Erfolgsindikatoren. Von Christi Geburt bis zum Beginn der Neuzeit lag China immer vorne. Die Liste der chinesischen Erfindungen war lang. Papier, Schwarzpulver, Kompass oder Seismograf gehörten dazu. Aber auch moderne Techniken bei Bewässerungs- und Kanalsystemen oder beim Damm-, Straßen- und Brückenbau. Noch 1820 wurde fast ein Drittel des weltweiten Bruttoinlandsprodukts (BIP) in China erwirtschaftet, in Westeuropa waren es nur rund ein Fünftel, in den Vereinigten Staaten gerade einmal zwei Prozent.

Aber auf dem Höhepunkt seiner weltwirtschaftlichen Bedeutung war das chinesische System bereits marode. Der wesentliche Grund dafür lag in einem Strategiewechsel, der im 15. Jahrhundert vorgenommen wurde. China begann sich von der übrigen Welt abzuschotten und die Grenzen dicht zu machen. Man war in einer gefühlten eigenen Überlegenheit sicher, dass eine sich selbst versorgende, aber auch sich selbst genügende chinesische Wirtschaft vom Handel mit dem rückständig eingestuften Westen wenig profitieren könne, schlimmstenfalls jedoch die politische, ökonomische und gesellschaftliche Unabhängigkeit aufs Spiel gesetzt würde.

Als Ende des 18. Jahrhunderts eine britische Expedition kistenweise europäische High-Tech-Produkte nach China brachte, um für die Aufnahme von Handelsbeziehungen zu werben, wurde sie schroff abgewiesen: „Uns fehlt es an nichts. Wir hatten nie ein Interesse an fremden Dingen. Behaltet deshalb eure Geschenke für euch!“ Strenge staatliche Kontrollen begrenzten den privaten Handel mit dem Westen. Einzig der Hafen von Kanton blieb punktuell offen für einen minimalen Austausch mit Europa. Ansonsten wurde Chinas Wirtschaft gegenüber dem Westen zu einem geschlossenen System.

Im Laufe der Zeit wurde hingegen ein anderer Grund als „die Sünde des Stolzes" zunehmend wichtiger für die chinesische Abschottungsstrategie. In seiner selbstgewählten Isolation verschlief China die Industrielle Revolution, die im 18. Jahrhundert in Großbritannien ihren Anfang nahm. Sie sorgte für eine Zweiteilung der Welt. Wer sich industrialisierte, wurde reicher, wer das nicht tat, blieb arm. Die Briten gehörten zur ersten Gruppe, China zur zweiten. Die Folge: Großbritannien hatte die militärische Macht und ökonomische Kraft, auf der Suche nach neuen Rohstoff- und Absatzmärkten den Zugang zu Regionen zu erzwingen, die vorher als unzugänglich, unantastbar oder unattraktiv gegolten hatten. Dazu gehörte auch Südostasien, das Schritt für Schritt einverleibt wurde. Die britische Eroberungs- und Erschließungsstrategie war dem chinesischen Kaiser natürlich bekannt und bewusst. Um schwache heimische Produzenten gegenüber der starken britischen Industrie zu schützen, musste die Abschottung immer strikter ausfallen, was die chinesische Wirtschaft weiter und weiter zurückfallen ließ. Ein Teufelskreis, der bis heute zeigt, dass Protektionismus keine Probleme löst, sondern bestehende nur verstärkt.

Trotz der offiziellen „Politik der geschlossenen Türen" stieg der Handel des Westens mit China an. Es mussten dann eben heimliche Wege genutzt werden, um mit chinesischen Kaufleuten ins Geschäft zu kommen. Dabei zeigte sich mehr und mehr ein asymmetrisches Verhältnis. Die Chinesen durften oder wollten nicht wirklich westliche Waren einführen. Andererseits war die übrige Welt an chinesischem Tee, Seide, Textilien, Porzellan, Schmuck, Teppichen, Gewürzen, Kräutern und Salz stark interessiert.

Als Konsequenz ergab sich ein Ungleichgewicht der Handelsströme: China importierte wenig und exportierte viel. Mit dem Ergebnis, dass der Westen enorme Mengen an Silbermünzen an China verlor, um das Handelsdefizit finanzieren zu können. Das wiederum weckte in Großbritannien die Sorge über eine Erosion von Kaufkraft und steigende Beschäftigungslosigkeit. Also begannen die

Europäer nach einem Exportschlager für China zu suchen. Und sie fanden das Opium.

Innerhalb weniger Jahre zwischen 1820 und 1840 explodierte trotz strengen Verbots und hohen Strafen das Volumen der chinesischen Opiumimporte. Rasch schlug das Ungleichgewicht von der einen auf die andere Seite um. Nun kaufte China mehr Güter im Ausland (vor allem Opium), als es seinerseits Güter in den Westen verkaufen konnte. Der Importüberschuss musste durch Silberverkäufe finanziert werden. Um den Silberverkauf zu stoppen und die Einfuhr von Opium wirkungsvoller zu unterbinden, wurde der Hafen von Kanton geschlossen. Das war für Großbritannien vorgeschobener Grund genug, gegen China einen Krieg zu beginnen. Dabei war der heutzutage als „Opiumkrieg" bezeichnete Konflikt nicht auf „Opium" konzentriert. Er war ein allgemeiner Handelskrieg, der sich aus lange andauernden Ungleichgewichten der Handelsströme ergab, an deren Fortbestand letztlich weder die Briten noch die Chinesen Interesse hatten.

Die durch eine industrialisierte Wirtschaft aufgerüstete britische Armee war der chinesischen Streitmacht um Welten überlegen. So endete der Opiumkrieg mit einer vernichtenden Niederlage Chinas. Die Briten erzwangen eine radikale Öffnung des chinesischen Marktes und etablierten als Brückenkopf die Kronkolonie Hongkong. Was danach folgte, war für China ein über mehr als ein Jahrhundert dauerndes ökonomisches Desaster, vergleichbar mit dem Zusammenbruch der ostdeutschen Wirtschaft nach der Wiedervereinigung. Denn die auf Handarbeit ausgerichteten chinesischen Hersteller waren den Importen hoffnungslos unterlegen, weil die moderne britische Maschinenfertigung um Dimensionen effektiver war. Die neue Möglichkeit, mit China mehr oder weniger freien Handel zu treiben, elektrisierte den Westen – so ähnlich, wie das mit dem „neuen China" von heute der Fall ist. Die Exporte nach China explodierten.

Die Chinesen wiederum mussten zur Finanzierung dieser industriell gefertigten Importgüter ihre Tee- und Seidenproduktion ausweiten. Das geschah zu Lasten der Produktion von Grundnahrungsmitteln, was die Preise von Lebensmitteln nach oben und den Lebensstandard der Massen nach unten trieb. Zwischen 1820 und

1870 sank das durchschnittliche reale Pro-Kopf-Einkommen in China um zwölf Prozent. Zum Vergleich: In Großbritannien stieg das durchschnittliche reale Pro-Kopf-Einkommen in derselben Zeit um 87 Prozent. Der chinesische Anteil am Welt-BIP halbierte sich von einem Drittel (1820) auf ein Sechstel (1870), und er sank auf weniger als fünf Prozent in der Mitte des letzten Jahrhunderts. Mit dem Verlust seiner internationalen Wettbewerbsfähigkeit verlor China seine Führungsposition erst an Großbritannien und später an die Vereinigten Staaten und hat sie bis heute nicht zurückerobert.

Mit den Zünften kam die Qualität

In den Zünften versammelten sich die freien Handwerker. Sie sorgten streng für eine gute Ausbildung und profitierten von regulierten Preisen.

Das wirtschaftliche Weltbild der Gegenwart verbannt Zünfte und Gilden in das Krähwinkel mittelalterlicher Bürgerlichkeit. Vor allem stehen sie im Ruf, den Einzug der Moderne durch Fortschritts- und Innovationsfeindlichkeit über Gebühr aufgehalten zu haben. Tatsächlich verdanken wir ihrer Wirtschaftskultur aber auch heute noch einen großen Teil unseres Reichtums. Die Zunft war das Organisationsprinzip der mittelalterlichen Weltwirtschaft und dabei so erfolgreich, dass einige ihrer Denk- und Handlungsweisen bis heute überlebt haben.

Zünfte und Gilden, als genossenschaftliche Organisationsformen des Handwerks und des Handels, verdanken ihren Aufstieg in Kontinentaleuropa vor allem der bürgerlichen Freiheitsbewegung in den Städten. Auch in Deutschland, wo sich diese Bewegung schon im 12. Jahrhundert Bahn brach, gingen die meisten Vorrechte der Stadtherren nach harten Auseinandersetzungen auf die Zünfte über, sei es auf dem Wege der Revolution oder – weniger dramatisch – durch Kauf.

Die Genossenschaften der Handwerker besaßen öffentlich-rechtlichen Charakter und verstanden sich als autonome Verbände, die gewerbliche Ziele erreichen wollten, ohne dabei politische, militärische, gesellschaftliche, religiöse, sittliche und rechtspolitische Ziele zu vernachlässigen. Die dazu dienende selbstverwaltete Regulierung des Marktes ließ wirtschaftskulturelle Denk- und Handlungsweisen entstehen, die sich gerade in Deutschland lange halten sollten.

So schuf beispielsweise ein marktumfassendes System der Preisregulierung den Spielraum für hohe Standards der Qualitätsproduktion, die den Zünften im weltweiten Wettbewerb Vorteile verschafften.

Ähnliches gilt für das hohe Niveau der Berufsausbildung, das bis heute Maßstäbe setzt. Die Zunft wurde so in den meisten europäischen Ländern zu einem wichtigen Träger der gewerblichen Moderne, indem sie eine wirtschaftliche Ordnung jenseits der traditionellen Agrarverfassung einsetzte.

In zünftiger Gestalt bahnte sich die Moderne lange vor ihrem endgültigen Durchbruch im England des späten 18. Jahrhunderts ihren Weg durch Europa. Auf der West-Ost-Transferstraße der Hansezeit schuf sie vom 12. Jahrhundert an ein erstes europaweites Integrationsmuster. Die Hanse verband das flandrische Textilgewerbe im Westen mit den Rohstoffmärkten von Westrussland, ihr Einzugsbereich reichte von Skandinavien und England bis nach Westfalen. Das Modell einer zünftig organisierten Moderne setzt sich fort auf jener quer durch Europa ziehenden gewerblichen Entwicklungsachse von Antwerpen nach Venedig und von Brügge nach Genua. Auf ihr wurden zunächst die Messen der Champagne, dann die süddeutschen „Industriereviere" um Augsburg und Nürnberg zu Knotenpunkten innovativer, auf die damalige Weltwirtschaft ausgerichteter Gewerbeproduktion.

In der Hansezeit war es vor allem die Ausbreitung der autonomen Stadtwirtschaft, die als exportfähiges Muster moderner Wirtschaftsverfassung diente. Danach rückten immer mehr die Innovationen auf dem Gebiet des Kreditwesens, der gewerblichen Großorganisation, der renditeorientierten Unternehmung und der rationalen Wirtschaftsgesinnung – also die Grundlagen des Kapitalismus – in den Vordergrund. Der Historiker Wolfgang von Stromer hat die zunftgewerblichen Unternehmen der süddeutschen Handelshäuser zu Recht als „schwerindustrielle Betriebe" mit dem Charakter von „Fabrik-Kombinaten" bezeichnet und im Hinblick auf ihre Entstehung von einer „industriellen Revolution des Spätmittelalters" gesprochen.

Die gewerblichen Innovationen dieser Produktionslandschaft ähneln den Errungenschaften der „Industriellen Revolution". Die Landschaft war geprägt vom Erzbergbau, der Metallverarbeitung und der Textilindustrie. Viele ihrer sichtbaren Resultate allerdings sind spätestens in den Wirren des Dreißigjährigen Krieges wieder untergegangen. Die Verlagerung der Handelsschwerpunkte aus dem Ostseeraum und aus Süddeutschland in den europäischen Nordwesten ließ das städtische Exportgewerbe in Mitteleuropa endgültig schrumpfen. Vor diesem Hintergrund waren es weniger die Zünfte, die in ihrer Enge und Starrheit dem Fortschritt im Wege standen. Restriktive Rahmenbedingungen der gewerblichen Entwicklung zwangen vielmehr die territoriale Wirtschaftspolitik, an ihnen festzuhalten. Zeitgenössische Ökonomen sahen gerade in der größten Freiheit und Konkurrenz, wie sie in England oder Holland bestanden, die Ursache für Armut und furchtbares Elend, wie es in Deutschland unbekannt sei. Einer ihrer führenden Vertreter kam daher 1688 zu dem Schluss: „So lassen sich auch in Teutschlandt darum die Zünffte nicht abschaffen/und jedem frey lassen zu arbeiten was er will" (J. J. Becher).

Anders als in England, wo das handwerkliche Zunftwesen spätestens im 17. Jahrhundert im Schatten der kapitalistischen Entwicklung verkümmerte, wurde die Zunft in den deutschen Territorien zwar in ihrer Rechtsform beschnitten, in ihrer sozialen Wirksamkeit aber bis zur völligen Durchsetzung der Industrialisierung – und vielfach noch weit über sie hinaus – kaum beeinträchtigt. Während die Kritik an den Zünften auf deren Missbräuche zielte, ließ sie ihre Werte und Prinzipien unbeschädigt, so dass nicht Kauf und Gründung, Börse und Spekulation, sondern der genossenschaftliche Vertrag und der Primat gemeinsamer Interessen im öffentlichen Bewusstsein einen höheren sittlichen Rang einnahmen.

Als gegen Ende des 19. Jahrhunderts unsere gegenwärtige Wirtschaftsordnung der korporativen Marktwirtschaft entstand, kam es dennoch nicht zum direkten Rückgriff auf alte Institutionen wie die Innungen. Typischer war der Aufstieg neuer Institutionen und Organisationsformen, wie etwa des Sozialstaates, der dualen Berufsausbildung, kooperativer Arbeitsbeziehungen oder effektiver Interessensverbände. Sie entsprachen neuen Bedürfnissen und Stabilitätsbedingungen der nachindustriellen Gesellschaft, wie etwa der Globalisierung der Märkte und der Verwissenschaftlichung der Produktionsprozesse. Zu den wirtschaftlichen Verhältnissen des Mittelalters bestanden nur sehr abstrakte Bezüge – und doch verhalfen jene weitverbreiteten, tiefverwurzelten und mehrheitlich positiv assoziierten historischen Erfahrungen den institutionellen Innovationen der nachindustriellen Wirtschaft im deutschen Kaiserreich zum frühen Durchbruch.

Das große Geld verdient man nur im Tal

Erst lebten die Menschen auf Hügeln. Dann zogen sie ins Tal. Dort lässt es sich leichter handeln.

Hätten die Franzosen Ende des 15. Jahrhunderts nicht zum Angriff auf Mailand geblasen, wäre Leonardo da Vinci der Metropole sicher treu geblieben. Denn auch er hatte den Möglichkeiten der reichen und mächtigen Stadt am Rande der oberitalienischen Tiefebene nicht widerstehen können. Aufgrund ihres Wohlstands und ihrer Offenheit hatte sie ihm fast zwei Jahrzehnte nahezu unbegrenzten Schaffens und Forschens ermöglicht.

Die Anziehungskraft dieser Stadt ist kein Phänomen der frühen Neuzeit, mit deren Beginn auch das Genie Leonardo da Vinci in ihren Bann geriet. Schon zwei Jahrtausende lang ist Mailand einer der Orte, an denen es die Menschen zu Wohlstand bringen. Die bis heute blühende Stadt ist ein typisches Beispiel dafür, wie die Lage das Wohl der Menschen bestimmt. Schon die Kelten hatten – noch vor den Römern – erkannt, dass es sich in der fruchtbaren Poebene trefflich leben ließ. Als die Römer 222 vor Christus dort ankamen, fanden sie eben jene keltische Siedlung vor, die mit Einschluss eines Römerlagers als Mediolanum schon bald zu einer der bedeutendsten Städte der damaligen Welt avancierte.

Die Gründe für den Aufstieg Mailands und dessen fortwährende Prosperität waren keine anderen als die des Raumes. Geografisch liegt Mailand einzigartig günstig, und zwar im Bereich eines Vorsprungs der trockenen in die feuchte Ebene – weit genug entfernt von den Flüssen Ticino und Adda, die immer wieder über die Ufer treten. Die Stadt befindet sich zudem genau an der Stelle jenseits der Alpen, zu der die Menschen schon seit frühester Zeit über verschiedene Pässe an ihrer Südseite wieder herabstiegen. Die Ebene, in die sie gelangten, war fruchtbar und geschützt.

„Im Raume lesen wir die Zeit“ – so formulierte es der Historiker Karl Schlögel vor einigen Jahren. Oder anders: Die Kontur des Raumes schreibt eindeutig an der Geschichte mit. Bis heute ist sie entscheidend für die Wohlstandsentwicklung. Mailand ist nur ein Beispiel dafür. Es gibt viele andere: Rom natürlich oder Genua, aber auch Innsbruck, Frankfurt, Amsterdam, London oder – viel später – New York. Wer den wirtschaftlichen Aufstieg von Städten und Regionen verstehen will, die fortwährende Prosperität des Nordens und die Armut des Südens, der muss den Raum in all seinen Facetten begreifen.

Im Raum die Zeit zu lesen – das hatte der berühmte französische Historiker Fernand Braudel bereits Mitte des 20. Jahrhunderts gewagt und damit der Geschichtsforschung zu einer ganz neuen Perspektive verholfen. Er hatte sich in seinem dreiteiligen Werk „Das Mittelmeer und die mediterrane Welt in der Epoche Philipps II.“ mit den Dimensionen des Raumes befasst und versucht, die Geschichte genau aus dieser Perspektive heraus neu zu erzählen. Er schreibt von Bergen und Tälern und der Tatsache, dass die Geografie alles andere als lediglich eine Tangente der Geschichte und damit auch der Wirtschaftsentwicklung gewesen ist.

Braudel interessierte sich nicht für die einzelnen Ereignisse mit all ihren Zufälligkeiten, sondern für die tief darunterliegenden Aspekte der „longue durée“ (langen Dauer). Wie oft ist gerade Mailand zerstört worden und doch niemals ganz verschwunden, sondern immer wieder am gleichen Ort neu entstanden, weil sich die Geografie eben nicht verändert.

Um die Bedeutung dieser Perspektive zu zeigen, rückt der Historiker der Vergangenheit sogar noch weiter zu Leibe bis in die Zeit, als die Menschen sesshaft wurden. Die Ursprünge der Zivilisation und damit eines bescheidenen Wohlstands seien nicht im Flachland zu vermuten, sondern auf halber Höhe. Dort, wo Ziegen und Schafe beheimatet sind, haben Sesshaftigkeit und damit erste Ansammlungen von Menschen ihren Ausgang genommen – und nicht in den Ebenen, wo die Mücken ihre Larven in die Sümpfe legten.

Doch setzt das Bergland durch seine Topografie den Menschen enge Grenzen. Damit Wohlstand entstehen kann, müssen viele Menschen zusammenkommen. Darauf gibt es in den Bergen auf Dauer keine Chance, weil dort nicht nur der Platz begrenzt, sondern auch die Fortbewegung mühsam ist. Deshalb wird das Tiefland schließlich „zur treibenden Kraft entstehender Zivilisationen werden", konstatiert Braudel. Ohne erheblichen Verkehr seien große Zivilisationen nicht lebensfähig. Zunächst waren es die um den Mittelmeerraum so zahlreich vorhandenen Flüsse, die die Vernetzung der Regionen über die Binnenschifffahrt ermöglichten. „Nun brauchten sich die Schiffe nur aufs Salzwasser des Persischen Golfes, des Indischen Ozeans, des Roten Meers oder des Mittelmeeres hinauszuwagen, und der entscheidende Schritt ist getan. Ein Wunder hebt an." Das Wunder ist der Aufstieg Europas.

Es ist eben alles eine Frage der Lage – oder besser des Raumes. Die Entstehung von Wohlstand und Reichtum ist bis heute auf der Welt ein räumliches Phänomen. Die großen Orte der Weltwirtschaftsgeschichte sind seit jeher verkehrsgünstig gelegen. Sie lagen vor allem am Wasser oder dort, wo die Topografie – wie bei Mailand – Wegkreuzungen erzwang. Und ohne Städte ist Wohlstand nicht denkbar.

Eremiten auf des Berges Spitze sind nicht reich geworden. Auch die unzugänglichen Burgen des Mittelalters haben ihre besten Zeiten seit Jahrhunderten hinter sich, weil die Geografie ihrer Entwicklung enge Grenzen setzte. Der Reichtum jedenfalls hat es auf die Berge nie mehr zurückgeschafft. Wer sein Glück, den Wohlstand und die Freiheit suchte, zog hinunter ins Tal und in die Städte. „Mit der Stadt verbindet sich von ihren Anfängen an die Hoffnung, als Städter ein besseres Leben führen zu können", schrieb der Soziologe Walter Siebel unlängst in einem Aufsatz über die Zukunft der Städte. Stadtluft machte seit jeher frei.

Die Regionen allerdings, die solchen Agglomerationen den notwendigen Raum gaben und in denen Menschen Arbeit teilten und Mehrwert schafften, blieben über Jahrtausende die gleichen. Zwar hat der technische Fortschritt den Menschen über so manche natürliche Grenze hinweg geholfen. Der Aufstieg Amerikas etwa ist ohne die Erfindung der Eisenbahn nicht denkbar. Und die Wüstenstadt Las Vegas nicht ohne ein hochkomplexes Bewässerungssystem und das Flugzeug. Man merkt bis heute, welche Orte auf natürlichem Weg entstanden und welche der Mensch der Natur erst abringen musste.

Die technischen Möglichkeiten erweitern die Grenzen. Aber sie sind nicht imstande, den Einfluss der Lage auf die Wohlstandsentwicklung ganz auszuschalten. Das haben viel später als Braudel auch Ökonomen wie der Nobelpreisträger Paul Krugman erkannt und die „Neue Ökonomische Geografie“ entwickelt – auf der Suche nach Erklärungen dafür, warum heute mehr als vier Fünftel des Weltproduktes in nur drei geografischen Zentren erwirtschaftet werden. Europa, seit Urzeiten durch seine langen Küsten, die vielen schiffbaren Flüsse und seine gut querbaren Berge privilegiert, ist eines davon. Auch Mailand floriert noch immer. Diese oberitalienische Metropole, vom Klima und der Topografie so enorm begünstigt, beherbergt heute immer noch die reichsten Italiener.

So zeigt die Geografie, warum auch heute noch in Mailand der Unternehmer ein Vermögen macht, während der Hirte in der marokkanischen Öde nicht anders als schon vor 2 000 Jahren dabei zusieht, wie seine Ziegen die verwachsenen Arganienbäume hinaufklettern.

Es ist nur Gold, was ewig glänzt

Von alters her schätzten die Menschen das edle Metall. Keiner braucht es, aber alle schmücken sich damit.

Wenn die Banken kippen, wenn die Rezession vor der Tür steht und wenn Inflation droht – dann kaufen die Menschen Gold. Krisen und Inflationsangst der vergangenen Jahre haben den Goldpreis in ungeahnte Höhen steigen lassen, weil die Vermögenden rund um die Welt Gold in harten Zeiten für wertbeständiger halten als das Geld. Dabei hat das Gold an sich gar keinen Wert.

Natürlich ist Gold ein edles Metall, das sich für vieles gut eignet: Es glänzt schön, es leitet Strom und hält lange – aber nichts davon rechtfertigt an sich den aktuellen Preis von mehr als 1 000 Euro für rund 30 Gramm. Das ganze Gold der Erde ist mehr als fünf Billionen Euro wert, mehr als ganz Deutschland in zwei Jahren erwirtschaftet – doch es passt in einen Würfel, der auf jeder Seite 20 Meter lang ist. Dass so wenig Material so viel wert sein soll, das ist eine reine Übereinkunft zwischen den Menschen. Bemerkenswert ist, dass sie trotzdem dauerhaft hält – und zwar schon seit mehreren Jahrtausenden.

Im Alten Testament schon fordert Gott Moses auf, die Truhe für die Zehn Gebote, die sogenannte „Bundeslade", mit Gold zu überziehen. Auch die Griechen kennen Geschichten ums Gold, zum Beispiel die vom Sagenkönig Midas, der alles zu Gold machte, was er berührte. Das Gold steht sogar im Zentrum eines ganzen Reiseepos: der Geschichte von Jason und seinen Argonauten, die den langen und beschwerlichen Weg in den Kaukasus auf sich nahmen, um das „Goldene Vlies" zu bekommen, ein magisches Widderfell voller Goldstaub.

Das Gold war damals schon im Wortsinne Mythos – und zwar wahrscheinlich jahrtausendelang. Die Sage von Jason und den Argonauten kommt nämlich wohl daher, dass schon Jahrhunderte zuvor die Bewohner des Kaukasus mit Hilfe von Schaffellen Gold aus Flüs-

Die Ägypter vergoldeten die Särge, in denen sie ihre Pharaonen beerdigten. Das sollte den Herrschern die Ewigkeit sichern.

sen wuschen. Die allerersten Goldfunde auf dem Balkan und in Ägypten haben Archäologen auf mehr als 4000 Jahre vor Christus datiert. Es war das Ende der Steinzeit. Die frühen Menschen hatten gerade das private Eigentum erfunden, jetzt konnte der eine Mensch reicher sein als der andere. Zu jener Zeit lernten die Menschen auch, Metalle zu bearbeiten. Damals wurden drei Metalle wichtig, die alle in der Natur in recht reiner Form vorkommen, sich leicht formen lassen und deshalb nicht viel Technik erfordern: Kupfer, Silber und Gold.

Nun weiß auch heute noch jeder: Kupfer setzt Grünspan an, auch Silber läuft an und muss umständlich geputzt werden – nur Gold hört auch nach Jahren nicht auf zu glänzen. Das machte das Metall richtig edel, denn keines eignete sich besser als Schmuck für wertvolle Gegenstände. Und als die Menschen einige Jahrhunderte später das Geld erfanden, eignete sich auch dafür kaum ein Material besser als Gold. Es zerbricht schließlich nicht so leicht wie Muscheln und Schneckenhäuser, wie der Finanzhistoriker Peter Bernstein betonte – und es ist auch nicht so leicht zu beschaffen, dass jeder seinen Reichtum kurzerhand selbst vervielfachen kann.

Gold ist auch deshalb universal angesehen, weil es fast überall auf der Erde vorkommt – und fast nirgends leicht zu gewinnen ist. Schon in den ersten Goldminen Ägyptens war die Arbeit so unangenehm und lebensgefährlich, dass die Arbeit komplett den Sklaven überlassen blieb. Auch anderswo kommt das Gold nicht in großen Mengen vor, sondern meist nur als Bruchteil von viel Gestein, und der Aufwand zum Goldabbau ist enorm – da bleibt Gold stabil im Wert. Umso heftiger legten sich die Menschen zu allen Zeiten ins Zeug, unbekannte Regionen zu erkunden und Handel zu treiben, um zu Gold zu kommen. Die Besiedelung Kaliforniens nahm Fahrt auf, als dort Tausende in den Goldrausch gerieten. Die mittelalterlichen Kreuzzüge wurden vor allem aus dem Gold finanziert, das die Kreuzritter im Heiligen Land erbeuteten. Und auch die großen Entdecker des 15. und 16. Jahrhunderts wie Christoph Kolumbus wurden von der Aussicht auf Gold angetrieben.

Prompt stießen die Entdecker auf eine Region, in der das Gold nicht so wertvoll war wie zu Hause: Südamerika. Im Herrschaftsgebiet der Inka waren die Goldminen reich, als knapper galten die bunten Inkatücher, deren Herstellung viel Arbeit kostete. Deshalb fiel es dem letzten Inkakönig Atahualpa nach seiner Gefangennahme durch die Spanier leicht, sich freizukaufen: Er bot ihnen an, seine Zelle komplett mit Gold zu füllen und eine weitere Hütte zweimal mit Silber. Die Spanier bekamen das Gold und Silber, Atahualpa wurde trotzdem nicht freigelassen, sondern hingerichtet.

Die Spanier allerdings profitierten nicht von den enormen Goldmengen, die sie in der Neuen Welt eroberten. Im Spanien des 16. Jahrhunderts geschah genau das, wovor auch heute wieder viele Menschen Angst haben: Plötzlich war viel mehr Geld da als vorher. Damals allerdings war das Gold das Geld – es war das erbeutete Gold aus Südamerika, das in Spanien eine Inflation verursachte. Die Preise stiegen so schnell, dass der spanische König Philipp II. seine Kosten nicht mehr in den Griff bekam und gleich mehrmals pleiteging.

Auch das Ende der Weltwährung Gold zeigt, dass Gold nicht immer ein gutes Zahlungsmittel ist: In der Weltwirtschaftskrise der 30er-Jahre erholten sich die Länder deutlich schneller, die ihr Geld vom Gold entkoppelten und sich erlaubten, die Geldmenge unabhängig zu bestimmen. Als letzte Währung blieb der amerikanische Dollar ans Gold gekoppelt, doch auch dieses Währungssystem erwies sich als zu unflexibel und brüchig.

Nach der Abschaffung des Goldstandards allerdings ist der Goldpreis heftiger gestiegen als viele andere Preise. Offenbar glänzt der Mythos des Golds heute immer noch deutlich heller als der vom Dollar und anderem Papiergeld.

Die Stadt machte die Menschen erfinderisch

Die Stadt ist eine der größten Erfindungen der Menschheit. Dort kommen viele Menschen auf engstem Raum zusammen. Sie tauschen Waren aus – und vor allem Ideen.

Erst war es Memphis, dann Babylon und Ninive, schließlich Athen, Rom und Konstantinopel: Immer schon und überall hatten Menschen in Städten gewohnt. Städte waren Mittelpunkt von Hochkulturen und Zentren der Macht. Sie prägten im Altertum Ägypten, China und Indien genauso wie das antike Griechenland oder Italien. Dann aber folgte in Europa eine Zäsur. Das Römische Reich zerbrach. Und mit ihm zerfielen die europäischen Städte.

Die politische Macht verlagerte sich in die Burgen und Schlösser der Fürsten. Das religiöse und kulturelle Leben fand nun überwiegend in den Bischofssitzen statt. Die wirtschaftlichen Aktivitäten spielten sich innerhalb von ökonomisch abgeschlossenen Dorfgemeinschaften ab. Eigenversorgung war die Regel. Handel über die Dorfgrenzen hinweg blieb die Ausnahme. Selbsterzeugte Nahrungsmittel wurden beim lokalen Handwerk gegen Lederwaren, Stoffe, einfache Geräte und Hilfsmittel getauscht. Zwar gab es Handelsstraßen durch ganz Europa. Und an deren Kreuzungen fanden sich Siedlungen. Genauso entstanden Städte auch an Flussübergängen oder natürlichen Seehäfen. Sie hatten jedoch keine weitreichende Ausstrahlungskraft, weder politisch noch gesellschaftlich oder ökonomisch. Ein eigentliches städtisches Leben fand in Westeuropa nahezu nicht statt.

Nach einer schier unendlich langen Phase der Massenarmut, der immer wiederkehrenden Hungersnöte und der stetigen Seuchen kam es im 12. Jahrhundert in Europa mehr oder weniger gleichzeitig zu einem wirtschaftlichen Aufschwung und einer starken Zunahme der Stadtbevölkerung. Die „Wiedergeburt" der Stadt brachte Europa den notwendigen Schub, um in den nächsten Jahrhunderten aus einer Randlage zum politischen Macht- und wirtschaftlichen Kraftzentrum der Welt aufzusteigen.

Die okzidentale Stadt, wie sie von Max Weber genannt wurde, entwickelte sich zum ökonomischen Wachstumsmotor, der von der Suche des Einzelnen nach einem „Ort des Aufstiegs aus der Unfreiheit in die Freiheit durch das Mittel geldwirtschaftlichen Erwerbs“ (Max Weber) angetrieben wird.

Die abendländische Stadt wurde im Mittelalter zur zentralen Drehscheibe – zunächst für das ökonomische, später für das gesellschaftliche und schließlich auch für das politische Leben. Sie sorgte zunächst für den räumlichen, später auch für den institutionellen Rahmen, innerhalb dessen sich Händler und Handwerker mit ihren Kunden treffen konnten. Damit wurde die Stadt zur Hebamme der Marktwirtschaft, deren Wirkungsmechanismen Europa fundamental veränderten und nach vorne brachten.

Städte wirkten wie Magneten, die besitzlose Menschen aus allen Himmelsrichtungen, rechtlose Leibeigene und andernorts Ausgestoßene anzogen. Sie versprachen Freiheit, die Chance zu einem selbst erwirtschafteten ökonomischen Überleben und Hoffnung auf einen gesellschaftlichen Aufstieg. Ähnlich wie bei der Besiedelung Nordamerikas wurden die mittelalterlichen Städte so zu einem Fluchtort der Gestrandeten, die mit ihrer bisherigen Vergangenheit und Herkunft alle Verbindungen abbrachen und den Neuanfang wollten. „Die Stadt war zwar überall in der Welt in starkem Maß Zusammensiedlung von bisher Ortsfremden“ – so schreibt Max Weber. „(Andernorts) bleiben die Zuzügler Mitglieder ihrer bisherigen Orts- und Sippenverbände. ... Das war nun bei den mittelalterlichen Stadtgründungen namentlich des Nordens durchaus anders. Der Bürger trat wenigstens bei Neuschöpfungen als Einzelner in die Bürgerschaft ein. Als Einzelner schwur er den Bürgereid. Die persönliche Zugehörigkeit zum örtlichen Verband der Stadt, und nicht die Sippe oder der Stamm, garantierte ihm seine persönliche Rechtsstellung als Bürger.“

Die okzidentale Stadt wurde aber auch zu einem Sammelbecken der nach ihrem eigenen Glück strebenden Händler und Handwerker. Damit passierte dazumal, was heutzutage als „Diversity Management" bezeichnet wird: die Absicht, aus dem ungewohnten Verhalten der anderen neue Impulse für das eigene Tun zu erhalten und somit Vielfalt nicht als Gefahr für die eigene Identität, sondern als Chance zu deren Weiterentwicklung zu sehen. Und genau in der Vielfalt der Herkunft sowie der Unterschiedlichkeit der gesellschaftlichen, religiösen und kulturellen Lebenserfahrungen der neu Zugezogenen lag für die abendländische Stadt des Mittelalters der Keim für Innovation und Fortschritt.

Stadtplätze wurden zu Marktplätzen, um die herum sich Handelsgeschäfte und Handwerksbetriebe ansiedelten. Und je mehr Menschen die städtischen Märkte nutzten, umso rentabler wurde es, in die urbane Infrastruktur zu investieren. Befestigte Wege wurden gebaut, Steinhäuser errichtet, Gaststätten entstanden, und die Wasserversorgung wurde verbessert. Vor allem aber mussten die Marktplätze geschützt werden. Dabei spielte der Wiederaufbau von Stadtbefestigungen, Gräben und Wällen eine wichtige Rolle. Entscheidender aber war, dass es für eine effiziente Funktionsweise der Märkte einer Festsetzung und Durchsetzung von Verhaltens- und Sanktionsregeln bedurfte. Es war zu bestimmen, was auf Märkten erlaubt und was verboten war. Nun entstanden Freiheits- und Eigentumsrechte sowie ein Rechtssystem, das dafür zu sorgen hatte, dass sie respektiert wurden.

Je besser die städtischen Märkte funktionierten, umso attraktiver wurde es für immer mehr Menschen, von alten ökonomischen Verhaltensweisen abzurücken und die neue Institution „Markt" zu nutzen. Arbeitsteilung und Spezialisierung wurden intensiviert und ausgeweitet. Dadurch erhöhten sich die Produktivität der Handwerker und die Effektivität der Händler. Geräte und Werkzeuge wurden besser und billiger. Das wiederum kam den Bauern zugute, die nun ihrerseits mehr produzieren konnten, als sie für den Eigenbedarf benötigten.

So wuchsen Tausch und Handel. Und damit schlug die Stunde erst der Münzen, dann der Wechsel und schließlich der Banknoten als allgemein anerkanntem Zahlungs-, Tausch- und Wertaufbewahrungsmittel. Das abstrakte Geldmedium war die entscheidende Voraussetzung dafür, dass aus der Eigenversorgung eine Fremdversorgung und aus dem Naturaltausch ein anonymer Marktprozess werden konnte, bei dem sich Hersteller und Endverbraucher weder kennen noch persönlich treffen mussten. Der Bauer brauchte nun nicht mehr den Gerber, den Böttcher oder den Werkzeugmacher mit dem Fleisch seiner selbstgeschlachteten Kuh zu bezahlen. Er konnte ihm jetzt jene Goldmünzen oder Banknoten abtreten, die er vom Händler für den Verkauf seiner Kuh erhalten hatte.

Mit dem Entstehen von Geldhäusern und Banken wurde auch ein weiträumiger Handel zwischen den Städten vereinfacht, weil die Wechsel oder Noten von hier auch dort anerkannt wurden. Nun wurden die Städte zu den Handelsmetropolen, aus denen heraus die Medici in Norditalien, die Fugger im Süden Deutschlands oder die privaten Banken in Holland für einen Aufschwung der Wirtschaft in Europa sorgten.

Im Laufe der Zeit erwiesen sich Städte als die größte Erfindung der Menschheit, wie es der Harvard-Professor Edward Glaeser in seinem neuen Buch „Triumph of the City: How Our Greatest Invention Makes Us Richer, Smarter, Greener, Healthier and Happier" beschreibt. Städte profitieren von enormen Skalenvorteilen und gewaltigen Netzwerkeffekten. Räumliche Nähe, wie Städte sie bieten, macht Menschen innovativer. Wissen kann geteilt werden, und die Teilung führt nicht dazu, dass der Nutzen für den Einzelnen weniger wird, sondern mehr. Ebenso sinken die Kosten pro Kopf, um die städtische Ökonomie mit Infrastruktur wie Wasserversorgung oder Transportwegen zu versehen. Trotz aller negativer Effekte wie Verdichtung, Stau oder Lärm war, ist und bleibt die ökonomische Effizienz von Städten überwältigend. Bis heute.

Gut behütet über die Weltmeere

Mit Seeversicherungen wurden die Risiken der Schifffahrt kalkulierbar. Damit nahm der Seehandel seinen Aufschwung.

Die Seefahrt birgt Gefahren und die Handelsschifffahrt ganz besonders. Im mediterranen Handel seit dem Hochmittelalter, dem Brutkasten des modernen Handelsrechts, begegnete man diesen erhöhten Risiken durch eine spezifische Arbeitsteilung. Auf der einen Seite ein Händler, der die Gefahren der Reise persönlich auf sich nahm und dessen kaufmännische Fortune über Gewinn und Verlust entschied. Auf der anderen Seite ein Investor, der nicht selbst auf die Reise ging, sondern sich nur finanziell engagierte.

Diese Arbeitsteilung ließ sich mit Hilfe von drei verschiedenen Verträgen umsetzen: durch neue Typen von Handelsgesellschaften (Commenda, Societas Maris), das Seedarlehen und die Seeversicherung. Bei Commenda und Societas Maris wurde der fahrende Kaufmann, der „Tractator", vorweg mit einem Viertel des Gewinns entlohnt. Beim Seedarlehen vereinbarten die Partner eine oft sehr hohe Rückzahlung, die zugleich Zins, Risikoprämie und Rückzahlung der Darlehenssumme enthielt. Ging das Schiff jedoch verloren, so wurde der Schuldner frei.

Bei der Seeversicherung schließlich wurde dem Investor ein fixer Betrag in Prozent des versicherten Werts, die Prämie, gezahlt. Hier brauchte der Kapitalgeber das Geld nur zur Verfügung stellen, falls es zu einem Schaden kam. In allen drei Fällen liefen die Interessen der Parteien parallel: Gelang die Reise, so profitierten beide Partner, scheiterte sie, so hatten beide Nachteile zu tragen.

Diese drei Formen der Risikoteilung ähneln sich auch in ihrer Entstehung. Sie wurden in den norditalienischen Seerepubliken entwickelt, vor allem in Genua, Pisa und Venedig. Bei den Seegesellschaften spielten byzantinische und vielleicht auch arabische und jüdische

Vorbilder eine Rolle. Das Seedarlehen lässt sich sogar bis in die Antike zurückverfolgen. Die Seeversicherung hingegen ist eine Erfindung aus dem spätmittelalterlichen Italien. Der älteste erhaltene Seeversicherungsvertrag stammt aus Genua aus dem Jahre 1347. Die ältere Forschung vermutete, die Versicherung habe sich aus dem Seedarlehen entwickelt; Indiz dafür war das Verbot des Seedarlehenszinses in einer Dekretale Papst Gregors IX. aus dem 13. Jahrhundert. Doch heute glaubt man eher an eine echte Neuschöpfung des 14. Jahrhunderts.

Die Seeversicherung gehört also zusammen mit dem Wechsel, dem Bankenwesen und der doppelten Buchführung zu den bedeutenden handelsrechtlichen Erfindungen des italienischen Mittelalters. Da die Seeversicherung der erste Typus von kommerziellen Versicherungen war (in Abgrenzungen zu gegenseitigen Hilfsversprechen innerhalb von Genossenschaften), ist ihre Geschichte in gewissem Sinn die Geschichte der Versicherungen überhaupt. Die sprachlichen Spuren (Assekuranz, Police, Prämie) sind unübersehbar. Von Italien gelangte die Versicherung über die Iberische Halbinsel, Frankreich, England und die Niederlande schließlich im 16. Jahrhundert auch nach Deutschland. Der älteste deutsche Seeversicherungsvertrag stammt aus dem Hamburg des Jahres 1566. Er zitiert sein Amsterdamer Vorbild bis in die niederländische Sprache hinein.

Am besten erforscht ist die venezianische Seeversicherung. Die genaue Kenntnis über sie verdanken wir der Rechtshistorikerin Karin Nehlsen-von Stryk. Die bisherige Forschung hatte sich auf Ordonnanzen anderer Städte und die Handelswissenschaft des 16. Jahrhunderts gestützt. Also auf Normen und Doktrinen, obwohl die nur einen schmalen Ausschnitt aus dem tatsächlich praktizierten, weitgehend ohne gesetzliche Vorgaben entwickelten Seeversicherungsrecht überliefern. Nun aber wurde der Kenntnisstand durch die Einbeziehung der Vertrags- und Gerichtspraxis erweitert.

Das zuständige Gericht war in Venedig ab 1393 die mit drei Laienrichtern besetzte Curia di Petizion. Ihre Rechtsprechung während der folgenden Jahrzehnte war so konsistent, dass sie vorsichtige Rückschlüsse auf das Recht der gesamten mediterranen Seeversicherung erlaubt. Denn ein Vergleich ergibt bis in die Vertragsklauseln hinein große Ähnlichkeiten mit Genua und Florenz, das seit der Eroberung von Pisa 1406 ebenfalls eine Seemacht war. Wenn sich überhaupt etwas typisch Venezianisches benennen lässt, so die eher geringe Spekulationsfreude.

In diese Richtung lassen sich die vielen Freizeichnungsklauseln deuten, denen insgesamt etwas niedrigere Prämien entsprachen. Im Durchschnitt zahlte man sechs Prozent des Warenwerts – mit starken Abweichungen nach unten und nach oben je nach Dauer der Reise, der geladenen Ware und der Sicherheit der Seewege. In Venedig galten auch häufig Prämien von nur zwei Prozent.

Noch ohne versicherungsmathematische Risikoberechnung, nur mit Erfahrung und planmäßiger Risikostreuung, bemühten die Versicherer sich nicht ohne Erfolg, die Unsicherheiten in Schranken zu halten. Als Versicherer fungierten einerseits große Banken und Handelshäuser, die sich mehr und mehr auf diese Sparte spezialisierten, andererseits aber auch immer Einzelversicherer, also Kaufleute, die neben ihren sonstigen Geschäften einzelne Versicherungen annahmen.

Die prägende Tendenz der Rechtsprechung war der Schutz des Versicherungsnehmers vor Einreden des Versicherers: War das Unglück eingetreten, so hatte der Versicherer zu zahlen. Freizeichnungsklauseln wurden eng interpretiert. Die Richter unterbanden Versuche der Versicherer, Prozesse zu verschleppen, und waren großzügig beim Verlust von Versicherungs- oder Ladungspapieren. Exemplarisch für die Tendenz, den Versicherern die Geltendmachung von Freizeichnungsklauseln zu erschweren, sind die nicht seltenen Prozesse um die Selbstentzündung der Wolle auf dem Transport. Die von Natur aus ölgetränkte Wolle neigt zur Entwicklung von Schwelbränden, vor allem, wenn sie feucht verladen wird. Versichert waren aber nach manchen Freizeichnungsklauseln nur Schäden aus äußerer Einwirkung. So klagten zum Beispiel 1443 Azo und Antonio de Priulli gegen ihre Versicherer, da die versicherte Wolle großenteils verschwelt war, während die Transportgaleeren wohlbehalten angekommen waren. Die Versicherer ließen vortragen, dies sei kein caxo de fuogo, bei dem ein Feuer durch einen Pfeil oder Blitzschlag ausgelöst wurde, vielmehr müsse der Schaden auf unsachgemäßer Verladung beruhen: „Wer nasse Wolle lädt, lädt Feuer und muss daher Asche in Empfang nehmen.“ Trotzdem fiel die Entscheidung zugunsten der Versicherungsnehmer: Die Versicherer hätten das behauptete Verschulden nachweisen müssen.

Die Auswertung der Geschäftspraxis und ihrer Quellen erlaubt den sonst meist verstellten Blick auf ungeschriebene Handelsgewohnheiten. Das Vertragsformular wurde intensiv bearbeitet, verfeinert und präzisiert. Gegen Ende des 15. Jahrhunderts hatte es eine derartig elaborierte Form erreicht, dass sie ohne große Änderungen in den folgenden Jahrhunderten beibehalten werden konnte. Die kreative Vertragspraxis und die schiere Anzahl der schon wenige Jahre nach der Erfindung massenhaft abgeschlossenen Versicherungsverträge beweisen den Erfolg der neuen Institution.

Seeversicherungen erlaubten es Händlern und Handelshäusern, einen signifikanten Teil des Risikos auf Versicherer abzuwälzen. So benötigten sie nicht mehr so viele Reserven und konnten einen größeren Teil ihres Kapitals in den aktiven Handel investieren. Da andererseits die Prämien den Gewinn schmälerten, hat die Seeversicherung im Ergebnis zu etwas geringeren, aber regelmäßigeren Handelsprofiten geführt. Die Risiken wurden kalkulierbar.

Napoleons Geschenk an die Weltwirtschaft

Der französische Kaiser hat mit dem „Code Civil" eine neue Ordnung der Wirtschaft begründet. Ihre Stärke: die Vertragsfreiheit. Sie ermöglichte den Aufstieg des Unternehmertums.

Schon Grundschüler lernen mancherorts, was ein Vertrag ist. „Streitvertrag" heißt das Dokument, das beide Kontrahenten nach Konflikten unterschreiben. Das „Vertragen" der Parteien, das in dem Begriff steckt, ist pädagogisches Programm der Schule: Auf dem Papier steht, was man in Zukunft von der jeweils anderen Seite erwartet, damit es besser läuft. Darunter setzen beide ihre Unterschrift, fertig ist die Urkunde.

Die Schriftform nährt zwar die falsche Ansicht, Vertrag sei nur, was schriftlich geschlossen wird. Aber wichtige Elemente lassen sich so auch von Abc-Schützen gut begreifen: dass Verträge auf die Zukunft gerichtet sind; dass Selbstregulierung und soziale Autonomie einen hohen Wert haben; dass ein solcher Abschluss stets auch die Anerkennung des Gegenüber bedeutet; und dass eine feste Form manchmal hilft, den Inhalt zu schützen: Was man schwarz auf weiß besitzt, kann man getrost nach Hause tragen.

Wer von Verträgen spricht, spricht grundsätzlich von multiplen Freiheiten. Moderne, liberale Privatrechtsordnungen hantieren mit ihnen in verschiedenen Varianten: Freiheit, einen Vertrag zu schließen oder nicht; Freiheit, sich den Vertragspartner auszusuchen; Freiheit der Form des Vertrags und – besonders wichtig – Freiheit des Vertragsinhalts. Es ist so selbstverständlich, dass es nicht im Gesetz steht. Vom Kauf- bis zum Webhosting-Vertrag: Die Vielfalt ist unendlich.

So viel Freiheit ist voraussetzungsreich. Die klassischen Konzepte bürgerlicher Privatautonomie beruhen historisch auf politischen Ideen der Aufklärung und des Liberalismus. Sie sind verknüpft mit der Aufwertung des Individuums, der prinzipiellen Trennung von Recht und Moral, von Staat und Gesellschaft. Die geistigen Väter heißen Immanuel Kant und Adam Smith.

Das Gegenprogramm der Vormoderne lautete auch im Vertragsrecht „gute Policey“. Der eudämonistische Wohlfahrtsstaat glaubte zu wissen, was für seine Bürger gut war. Er sorgte sich um ihr Auskommen und ihr Seelenheil, die göttliche, sittliche und politische Ordnung bildete sich auch in der Rechts- und Gesellschaftsstruktur ab. Entsprechend viel war geregelt und entsprechend wenig frei verhandelbar. Preistaxen sollten Hersteller und Abnehmer schützen, normierte Vertragsinhalte bildeten feste Vorstellungen von

Das entscheidende Jahr 1804: Napoleon schreibt am „Code Civil“ – eine Revolution für das Privatrecht.

Gerechtigkeit ab, da in ihnen Qualitätsnormen und andere Standards verankert waren. Innovationen und Konkurrenz waren erschwert, der Zugang für einige Marktteilnehmer mit hohen Hürden verbunden; andere wurden ganz ausgegrenzt. Millionen solcher Gesetze, welche Vertragsinhalte zwangsweise bestimmten, lassen sich für das Europa der frühen Neuzeit, also die Zeit zwischen 1500 und 1800, nachweisen.

Ein freieres Privatrecht kam erst mit einer freieren Gesellschaftsordnung einher. Bald hundert Jahre vor dem deutschen Bürgerlichen Gesetzbuch (BGB) machte es der französische Code Civil (1804) vor. Es war der Auftakt zu einer Wirtschaftsverfassung neuen Stils, und dieses beste Werk Napoleons strahlte als Vorbild in ganz (West-)Europa. Im Wechselspiel mit technischen Erfindungen, aber auch mit imperialer und sozialer Ausbeutung gewann die freie Wirtschaft rasant an Fahrt. Die Vertragsfreiheit, verbunden mit einem funktionierenden Rechtssystem und stabilen Institutionen, erlaubte den Aufstieg von Unternehmen, Industrien und Menschen.

Auch im Völkerrecht verdichtete sich das Vertragswesen rapide: Ideen von Kooperation und internationaler Gemeinschaft brachten zwischenstaatliche Handels- und Finanzströme zum Fließen. Doch war diese liberale Idee von Vertragsfreiheit nicht nur die „Freiheit eines freien Fuchses in einem freien Hühnerstall" (Roger Garaudy)? Die Kehrseiten fehlender Schutzmechanismen wurden schnell sichtbar – etwa im Arbeitsrecht -, aber nicht immer ebenso schnell beseitigt. Dennoch scheint der Ruf des 19. Jahrhunderts in mancher Hinsicht schützenswert, seine schlechte Reputation nicht gerechtfertigt. Neuere Forschungen haben gezeigt, dass sich allerlei klischeehafte Zuschreibungen nicht belegen lassen, selbst in der Privatrechtstheorie gab es kaum je eine Ideologie schrankenloser individueller Freiheit.

Die harten Folgen jedenfalls, die eine allzu liberale Wirtschaftsverfassung nach sich zog, wurden sukzessiv gemindert. Sonderprivatrecht und öffentliches Recht, das später sogenannte Sozialrecht, dichteten ab den 1880er-Jahren die lecken Stellen. In Krisenzeiten, nach technischen Innovationen oder Wirtschaftswandel erfolgten regelmäßig Nachbesserungen. Das soziale Mietrecht für die Kriegerwitwen des Ersten Weltkriegs war ein solcher Schub, viele weitere und schwerwiegende folgten im Verlauf des 20. Jahrhunderts.

Heute sieht das Privatrecht anders aus. Der moderne Interventionsstaat hat vieles verändert, die Freiheitsräume sind geschrumpft, mancher fühlt sich gar an die Gebundenheiten der Vormoderne erinnert. Das ist richtig, insofern es um die Zunahme von Schutz durch Gesetzgeber und Gerichte geht. Für zahlreiche typisierte Situationen sind nun Schutzmechanismen vorgesehen, welche von der Peripherie ins Zentrum des BGB vorgedrungen sind. Verbraucherschutz heißt das Rechtsprinzip. Allgemeine Geschäftsbedingungen werden kontrolliert, die Haustürgeschäfte, der Teilzeit-Wohnrechte- und der Verbraucherdarlehensvertrag stehen unter Generalverdacht. Es hat auch damit zu tun, dass unser Wohlstands- und Bildungsniveau gestiegen ist, die Empfindlichkeiten gegen Abo-Fallen im Internet, Klingelton-Nepp, Anrufsender im Fernsehen zugenommen haben. Und auch „frei" geschlossene Handelsvertreter-, Kredit- oder Eheverträge können sehr ungerecht sein, finden die Gerichte und der Gesetzgeber und schreiten ein. Zumal die EU ist entschieden interventionistisch und setzt auf „Schutz" gegen Vertragsfreiheit.

Aber wie weit soll man mit dieser Ver-Gerechtlichung gehen? Ist die Antidiskriminierungsgesetzgebung wirklich eine Lösung für die bekannten Probleme bestimmter Vertragssituationen? Zudem bringen technische Innovationen und Globalisierung immer neue Herausforderungen mit sich. Aber wie kontrolliert man das Agieren von internationalen Konzernen, welche Sanktionen und Anreizstrukturen sind passend, um die Schutzstandards etwa bei den abgefischten Daten von Google und Facebook zu heben?

Immer noch gilt uns der Vertrag als ein Idealtyp, mit dem rechtliche Verpflichtungskraft erzeugt wird. Immer noch ermöglicht er als universale Rechtsfigur, dass Parteien ihre Willensfreiheit ausüben. Die Autonomie der Konfliktlösung verlagert sich auf manchen Feldern sogar vom Staat und seinen Gerichten weg und wird zurück in die Hände der Akteure gegeben. Auch in der politischen Theorie erfährt der Vertrag weiterhin ungebrochene Hochschätzung.

Die regelungstechnischen Fragen, die sich an die Konflikte anschließen, sind freilich in einer komplexer werdenden Welt vielschichtiger geworden. Die derzeitigen Interventionismen neigen zu Überregulierung und atmen insofern den regelungswütigen Geist der Zeit. Zugleich werden alte Gewissheiten und Gegenüberstellungen fragwürdig. Wie „privat“ sind Verträge eigentlich, und wo muss eingegriffen werden, um öffentlichen Belangen und materialen Wertungen Geltung zu verschaffen? Und taugt überhaupt die kategoriale Gegenüberstellung von „Privat(recht)“ und „öffentlich(em Recht)“ noch, um unsere Probleme angemessen zu erfassen? Welche Vertragskonzepte wären schließlich angemessen für eine gerechte, globale Wirtschaftsverfassung? Wir sollten vereinbaren, gemeinsam darüber zu reden.

Ohne Sozialversicherung kein Kapitalismus

Nur weil Bismarck die Krankenversicherung erfunden hat, hatte die Marktwirtschaft in Deutschland Erfolg.

„Mein Gedanke war, die arbeitenden Klassen zu gewinnen, oder soll ich sagen zu bestechen, den Staat als soziale Einrichtung anzusehen, die ihretwegen besteht und für ihr Wohl sorgen möchte." So begründete Otto von Bismarck die Einführung der ersten umfassenden Sozialversicherung der Welt im Nachhinein. Es war weder heuchlerisch noch zynisch; es war ehrlich. Denn spätestens seit der Gründerzeit, also dem großen Aufschwung der Industrie in Deutschland, war ein Millionenheer von Proletariern entstanden, das sich von seiner Arbeit bestenfalls so eben ernähren konnte. Krankheit, Unfall, Arbeitslosigkeit und Tod bedrohten die Arbeitsfähigkeit jederzeit. Ohne Erwerbsarbeit aber war an eine menschenwürdige Existenz nicht zu denken – und ein Gesellschaftssystem, das sich um die Menschen nicht kümmerte, konnte kaum Legitimität beanspruchen.

Deshalb war es klug, dass Bismarck im Deutschen Reich zwischen 1883 und 1889 daher zunächst eine umfassende Krankenversicherung einführte, sodann eine Unfall- und schließlich eine Invalidenversicherung. Die Leistungen waren in der Tat, gemessen an heutigen Verhältnissen, zumindest im Fall der Invalidenversicherung gering. Ein Anspruch bestand erst mit 70 Jahren, und die Rente war lediglich ein Zuschuss zu den Lebenshaltungskosten. Die Vorstellung, die Rente solle die gesamten Lebenshaltungskosten decken, kam zwar bereits in der Zwischenkriegszeit auf; doch erst mit Adenauers Rentenreform von 1957 wurde sie Realität. Seither besteht das uns heute bekannte System einer umfassenden Sozialversicherung.

Diese Art der sozialen Sicherung war keine deutsche Spezialität, sondern eine logische Folge der sich im 19. Jahrhundert massenhaft ausbreitenden Industriearbeit und der mit ihr verbundenen spezifischen Risiken. Andere Länder führten zu anderen Zeitpunkten andere Formen der Sicherung ein, doch deren Aufgabe war ähnlich: die Arbeiter davor zu schützen, dass sie für eine gewisse Zeit oder dauerhaft erwerbsunfähig werden.

Ohne die Sozialversicherung hätte immer wieder eine Massenverelendung gedroht, wie sie die ersten beiden Drittel des 19. Jahrhunderts kennzeichnete – mit unabsehbaren ökonomischen und politischen Folgen. Die „Lage der arbeitenden Klasse in England", wie sie von Friedrich Engels am englischen Fall dargestellt wurde, war so schlecht, dass insbesondere auf dem europäischen Festland nach 1850 nach und nach eine radikale Arbeiterbewegung entstand, die auf eine Revolution hoffte. Die Sozialversicherung war daher eine geradezu zwingende Folge des Kapitalismus und machte ihn gleichzeitig erst überlebensfähig – dabei stabilisierte sie gleichzeitig die Kaufkraft der Massen, hatte also auch positive wirtschaftliche Bedeutung.

Diese Aufgaben konnten ältere Formen sozialer Sicherung, die es gab, nicht bewältigen. Und es existierten auch keine tragfähigen privaten Alternativen zur staatlichen Sicherung. In der vorkapitalistischen Zeit gab es keine kollektive Sicherung. Gegen die Risiken des Lebens schützte bestenfalls der Familienverband. Um die Armen kümmerte sich die Kirche oder kirchliche Stiftungen, nach der Reformation immer mehr die Kommunen, die zumindest in der protestantischen Welt die Aufgaben der ehemals kirchlichen Armenfürsorge übernahmen. Das half freilich nur wenig. Bittere Armut gab es in allen alteuropäischen Gesellschaften, zum Teil bis weit in das 19. Jahrhundert hinein. Zwar entstanden auch erste Formen kollektiver Versicherung, die auf der Basis mathematischer Berechnungen entstanden. Doch sie waren in ihrer Reichweite sehr begrenzt; vor allem beschränkten die so entstehenden Witwen- und Waisenkassen ihre Leistungen lange auf bestimmte Personengruppen und „gute Risiken"; eine Masseneinrichtung waren sie ebenso wenig wie die Zünfte und Gesellenvereinigungen, deren Mitglieder sich gegenseitig unterstützten. Mit der „Entstehung des Proletariats" waren die traditionellen Sicherungsformen überfordert – die „soziale Frage", wie man das Problem proletarischer Massenarmut seit der Mitte des 19. Jahrhunderts nannte, verlangte nach neuen Antworten.

Diese Antwort gab die kollektive und verbindliche Sozialversicherung, die in allen Industriestaaten nach und nach entstand. So sehr sich die Systeme ähneln, so wenig darf man freilich die Unterschiede verwischen. Das deutsche System schützt die Bürger umfassend, wird aber nicht direkt vom Staat organisiert – es unterscheidet sich deutlich vom etatistischen Sozialversicherungssystem Frankreichs oder Japans oder dem sehr viel weitmaschigeren Netz in Amerika, in dem private Versicherungen eine größere Rolle spielen. Eine umfassende Krankenversicherung existiert dort bis heute nicht.

Dabei hatten auch die Deutschen anfangs gar keine umfassende Lösung erreichen wollen. Sie wollten nur die Erwerbsarbeit absichern. Daher existiert auch hier ein Nebeneinander staatlich garantierter kollektiver und privater Einrichtungen, wobei die staatlich garantierten Einrichtungen zumindest historisch eben die „schlechteren Risiken" betrafen.

Erst nach dem Zweiten Weltkrieg, als es scheinbar genug Geld gab, wurden die Sozialversicherungssysteme stark ausgeweitet und ihr Leistungsniveau geradezu dramatisch erhöht. Das betraf allerdings nicht allein die Sozialversicherung, sondern auch die ältere, nicht an ein Arbeitsverhältnis gekoppelte Armenfürsorge – in Deutschland wurde sie mit der Änderung des Sozialhilferechts Anfang der 1960er-Jahre deutlich ausgeweitet. Seither waren Arbeitnehmer, wie es der Soziologe Rainer M. Lepsius konstatierte, einem Marktrisiko nicht mehr unmittelbar ausgesetzt. Bismarcks Vorstellung vom Staatsrentner war zwar nicht verwirklicht; man war ihm aber doch recht nahe gekommen.

Das hatte Folgen. Einerseits trug diese Entwicklung zweifellos zur Verfestigung von Arbeitslosigkeit bei; andererseits erwies sie sich in ökonomischen Krisenzeiten als eine Art automatischer Stabilisator, der zumindest einen starken Einbruch der Nachfrage und damit auch der Beschäftigung milderte. Die Sozialversicherung gehört deshalb zu jeder kapitalistischen Ordnung. Sie ist Voraussetzung, Bedingung und Folge eines so ermöglichten Massenwohlstandes. Trotzdem muss sie ständig angepasst werden: entsprechend der wirtschaftlichen Lage, den finanziellen Möglichkeiten – aber auch entsprechend den Risiken, die eine Gesellschaft jeweils zu tragen bereit ist.

Der Zaun hat Mein und Dein getrennt

Die Entstehung des Eigentums ist ein Rätsel. Jede Zeit hat darüber ihre eigene Theorie entwickelt.

„Der Erste, der ein Stück Land eingezäunt hatte und es sich einfallen ließ zu sagen, ‚Dies ist mein‘ und der Leute fand, die einfältig genug waren, ihm zu glauben, war der wahre Gründer der bürgerlichen Gesellschaft.“ Mit diesem berühmt gewordenen Satz beginnt Jean-Jacques Rousseau 1755 den zweiten Teil seines „Diskurses über die Ungleichheit“.

Wie alle philosophischen Mythologien, so ist auch diese voller Rätsel: Das Eigentum wurde von jemandem begründet, der aber schon einen Zaun besaß? Die Ungleichheit kam in die Welt, weil die einen einfallsreich und frech, die anderen hingegen einfältig waren? Heißt das nicht Eigentum aus Eigentum und Ungleichheit aus Verschiedenheit herleiten?

Die Tatsache, dass die einen etwas haben, was den anderen dadurch entzogen ist, hat seit jeher das Nachdenken angeregt. Wozu gibt es Eigentum? So elementar der Begriff scheint, so historisch unterschiedlich sind die Antworten auf diese Frage ausgefallen. Denis Diderot beispielsweise stellt in seiner „Encyclopédie“ 1765 durchaus typisch für die vormoderne Sozialtheorie fest: „Es ist das Eigentum, das den Bürger (citoyen) definiert.“ Wer nichts hat, so lautete das Argument, ist in seiner Selbsterhaltung auf andere angewiesen, also unfrei, also – wie Hauspersonal, Landarbeiter, Umherziehende und die meisten Frauen – kein vollständiges Mitglied der Gesellschaft.

Diese politische Begründung des Eigentums war allerdings schon im achtzehnten Jahrhundert nicht mehr befriedigend. Wenn es das Recht auf Selbsterhaltung sein soll, das Eigentum als ein Mittel zu ihr legitimiert, weshalb haben dann manche so viel davon? Außerdem macht Eigentum nicht nur unabhängig – das Beispiel dafür war Landbesitz -, sondern auch abhängig: das Beispiel dafür ist Geldvermögen. Und was soll überhaupt Unabhängigkeit heißen in einer arbeitsteiligen Gesellschaft? Je stärker die moderne Wirtschaft sich entfaltete und parallel dazu der Zentralstaat, desto weniger leuchtete ein Eigentumsbegriff ein, der zu einem von ländlichen Aristokratien und bürgerlichen Lokaleliten geprägten Gemeinwesen passte.

Verteilungsgerechtigkeit: Warum haben einige viel und andere wenig?

Das begünstigte Theorien, die sich weniger für die akzeptable Verwendung als für die rechtmäßige Entstehung von Eigentum interessierten. Der ältere Begriff der Gerechtigkeit bestand darin, „jedem das Seine zuzugestehen" (suum cuique tribuere), und was das Seine war, legte die gesellschaftliche Ordnung fest. „Darum gibt es keine Ungerechtigkeit, wenn es nichts Eigenes gibt", heißt es dann bei Thomas Hobbes. John Locke ersetzte in diesem Satz „propriety", das Eigene, durch „property" und ließ nicht das Eigentum aus einem Recht – beispielsweise dem der Erstaneignung von herrenlosem Land – hervorgehen, sondern jegliches Recht aus dem Eigentum. Wem nichts gehört, nicht einmal der eigene (!) Körper – Organhandel konnte sich Locke noch nicht vorstellen, aber natürlich Sklaverei – , der kann auch in keinem Recht verletzt werden. Eigentum ist also nicht Diebstahl, wie später scharfsinnig formuliert wurde, sondern wenn es keinen Besitz gibt, dann gibt es auch keinen Diebstahl. Selbst die berühmte Allmende, die Gemeindeweide, gehört jemandem, der Gemeinde eben, und hat einen Zaun.

Im Zeitalter der ausgreifenden Handels- und Kolonialmächte kam man nicht um die Frage herum, ob aus einem Erstzugriff schon Rechte hervorgehen. Vor allem der Streit über das „freie“ Meer mobilisierte die Juristen. Bloße Aneignung, meinten die Engländer, begründe gar nichts, Eigentümer sei vielmehr, wer etwas damit anfange und damit arbeite. Das ließ sich gegen Indianer verwenden, die einfach zu wenig eingezäunt und landwirtschaftlich genutzt hatten, aber auch gegen bloße militärische Okkupation. Nur dass eben auf dem Meer nicht gesiedelt werden kann. Hier hielten die Engländer den niederländischen Anhängern eines ungeregelten Zugriffs entgegen, dass es für die Nutzung des Meeres das Beste sei, es wie Land zu behandeln und aufzuteilen.

Damit war einem modernen Argument vorgearbeitet. Zunächst hieß es, Eigentum gründe auf Arbeit, und der Profit beispielsweise sei ein Lohn für den Unternehmer. Doch das beantwortete die Frage nicht, weshalb die Arbeitserträge der einen denn von den anderen respektiert werden sollen. Ein Mensch allein, notierte Kant, kann kein Eigentümer sein, er mag noch so viel gearbeitet haben. Eigentum ist kein Verhältnis zu Sachen.

Also formuliert man um: Nicht Eigentum gründet auf Arbeit, sondern Arbeit wird durch Eigentum begünstigt, Eigentum setze Arbeitsanreize. Wenn die Gemeinschaft toleriert, dass es private Abwehransprüche gegenüber Zugriffen gibt, dann nach der Ökonomie des 19. und 20. Jahrhunderts darum, weil nur so Motive entstehen, sich auf Arbeitsteilung und wirtschaftliches Engagement einzulassen. „Wer immer strebend sich bemüht, den können wir besteuern“ (Niklas Luhmann), und das Motiv zur Mühe liegt in der Aneignung von Erträgen. Einen Vertrag schließt nur ab, wem danach das Seine zusteht. Will man also eine Wirtschaft intensiver Vertragsaktivität, weil Arbeit nur durch Verträge bewertet werden kann, dann braucht es Eigentum.

Man sieht: Die Frage, was Privateigentum ist, wird nun angesichts gestiegener Möglichkeiten staatlicher Regulierung gestellt. Der Eigentümer entreißt das Seine nicht mehr der Wildnis oder den Spaniern, sondern den Behörden und den Unwägbarkeiten des Marktes. Ob er ein Recht hat und wie weit sein Eigentum geht, klärt das jeweilige Gesetz – über Organhandel, Drogen, Kulturgüter, Prostitution, Fischfang, Haushalts- und Industrieabfälle und so weiter. Es gibt Eigentum, das verblasst: Patente. Es gibt Eigentum, das zu klein für volle Nutzung ist: Jagdrechte auf eigenem Grund entstehen im Normalfall erst ab 75 Hektar. Es gibt Eigentum, das mehreren Herren unterstellt wird: die Unternehmen, die der Mitbestimmung unterliegen.

Liberale der reinen Lehre könnten nun sagen: „Der Erste, der einen Zaun niedergerissen hat und es sich einfallen ließ zu sagen, ‚Dies ist sozialpflichtig' und der Leute fand, die ihn wiederwählten, der war der wahre Gründer des Wohlfahrtsstaates." Aber die Verträge und Eigentumsnutzungen der einen sind die Kosten der anderen, die als Dritte den Verträgen gar nicht zustimmen mussten. Der Gebrauch des Eigentumsrechts – es werden nicht Güter gehandelt, sondern Verfügungsrechte – hat „externe" Folgen. Seine Begründung muss darum gerade um der geldwirtschaftlichen Marktordnung willen eine funktionale sein. So viel ist Rousseau zuzugeben: Der Privateigentümer ist „Sachwalter des Gemeinguts", auch in einer liberalen Ordnung, insofern sie nämlich dieses Gemeingut darstellt und beides sein möchte, liberal und eine Ordnung.

Mit Spekulation auf Nummer sicher

In Amsterdam entstand die erste Börse der Welt. Die Zockerei hatte ihr Gutes: Risiken wurden verteilt und dadurch mehr Kapital eingesammelt.

Spekulationen mit Lebensmitteln sind eine neue Erfindung gieriger Investmentbanker? Weit gefehlt. Börsenhändler interessieren sich seit mehr als 300 Jahren dafür. Im Herbst 1676 zum Beispiel, an der Börse in Amsterdam, wie der holländische Historiker Lodewijk Petram beschreibt. Damals gab es einen Händler an dieser Börse, der eine Ladung Pfeffer kaufte, nur um sie gleich wieder zu verpfänden. Die Idee Petrams: Seine Reederei-Anteile waren ständig in Gefahr, wertlos zu werden, weil die Schiffe auf See untergehen konnten. Doch dann käme der Pfeffernachschub ins Stocken, der Preis stiege – und Petram würde einen Teil seiner Verluste wettmachen.

So ausgefeilt waren die Handelsstrategien der Börsenhändler schon im 17. Jahrhundert. Die Händler kannten sogar Strategien, die den Privatanlegern von heute zu kompliziert sind.

Schließlich hatten die Spekulanten jener Zeit schon eine gewisse Erfahrung. Die ersten Aktiengesellschaften gab es schon im alten Rom, die „societates publicanorum" (öffentliche Gesellschaften), wie Ulrike Malmendier an der Universität in Berkeley festgestellt hat. Sie waren mit allerlei öffentlichen Aufträgen betraut, zum Beispiel dem Nachschub fürs Militär.

Der Vorteil dieser Gesellschaften: Mehrere Bürger zusammen konnten mehr Kapital aufbringen als ein einzelner. Für die öffentlichen Gesellschaften erlaubte es das römische Recht, dass ein Gesellschafter ausschied und seinen Anteil verkaufte, ohne dass die Gesellschaft aufgelöst werden musste. So konnten einerseits die Gründer ihr Geld zurückbekommen, wenn sie es wieder brauchten, andererseits konnte sich jeder römische Bürger auch mit kleinen Beträgen in diese öffentlichen Aufträge einkaufen und damit Geld verdienen. „Im zweiten Jahrhundert vor Christus beteiligte sich fast jeder Bürger", weiß Malmendier – sogar vom berühmten Redner Cicero ist überliefert, dass er sich über die aktuellen Kurse der Gesellschaftsanteile äußerte. Der Handel mit diesen Anteilen hatte schließlich einen festen Platz im Zentrum der Stadt. Vielleicht war es die erste Börse der Welt: auf dem „Forum Romanum", neben dem Tempel des Castor.

Die Gesellschaften starben bald aus, weil die späteren Kaiser das Geschäft an sich zogen. Doch das Prinzip des Marktplatzes war so wichtig, dass die Menschen ihn schon bald wieder erfanden – lange bevor die ersten Aktiengesellschaften der Neuzeit erfunden wurden.

Ein Platz, an dem sich Käufer und Verkäufer treffen, so dass jedem klar wird, welche Angebote und welche Nachfrage es gibt: Das entstand schon im 14. Jahrhundert im belgischen Brügge. Dort trafen sich die Kaufleute vor dem Gasthaus der Familie van der Buerse. Bis heute ist nicht geklärt, ob die Familie der Namensgeber der „Börse" ist oder doch eher der Geldbeutel, der auf Latein „bursa" heißt. Bald folgten Börsen in anderen Städten, erst in Antwerpen, dann außerhalb Brüssels und bald in ganz Europa. Doch Aktiengesellschaften gab es damals noch nicht. Es dauerte eine ganze Weile, bis sich neben dem Handel mit Waren wenigstens der Handel mit Wertpapieren herausbildete, die anfangs aber vor allem Kredite verbrieften – es waren die Vorläufer der heutigen Anleihen.

Erst rund 300 Jahre später, im 17. Jahrhundert, erfanden die Europäer das Prinzip der Aktiengesellschaft neu. Es waren die Niederländer, die mit ihrer „Vereinigten Ostindischen Kompanie" erstmals den Seehandel durch Aktien finanzierten – und zwar in einem auf Dauer angelegten Unternehmen, nicht nur für einzelne Expeditionen. Prompt wurde es den Anteilseignern wichtig, an ihr Geld auch dann wieder heranzukommen, wenn die Kompanie noch bestand.

Doch wer mit Aktien und anderen Dingen handelt, der erlebt auch gelegentlich eine Blase. Gerade die Amsterdamer erlebten das, entstand doch bei ihnen die große Tulpenblase: einige Monate in den Jahren 1634–37, in denen Tulpenzwiebeln zu horrenden Preisen gehandelt wurden – dabei war im Herbst oft gar nicht klar, ob jemals eine Tulpe aus diesen Zwiebeln wachsen würde. Schon damals gab es

Termingeschäfte, bei denen die Amsterdamer Tulpenzwiebeln kauften und verkauften, die sie noch gar nicht hatten. Einige Familien verloren in dieser Blase ihren Reichtum.

Umso besser wussten die Aktienhändler an der Amsterdamer Börse danach, wie wichtig eine gute Absicherung gegen Kursverluste ist. Und sie handelten mit allen Tricks und Finessen, wie der Historiker Lodewijk Petram beschreibt. Sie führten Derivate ein. Sie handelten mit Kauf- und Verkaufsoptionen, Jahrhunderte bevor Wirtschaftsforscher einen Nobelpreis für eine Theorie zum korrekten Preis dieser Optionen bekommen sollten. Für die Aktienhändler des 17. Jahrhunderts waren solche Optionen aber schlicht nötig, um das Risiko ihres Portfolios zu senken. Der Kurs fällt? Dann ist es gut, wenn man eine Verkaufsoption hat und die Aktie noch zum alten Preis verkaufen kann.

Das Geschäft wuchs. Bald kannten die Amsterdamer Spekulanten Handelsvarianten, die heute kaum noch ein Privatanleger verwendet, allenfalls hartgesottene Daytrader. „Contracts for Difference" zum Beispiel, wie diese Geschäfte heute genannt werden: Das sind Finanzgeschäfte, bei denen es überhaupt nicht um die tatsächliche Lieferung einer Aktie oder Anleihe geht, sondern bei der am Ende nur die Gewinne und Verluste bar ausgeglichen werden. Mancher Händler des 17. Jahrhunderts kombinierte gar verschiedene Kauf- und Verkaufsoptionen so, dass er bei besonders heftigen Börsenausschlägen Geld verdiente – völlig egal, ob die Kurse stiegen oder fielen.

Die Amsterdamer Bürger, die nicht an dieser Börse spekulierten, waren schon damals mit diesen Geschäften nicht einverstanden. „Windhandel" nannten sie diese Geschäfte, bei denen es nur ums Spekulieren ging. Doch am Ende stand ein großer Vorteil, wie Lodewijk Petram festhält: Die Investoren an der Amsterdamer Börse schafften es, die Risiken ihrer Investitionen zu verteilen und zu kontrollieren. So wurden Investitionen für mehr Menschen tragbar, und es konnte sich Kapital für weitere große Firmen sammeln. Petram resümiert: „Der Markt war ein moderner Aktienmarkt."

WIE ENTSTEHT DIE ARBEIT?

Der Kühlschrank macht Lebensmitteln Beine

Bevor es den Kühlschrank gab, mussten sich die Menschen täglich um frische Lebensmittel kümmern. Jetzt bleibt mehr Zeit für andere Beschäftigungen. Und die Ernährung ist vielfältiger geworden.

Der Schriftsteller Peter Kurzeck hat in seinen hinreißenden Hörbuch-Erinnerungen an die eigene Jugend („Ein Sommer, der bleibt") folgende Geschichte des Konsums in der Nachkriegszeit erzählt: Erst wurde die Butter unglaublich billig. Dann kamen die Kühlschränke, denn die brauchte man ja, weil man die ganze billige Butter gar nicht sofort essen konnte.

Außerdem kamen die Einkaufszentren außerhalb der Dörfer. Dort war auch alles, nicht nur die Butter, so billig, dass man noch mehr Stauraum brauchte. Also kamen die Gefriertruhen auf den Markt und später die Gefrierschränke. Die Leute fuhren auf den Umgehungsstraßen, die es dann auch gab, die Einkaufszentren ab, entweder um einzukaufen oder um die Preise zu vergleichen. Also mussten sie noch mehr auf Vorrat kaufen, damit sich das Autofahren auf den langen Umgehungsstraßen auch lohnte. Und schließlich, das muss so um 1970 herum gewesen sein, bauten die Kommunen Trimm-dich-Pfade, weil bei all dem eingefrorenen und später reichlich verzehrten Essen die Leute natürlich zugenommen hatten.

Das ist wohl keine Kausalkette, die in allen Punkten der wirtschaftshistorischen Überprüfung standhielte. Aber sie verdeutlicht in ihrer Verdichtung ein zentrales Merkmal der Industriegeschichte: dass manche Innovationen unvorhersehbare Wirkungen in alle Richtungen haben. Der Kühlschrank ist so eine Innovation.

Lebensmittel haltbar zu machen, gehört zu den ältesten Kulturtechniken überhaupt. Trocknen, salzen, in Essig einlegen, räuchern, fermentieren – bis zum späten 18. Jahrhundert war das häusliche Praxis. Dann aber erfuhr diese Selbsthilfe eine doppelte Veränderung: Zum einen wanderten viele dieser Techniken ganz allmählich aus den Haushalten heraus. Die Nahrung wurde immer öfter schon in haltbarem Zustand geliefert. Fürs Bruttosozialprodukt war das gut, denn Hausarbeit geht bekanntlich nicht ins Sozialprodukt ein, sie schafft keinen Wert.

1804 hatte der Konditor Nicholas Appert, der darüber nachdachte, wie man Lebensmittel aufbewahren könne, ohne ihren Geschmack und ihre Struktur zu zerstören, die erste Konservenfabrik gegründet. Die stellte 1827 auch die erste Kondensmilch her.

Zum anderen wurde mit dem Aufstieg der Physik über Maschinen nachgedacht, die es den Haushalten ermöglichten, die Konservierung selbst zu übernehmen. Mit anderen Worten: Nicht bloß die Produktion, auch der Konsum wurde kapitalintensiv.

Wir haben es also mit einer vierstufigen Abfolge zu tun: Zuerst gibt es das Wissen darüber, was konserviert, beispielsweise Kälte, ohne dass dafür schon eine wissenschaftliche Erklärung existierte.

Dann ermöglichen Wissenschaft und Verfahrenstechnik die Maschinisierung des Vorganges. Vor der Erfindung der Kältemaschinen wurde Natureis in Kellern und Höhlen eingelagert. In den Köpenicker Hallen von Carl Bolle etwa, der Eis- und Milchhändler war, sollen Ende des 19. Jahrhunderts drei Millionen Kubikmeter gelegen haben. Jetzt kommt die Kälte aus der Steckdose.

Danach kommt jemand auf den Gedanken, dass man die Maschinen, die ursprünglich nur für die Industrie gedacht waren, auch auf Haushaltsformat bringen könnte. Als 1911 das erste Patent des französischen Mönchs Marcel Audiffren umgesetzt wurde, wogen Kühlmaschinen zwar nicht mehr Tonnen, aber sie kosteten etwa doppelt so viel wie die ersten Personenkraftwagen. Ein Fünftel eines durchschnittlichen Jahresgehalts.

Die Hausarbeit selbst wird zumeist nicht spezialisiert verrichtet. Damit erreicht der Prozess die vierte Stufe: Produkte wie Tiefkühlpizzen kommen auf den Markt oder „frische" tiefgefrorene Nudeln. Man lässt kochen, aber nicht vom Personal, sondern von Firmen. Einfrier- und Auftaugeräte erledigen den Rest.

Dass Kälte durch Verdunstung entstehen kann, hatte 1756 als Erster der schottische Mediziner William Cullen entdeckt, der Dimethylether in ein Teilvakuum hinein verdunsten ließ. Zu Beginn des 19. Jahrhunderts folgten die ersten Patente für Kühlsysteme, 1834 das erste, das auf Gaskompression setzte, also den Effekt, dass verdichtete Gase kühlen, wenn sie sich wieder ausdehnen. Die ersten Experimente mit Ammoniakgas als Kältemittel machten die französischen Brüder Carré. Damit war 1851 das Prinzip vorgestellt, das heute beispielsweise in Minibars funktioniert. Carl von Lindes Patent von 1895 war es schließlich, das es ermöglichte, Gasgemische in großen Mengen zu verflüssigen. Lindes Kältemaschinen waren zusammen mit Brauereien entwickelt worden.

Die größten Auswirkungen hat das maschinelle Kühlen auf die Raumökonomie. Denn was der Kühlschrank überwindet, sind nicht nur natürliche Temperaturen, sondern vor allem Wegstrecken. Das schafft Zeitgewinn. Ohne die Erfindung des Kühlschranks wäre die Siedlungsstruktur moderner Gesellschaften nur aufrechtzuerhalten, wenn wir alle wieder landwirtschaftliche Selbstversorger würden. Für den Welthandel mit Lebensmitteln gilt das ohnehin: Was wäre Neuseeland ohne Kühlmaschinen? Schon 1876 hatte der Franzose Charles Tellier gewettet, eine Lammkeule in genießbarem Zustand über den Atlantik zu bringen, und stattete dazu das Dampfschiff „Frigorifique“ mit Kompressionsmaschinen und Kühlräumen aus. Das Fleisch soll trotzdem streng gerochen haben. Um 1900 war die Technik dann so weit, dass die fleischverarbeitende Industrie ihre größte Expansion erlebte. 90 000 Tonnen pro Tag wurden von den Chicagoer „Meat-Packers“ gefroren.

Zu Beginn der dreißiger Jahre des 20. Jahrhunderts ging der Kühlschrank dann als Heimgerät in Serie. Vom „Monitor-Top“ der Firma General Electric wurden eine Million Stück verkauft. Zur selben Zeit führte die Technologie auch zur Einführung von Klimaanlagen, zuerst in Kinos und Theatern. Zwischen 1926 und 1929 stieg die Zahl der Kühlschränke von 315 000 auf 1,7 Millionen. Bis 1955 dann 80 Prozent der amerikanischen Haushalte einen Kühlschrank besaßen. Heute sind es praktisch 100 Prozent. Die Privathaushalte machte der Kühlschrank vor allem vom Nutzgarten unabhängig. Insofern hat er auch das Städtebild geprägt. „Weder die Jahreszeit noch die Geografie hat länger eine Bedeutung“, notierte das Magazin „Fortune“ 1939 in einem Artikel über den Siegeszug der „Fridges“. Das Einkaufen entkoppelte sich stärker von Terminen und Bedarf, der Haushalt wurde weniger planungsbedürftig. Nicht der Herd, sondern der Kühlschrank steht im Mittelpunkt der modernen Küche, meint daher der französische Soziologe Jean-Claude Kaufmann. Man muss auch weniger über Nahrung wissen, seit es den Kühlschrank gibt. Der Blick aufs Haltbarkeitsdatum hat das Schmecken und kritische Betrachten ersetzt. Was wiederum Nostalgiker wieder zum Selbermachen und aufwendigen Saisonalkochen bringt. So dient selbst der Widerstand gegen die Kühlmaschinen dem Wirtschaftswachstum.

Wie der Wettbewerb die Evolution antreibt

In der Wirtschaft ist es wie in der Natur: Jeder konkurriert mit jedem. Das treibt alle voran.

Was hat aus einem einfachen Molekül im Laufe der Evolution den Menschen werden lassen? Ein Masterplan? Zufall? Notwendigkeit? Oder wirkte alles zusammen: Zufall und Notwendigkeit, wobei der Zufall von einem Masterplan gesteuert wird? Heerscharen von Philosophen, Biologen, Chemikern und Physikern, Theologen und Geisteswissenschaftlern beschäftigen sich mit dieser zentralen Frage. So reichhaltig die Erklärungsansätze im Einzelnen sind – in der Gesamtheit zeigt sich, dass die Evolution ein stetiger, unumkehrbarer Prozess ist. Immer nach vorne, nie zurück.

Auf dem langen Weg der Evolution kommt es immer wieder von Neuem zu zufälligen Störungen des normalen Ablaufs und spontanen Veränderungen. Jede dieser Mutationen ist einem Ausleseprozess unterworfen. Die Auslese erfolgt nicht zufällig oder gar willkürlich. Sie folgt einem Selektionsverfahren, dem ein ebenso klares Bewertungsprinzip zugrunde liegt: die Überlebensfähigkeit des makroskopischen Systems.

Im Laufe der Jahrmilliarden ist aus dem Einzeller erst ein Organverband und dann in einem langen evolutorischen Prozess die Menschheit entstanden. Jeder einzelne kleine Schritt auf diesem nahezu unendlich langen Pfad verdankt seine mikroskopische Form dem Zufall. Der Prozess der Auslese jedoch und damit die Evolution folgen einer unabwendbaren Notwendigkeit. Dabei geht es nicht um den – oft fälschlicherweise Darwin unterstellten – Kampf ums Dasein. Es geht, viel friedlicher, um einen permanenten Wettbewerb. Aus Milliarden von Mutationen setzen sich im Laufe der Zeit zwangsläufig jene Veränderungen durch, die makroskopischen Systemen die beste Anpassungs- und Reproduktionsfähigkeit ermöglichen.

Die einfachen Grundgedanken der biologischen Evolution lassen sich auf den Erfolg von Volkswirtschaften, Gesellschaften und Firmen übertragen. Dabei kann es nicht um einen kruden Sozialdarwinismus gehen, der empirisch längst als Ideologie ohne Realitätsgehalt diskreditiert ist. Es geht um eine Evolutionsökonomik, die individuelles Entscheiden und Handeln als Streben nach besseren, überlebensfähigen Lösungen für die Gesellschaft insgesamt versteht.

Volkswirtschaften, Unternehmen und Menschen müssen sich stets von Neuem an geänderte Umstände anpassen, um erfolgreich überleben zu können. Vor allem Mancur Olson hat in seinem aus einer ökonomischen Perspektive geschriebenen Buch „Aufstieg und Niedergang von Nationen" am Beispiel Großbritanniens bestätigt, dass Gesellschaften verkrusten können, wenn einzelne Interessengruppen nur noch egoistisch ihr eigenes Süppchen kochen und jeder Fortschritt als Angriff auf die eigenen Pfründen verstanden wird. Mikroökonomisches Gewinnstreben führt dann zu makroökonomischem Untergang. Wettbewerb wirkt in solchen Gesellschaften wie eine Frischzellenkur. Er verbessert die Anpassungs- und damit die Überlebensfähigkeit von Volkswirtschaften.

Die evolutionäre Wirkung des Wettbewerbs stand schon bei Adam Smith, dem Stammvater der modernen Ökonomie, im Zentrum. Smith sah im Konkurrenzmechanismus auf Wettbewerbsmärkten eine dynamische Kraft, die das soziale Ganze wie eine riesige Maschine antreibe. Die unsichtbare Hand des Marktes sorgt dafür, dass aus egoistischem Handeln altruistische Folgen zum Wohle aller entstehen.

Was auch immer heutzutage kritisch zum Konzept von Markt und Wettbewerb vorgetragen wird – empirisch belegbar ist, dass mit dem Wettbewerbsdenken historisch ein zunächst langsamer, im letzten Jahrhundert aber immer dynamischerer Wachstumsprozess angestoßen worden ist. Er hat vor allem jene Volkswirtschaften reich gemacht, die dem Wettbewerbsprinzip folgten. Ludwig Erhard hat es so formuliert: „‘Wohlstand für alle‘ und ‚Wohlstand durch Wettbewerb‘ gehören untrennbar zusammen; das erste Postulat kennzeichnet das Ziel, das zweite den Weg, der zu diesem Ziel führt."

Der Wettbewerb dient als Entdeckungsverfahren der ökonomischen Evolution. Er filtert unter Abertausenden um die Gunst des Pu-

Im Laufe der Jahrmilliarden der Weltgeschichte ist aus dem Einzeller die große belebte Natur geworden.

blikums werbender Neuerungen diejenigen heraus, die für den Fortschritt der Menschheit am besten geeignet sind.

„Die Tatsache, dass der Wettbewerb nicht nur zeigt, wie die Dinge besser gemacht werden können, sondern alle, deren Einkommen vom Markt abhängt, zwingt, die Verbesserungen nachzuahmen, ist natürlich einer der Hauptgründe für die Abneigung gegen den Wettbewerb. Er stellt eine Art unpersönlichen Zwang dar, der viele Individuen dazu veranlassen wird, ihr Verhalten in einer Weise zu ändern, die durch keinerlei Anweisungen oder Befehle erreicht werden könnte." So beschreibt der deutsche Nobelpreisträger Friedrich August von Hayek die evolutorische Kraft des Wettbewerbs in seinem berühmt gewordenen Kieler Vortrag 1968.

Wie beim sportlichen Wettkampf die Aussicht auf den Sieg Menschen zu körperlichen Höchstleistungen treibt, motiviert der Wettbewerb um Kunden und Gewinn den Unternehmer im wirtschaftlichen Leben dazu, mehr zu leisten, höhere Risiken einzugehen und neue Ideen zu verfolgen. Wer die Nase vorne hat und frühzeitig die Trends erkennt, wird mit Gewinnen reich belohnt. Wer technisch zurückbleibt, aufs falsche Pferd setzt oder zu teuer bleibt, wird durch Verluste hart bestraft.

Der Wettbewerb ist sozialpolitisch blind. Er legt nicht im Voraus fest, was gut und was schlecht ist. Das macht ihn für viele so unangenehm und für andere so grausam. Für die Gesellschaft insgesamt aber ist diese Ergebnisoffenheit des Wettbewerbs die fundamentale Triebfeder der wirtschaftlichen Entwicklung. Keine Veränderung oder Neuerung wird im Voraus bevorteilt. Alle müssen sie gleichermaßen durch den Härtetest der Praxis. Nur was den kritischen Reaktionen der Öffentlichkeit insgesamt standhält, wird bestehen bleiben.

Schon früh erkannte auch der österreichische Ökonom Joseph Alois Schumpeter die evolutorische Kraft des Wettbewerbs. Dynamische Unternehmer kämpfen aus Gewinnstreben, Siegerwille oder Freude am Gestalten darum, Vorreiter zu sein. Dank neuer Technologien sind sie in der Lage, Monopolstellungen aufzubauen. Stoßen ihre Innovationen auf die Gegenliebe der Kunden, erhalten sie als Belohnung für ihr wagemutiges Vorangehen einen Pioniergewinn. Unter dem „Impuls des lockenden Gewinns" folgen bald einmal viele Nachahmer. Es kommt zu einem Innovationsschub. Veraltete, ineffiziente Betriebe verschwinden. So wurden Dampfmaschinen durch Elektrogeräte verdrängt, Propellerflugzeuge durch Düsenjets, Tischtelefone durch mobile Alleskönner.

Wie in der biologischen Evolution führt das mehr oder weniger zufällig motivierte mikroökonomische Gewinnstreben des einzelnen Unternehmers notwendigerweise zu einem makroökonomischen Erfolgserlebnis in Form eines allgemein gestiegenen Lebensstandards. Allerdings basiert der makroökonomische Segen auf einer wesentlichen Voraussetzung: Die Monopolmärkte müssen offen und bestreitbar sein. Ist der Markteintritt für Wettbewerber nicht oder nur schwer möglich, freut sich der Monopolist über die Gewinne, die er als exklusiver Anbieter zu Lasten seiner Kunden einstreichen kann. Genau aus diesem Grund wird in Deutschland der Wettbewerb durch das Kartellamt, die Monopolkommission und die Bundesnetzagentur geschützt.

Damit der Wettbewerb als Triebfeder der ökonomischen Evolution optimal wirken kann, bedarf es des erfolgreichen Wechselspiels zwischen zwei Ebenen. Einerseits braucht es in einer Gesellschaft entschlossene Unternehmer, die sich mit dem Status quo nicht zufriedengeben und die deshalb nach neuen Ufern aufbrechen wollen. Andererseits müssen die politischen, gesellschaftlichen und ordnungspolitischen Rahmenbedingungen jenen Raum offenhalten, den dynamische Unternehmer benötigen, um kreativ und innovativ sein zu können. Die makroökonomische Anpassungsfähigkeit einer Gesellschaft an geänderte Umstände und die mikroökonomische Wettbewerbsfähigkeit dynamischer Unternehmer bedingen sich somit gegenseitig. Zusammen sorgen sie dafür, dass sich Volkswirtschaften im Laufe der ökonomischen Evolution weiterentwickeln – zum Wohle all ihrer Mitglieder.

Essen die Kinder uns arm?

Sobald die Leute reicher werden, kriegen sie mehr Kinder – und die essen alles wieder auf. Das ist die Theorie von Thomas Malthus. Lange stimmte sie, jetzt zum Glück nicht mehr.

Vorhersagen sind nicht die größte Stärke der Ökonomen. Dieser Satz gilt nicht nur in der Finanzkrise, sondern stimmte schon vor 200 Jahren. Das zeigt zum Beispiel eine Theorie des britischen Ökonomen Thomas Robert Malthus aus dem Jahr 1798. Seine zentrale These: Der Lebensstandard der Bevölkerung kann nicht unendlich steigen, sondern er muss auf Dauer stagnieren. Doch diese These wurde bald nach der Veröffentlichung von der Wirklichkeit widerlegt.

Dabei hatte Malthus seine These auf die Erfahrungen von Jahrhunderten gegründet. Tatsächlich hatten sich die Reallöhne mehrere hundert Jahre lang trotz vieler neuer Produkte und Produktionsmethoden nur seitwärts entwickelt. Doch genau zwischen 1750 und 1850 brach die Wirtschaft aus der Dauerstagnation aus und begann dauerhaft zu wachsen. Warum stimmte Malthus' Theorie im Rückblick, aber versagte beim Blick nach vorn?

Dazu muss man Malthus' Theorie genauer kennen. Er prophezeit, dass die Wirtschaft zwar mehr Güter produzieren kann, aber dass die Bevölkerung bei steigendem Wachstum mitwächst – und der Wohlstand pro Kopf daher stagniert. In guten Zeiten bekommen die Menschen viele Kinder und die Sterblichkeitsrate ist außerdem gering. Technische Innovation kann da nicht mehr viel ausrichten, zumal wenn das Ackerland knapp ist. Solange also in besseren Zeiten mehr Kinder zur Welt kommen, birgt jeder Aufschwung schon die Saat des Niedergangs.

In Malthus' Welt ist vieles paradox. Wenn beispielsweise mehr Leute sterben, steigen die Pro-Kopf-Einkommen – so wie in der großen Pestepidemie der Jahre 1348–49. Sie tötete fast die Hälfte der europäischen Bevölkerung. Für die Überlebenden aber begannen damit gute Zeiten. Jedem stand nun fast doppelt so viel Land zur Verfügung wie vor der Pest. Die englischen Löhne schnellten nach oben. Einfache Bürger konsumierten plötzlich die Luxusgüter des Mittelalters, Bier, Fleisch, Käse und Wolle, in großen Mengen. Im 18. Jahrhundert allerdings ändert sich die Welt.

Von 1750 an wuchs die Bevölkerung rasch, um mehr als ein Prozent pro Jahr. In 100 Jahren stieg sie von 5,9 auf 16,7 Millionen Menschen. Malthus schreibt inmitten dieser Bevölkerungsexplosion. Er hat selbst sieben Geschwister. Das rasende Bevölkerungswachstum macht ihm Angst. Wenn sich die Unterschicht weiterhin so schnell vermehrt, so fragt er, was wird dann aus dem hohen englischen Wohlstand?

Ein Blick auf den Stand von heute: Land ist als Produktionsfaktor in den Industrieländern nicht mehr sehr wichtig. 1990 war das gesamte Agrarland der Vereinigten Staaten gerade mal 9 Prozent der Wirtschaftsleistung wert. 1870 lag der Wert noch bei 88 Prozent. Heute ist Kapital wichtiger, und zwar in Form von Maschinen und von Humankapital, also als Summe aller Bildungsinvestitionen in Köpfen und Händen der Mitarbeiter.

Anders als Land kann Kapital auch leicht vermehrt werden, und zwar durch einfaches Sparen. Deshalb drückt in modernen Volkswirtschaften eine Zunahme der Bevölkerung den Lebensstandard nur kurzfristig. Langfristig ist es gleichgültig, ob in einem Land 5 oder 50 Millionen Menschen leben: Das Pro-Kopf-Einkommen von Israel und von Neuseeland ist heute ähnlich, die Bevölkerungsdichte aber höchst unterschiedlich.

Die Wirtschaftswelten vor und nach Malthus folgen jeweils ihren eigenen Regeln. Sie zu verstehen ist einfach. Schwierig ist es, den Übergang zu verstehen: Wie kommt man aus der Malthusfalle heraus? Schnelleres Produktivätswachstum allein kann nicht die Antwort sein. Würden die Menschen heute so auf wachsenden Wohlstand reagieren wie ihre Vorfahren und mehr Kinder bekommen, statt mehr zu konsumieren, bliebe alles beim Alten. Die Bevölkerung explodierte, die Einkommen stagnierten. Also muss sich von Malthus bis zu uns das Verhalten geändert haben. Tatsächlich sanken die Geburtenraten in Westeuropa von Mitte des 19. Jahrhunderts an immer drastischer. Dass sie heute deutlich unter zwei Kindern je Frau liegen, ist nur der vorläufige Endpunkt einer Entwicklung über 150 Jahre.

Doch warum kriegen die Menschen weniger Kinder? Eine verbreitete Erklärung lautet: In der neuen Wirtschaftswelt ist nicht nur physisches Kapital ein Produktivfaktor – auch Bildung ist wichtig. Nach einem berühmten Modell von Gary Becker und Robert Barro etwa kriegen die Eltern genau deshalb zwar weniger Kinder, investieren aber mehr in die Bildung jedes einzelnen. Andere Forscher ergänzen: Diese gut gebildeten Kinder schaffen mehr Innovationen. Die Produktivität steigt immer schneller, Bildung wird wichtiger. Läuft der Prozess lange genug, hat sich Malthus' These überlebt.

Leider passen die historischen Fakten nur zum Teil auf die Modelle der Ökonomen. Bildung lohnte sich lange Zeit kaum. Der technologische Wandel in der Industriellen Revolution erhöhte zunächst die Nachfrage nach ungebildeten Arbeitern. Der Geburtenrückgang im 19. Jahrhundert lässt sich deshalb nur schwer mit ökonomischer Logik erklären. Vermutlich trugen kulturelle Faktoren – mehr Wissen über Verhütung, eine säkularisiertere, urbanere Welt – ebenso viel bei wie die Logik der Bildungsrenditen. Schulpflicht und das Verbot der Kinderarbeit waren ausschlaggebend für höhere Ausbildungsquoten. Erst ab dem 20. Jahrhundert lässt sich der Mechanismus von Becker und Barro mit Zahlen belegen.

In der Dritten Welt hat Malthus heute noch recht. Die Verbesserung der Gesundheitsvorsorge hat dort zum enormen Wachstum der Bevölkerung geführt. Die wirtschaftlichen Folgen sind, wie Thomas Malthus sie vor 200 Jahren beschrieb. Ein Ausbruch aus der Malthus-Falle kann auch dort nur gelingen, wenn weniger Kinder geboren werden – durch staatliche Intervention oder kulturellen Wandel.

Wohlstand allein macht nicht glücklich

Im Mittelalter lebten die Menschen in bitterer Armut. Heute hat fast jeder sein Auskommen. Aber das wahre Glück hängt von anderen Dingen ab: von Arbeit und Freunden.

Der materielle Wohlstand ist über Tausende von Jahren nahezu unverändert geblieben. Das gilt auch für viele Jahrhunderte unserer Zeitrechnung: Lange lebten die Menschen hungrig, elend und kurz. Dieser Zustand hat sich erst kürzlich und nur in einigen Teilen der Welt geändert.

In den Ländern, in denen die Industrielle Revolution Mitte des 19. Jahrhunderts stattfand, ist der materielle Wohlstand geradezu explodiert, und die Lebenserwartung hat sich gewaltig erhöht. Weite Teile der Menschheit leben aber noch immer in bitterer Armut. Waren und sind Menschen unter diesen Umständen glücklich?

Für die Vergangenheit wissen wir es nicht, damals waren Umfragen über das Glück noch unbekannt. Es nützt auch wenig, frühere literarische Zeugnisse zu konsultieren. Denn die Berichte können zwar gut das Glück oder Unglück einzelner Personen wiedergeben, doch nicht, wie es um die Gesamtheit der Menschen stand.

Aufgrund von Untersuchungen wissen wir jedoch, dass Menschen, die heute in Armut leben, wesentlich weniger zufrieden sind als diejenigen mit hohem Einkommen. Möglicherweise gilt das auch für unsere Vorfahren.

Allerdings ist Vorsicht geboten: Damals konnten sich die Menschen viel weniger mit reicheren Personen vergleichen. Möglicherweise kam ein solcher Vergleich ihnen gar nicht in den Sinn, denn damals waren die Schichten der Gesellschaft noch stark voneinander getrennt. Erst heute lässt sich materieller Wohlstand vergleichen, die ärmeren Schichten wissen Bescheid über den Lebensstandard der Reichen. Das aber kann Unzufriedenheit fördern.

Die Volkswirtschaftslehre hat sich aus diesen Gründen auf die Erfassung des materiellen Wohlstands konzentriert und seit dem Zweiten Weltkrieg ein umfassendes Maß dafür gefunden: Mit der makroökonomischen Revolution von Keynes wurde das Konzept des Sozialprodukts entwickelt.

Es misst die in einem Jahr geschaffenen Güter und Dienstleistungen einer Volkswirtschaft anhand der Markttransaktionen, mit denen Mehrwert geschaffen wird. Mit Ressourcen an Arbeitskräften und Realkapital werden Rohstoffe und andere Vorleistungen in Güter und Dienstleistungen umgewandelt. Die bezahlten Preise reflektieren dabei den zusätzlichen Nutzen, der Konsumenten und Investoren gestiftet wird. Das Sozialprodukt ist durchaus eine bedeutende Innovation. Wie bei jedem anderen Maß treten jedoch auch hier Probleme auf.

So steigert etwa die Tätigkeit des Staates das Sozialprodukt, wobei aber unberücksichtigt bleibt, inwieweit die staatliche Aktivität den Nutzen der Menschen wirklich steigert. Zudem erhöhen einige Aktivitäten das Sozialprodukt, die aber die Leute schlechter stellen, etwa Autounfälle, die nämlich die

Feiern macht glücklich: Der Mensch lebt nicht nur von der Arbeit allein (Pieter Bruegel d. Ä., um 1568).

wirtschaftliche Leistung der Rettungsdienste erhöhen. Das Sozialprodukt taugt somit als Indikator für wirtschaftliche Aktivität, aber es eignet sich nur eingeschränkt als Maß für Wohlfahrt oder Glück.

In den reichen Volkswirtschaften Europas, Nordamerikas und einiger asiatischer Länder wie Japan und Singapur hat sich nun die Jahrtausende währende Armut ins Gegenteil verkehrt. Wir hungern nicht mehr, sondern verfetten. Die Menschen leben so lange, dass die Jungen gar nicht mehr wissen, wie sie mehr erwirtschaften sollen, um die Renten der Alten zu bezahlen. Dieser Wandel ist Folge der gewaltigen materiellen Fortschritte unseres Wirtschaftssystems.

Die ökonomische Glücksforschung nimmt sich dieser neuen Entwicklung an. Neu ist der empirische Ansatz: Es soll auch gemessen werden, wie glücklich Menschen sind. Glück lässt sich in der Tat messen, mit verschiedenen Methoden: Am wichtigsten sind direkte Befragungen. Sie gehen davon aus, dass Glück von Mensch zu Mensch unterschiedlich verstanden wird. Die meisten Studien fragen daher: „Alles in allem genommen, wie zufrieden sind Sie mit dem Leben, das Sie führen?" Die Befragten können auf einer Skala von 0 („total unzufrieden") bis 10 („total zufrieden") antworten.

Entgegen vieler Befürchtungen sind die Antworten verlässlich. Wer sich als zufrieden bezeichnet (also einen Wert von 7 bis 10 angibt), lacht tatsächlich mehr, ist optimistischer und sozial aufgeschlossener, hat weniger Probleme am Arbeitsplatz und eine geringere Tendenz zum Selbstmord. Er ist letztlich auch gesünder und wird seltener krank. Er müsste also wirklich glücklicher sein.

Die Forschung erhebt aber auch die Zeitdimension und fragt, in welchem Zeitanteil sich eine Person glücklich nennt und in welchem unglücklich. Bei anderen Messungen tippen die Befragten zu zufällig ausgewählten Zeitpunkten in ihr Handy, wie glücklich sie sich gerade fühlen. Schließlich wird das Glück auch anhand von Gehirnströmen gemessen. Jeder dieser Methoden erfasst unterschiedliche Aspekte des Glücks: kurzfristige Stimmungen oder langfristige Gesamteinschätzungen.

Messungen des Glücks wurden in vielen Ländern und Zeitperioden unternommen. Im Durchschnitt erweisen sich heute die Dänen als die zufriedensten, gefolgt von den Schweizern. Schweden, Holländer, Amerikaner und Briten bezeichnen sich als etwas weniger zufrieden, ebenso die Deutschen. Deutlicher zurück liegen Franzosen, Österreicher und Japaner.

Die Lebenszufriedenheit lässt sich mit dem materiellen Wohlstand in Beziehung setzen. Verschiedene Erkenntnisse sind statistisch gut gesichert und gelten für viele Länder. Etwa, dass Menschen mit höherem Einkommen glücklicher sind als mit niedrigem. Geld macht also glücklich, allerdings gilt dies nur im unteren Einkommensbereich. Wer arm ist und sich materiell verbessert, erlebt einen deutlichen Anstieg der Zufriedenheit. Wer hingegen schon ein gutes Einkommen hat, wird durch mehr Geld kaum noch glücklicher.

Diese positive Beziehung zwischen Einkommen und Lebenszufriedenheit zeigt sich auch zwischen Ländern. In Staaten mit geringem Pro-Kopf-Einkommen wie Weißrussland oder Zimbabwe bezeichnen sich die Menschen als wesentlich unzufriedener als in Ländern mit höherem Einkommen.

Betrachtet man jedoch die Entwicklung über die Zeit, ergibt sich ein anderes Bild: Wer mehr Einkommen erhält, wird zuerst zufriedener, aber der Effekt schwächt sich über die Zeit merklich ab. Zum einen gibt es einen Gewöhnungseffekt. Zum anderen vergleichen sich Menschen stets. Verdienen auch alle anderen Personen mehr, freut man sich über den eigenen Einkommenszuwachs weniger.

Die wissenschaftlichen Untersuchungen zeigen deutlich, dass nicht nur Materielles unser Glück bestimmt. Insbesondere die Arbeitslage ist ein entscheidender persönlicher Glücksfaktor. Im politischen Bereich bringen Beteiligungsrechte wie in Demokratien Zufriedenheit. Ganz wesentlich sind soziale Kontakte: Ein glückliches Familienleben und gute Freunde bedeuten Glück. Materieller Wohlstand allein reicht Menschen also nicht.

Erst kommt das Wachstum, dann die Moral

Die Medici zeigen: Ökonomischer Aufstieg ist die Voraussetzung für Tugend und Toleranz.

Moralisten haben es im Moment deutlich leichter als die unverbesserlichen Prediger des Wachstums. Seit Herbst 2008, als sich mit dem Zusammenbruch der Investmentbank Lehman Brothers die Krisenanfälligkeit unseres auf Wirtschaftswachstum fokussierten Systems manifestierte, hat Wachstum ein schlechtes Image. Der Wachstumsglaube ist in Verruf geraten und die Marktwirtschaft gleich mit.

Sie ist zwar der Wachstumstreiber, das effizienteste Steuerungsprinzip ökonomischen Handelns, das der Menschheit je in den Sinn kam – jedenfalls dann, wenn es um den Output geht, um seine Mannigfaltigkeit und Menge. Doch wohne der Marktwirtschaft, dieser unerbittlichen Wachstumsmaschine, etwas Zerstörerisches inne, sagen ihre Kritiker. Das durch sie entfachte Wachstum strapaziere die natürlichen Ressourcen weit über deren Regenerationsfähigkeit hinaus und mute dem Globus Schadstoffe zu, die der längst nicht mehr zu absorbieren in der Lage sei. Mehr noch: Wachstum, getrieben von der Aussicht auf mehr Wohlstand, Reichtum – und Macht –, zerstöre nicht nur die Lebensräume, sondern dazu auch noch das Gute im Menschen, seinen Anstand und seine Moral.

Dieser Vorwurf kommt seit einigen Jahrzehnten in Wellen immer wieder, und die Gesellschaft nimmt ihn bereitwillig auf. Derzeit schwimmt die Welt wieder auf so einer Welle, in der Wachstum und Moral als unversöhnliche Antipoden erscheinen.

„Ich glaube, diese Betrachtung ist in gefährlicher Weise unvollständig", meint der Harvard-Ökonom Benjamin Friedman. Er wagt einen wirtschaftshistorischen Blick zurück in die Zivilisationsgeschichte der Menschheit und kommt genau zum gegenteiligen Ergebnis: Das Wirtschaftswachstum habe sich über die Jahrhunderte als Voraussetzung für den gesellschaftlichen Fortschritt erwiesen.

Steigender Wohlstand verbessere nicht nur die Lebensumstände der einzelnen Menschen, sondern präge ganze Gesellschaften, sagt Friedman. Wohlstand befördere Toleranz und Offenheit, die soziale Mobilität, demokratisches Denken und damit den moralischen Charakter der Bevölkerung. Nicht Wachstum oder Moral, sondern Moral durch Wachstum – so sieht der Ökonom in seinem Buch „The Moral Consequences of Economic Growth" die Zusammenhänge: „Wachstum entscheidet über mehr als über Wohlstand und Lebensqualität. Es nützt nicht nur dem Portemonnaie, sondern auch der Moral." Dass sich die Moral in Wachstumsphasen verbessert, knüpft Friedman allerdings an eine Bedingung: Der zusätzliche Wohlstand müsse vielen Menschen zugutekommen und nicht nur denen, die ihn in ihrem Gewinnstreben vorantreiben.

Wenn nun das Wachstum der Moral dient, dann ist auch der Umkehrschluss des Ökonomen logisch: Nicht in den Phasen wirtschaftlichen Wachstums müsse man sich um die Moral der Gesellschaft sorgen, sondern in Zeiten der Stagnation.

Versetzen wir uns ein paar Jahrhunderte zurück und wagen auf holprigem Transportweg eine Reise ins Florenz des 15. Jahrhunderts. Dort bringt es zu jener Zeit Giovanni di Bicci de' Medici, der Spross einer eher bürgerlichen Mittelschichtsfamilie, binnen einer Generation zum reichsten Mann der Republik – mit hoch innovativen Bankgeschäften im Dienste des Pontifex maximus. Seine Bank, die Banca dei Medici, die er 1393 in Rom gegründet und deren Hauptsitz er ein paar Jahre später nach Florenz verlegt hat, verfügt binnen kürzester Zeit über ein weitreichendes europäisches Filialnetz. Das Finanzinstitut bildet das Fundament für den Aufstieg der Medici, die die Metropole am Arno über drei Jahrhunderte in Atem halten werden.

Florenz blüht zu dieser Zeit; die Künstler können sich vor Aufträgen der geltungsbedürftigen Medici und anderer Familien nicht retten, Architekten haben Hochkonjunktur und wissen kaum, wo sie die Arbeitskräfte herbekommen sollen, um immer neue Paläste zu errichten. Die Wirtschaft wächst, nicht nur, weil Sippen wie die Medici ihren unermesslichen Reichtum über die Metropole ergießen. Es wird gebaut, gehandelt und finanziert. Der Lebensstandard steigt. Und reichlich Esprit findet sich am Arno ein, die geistige und künstlerische Elite der Zeit.

Cosimo der Alte ist Sohn di Biccis, heimlicher Herrscher von Florenz und Patriot. Ihm liegt – natürlich aus Gründen des eigenen Machterhalts – die wirtschaftliche Prosperität der Stadt noch mehr am Herzen als seinem Vater. Aber er gibt nicht nur Paläste in Auftrag. Nein, 1444 schafft er die Biblioteca Medicea Laurenziana, weltweit die erste, die für jedermann zugänglich ist. Sein humanistisch exzellent ausgebildeter Enkel, Lorenzo der Prächtige, setzt das Werk der Medici fort. Die Stadt, ihre Wirtschaft und Kunst gedeihen weiter. Und bis heute weiß man: Ohne das – alles andere als altruistische – Mäzenatentum der Medici wäre Florenz wohl kaum zum Zentrum der Renaissance geworden, jenes Zeitalters, das den Menschen die Entwicklung hin zu individueller Freiheit ermöglichte.

Gerade weil sich das Leben der Medici um Handel, Geld, Investitionen, Rentabilität und ein Höchstmaß an politischer Einflussnahme im egoistischen Sinne drehte, hat es der Florentiner Welt enormen zivilisatorischen Fortschritt gebracht. Dem Wachstum folgte die Moral. „Moral bedeutet mehr als die Beachtung der Regeln gesellschaftlichen Zusammenlebens", schrieb der Nobelpreisträger und Wirtschaftswissenschaftler Edmund Phelps unlängst in dem amerikanischen Journal „First Things". Es sei nicht mehr und nicht weniger als die Verbesserung der Menschheit. Wer würde den Medici bei all ihrem Gewinn- und Machtstreben genau dies nicht zugestehen?

Die Beobachtung, dass wirtschaftliche Prosperität die Moral einer Gesellschaft über lange Phasen positiv beeinflussen kann, ist übrigens keineswegs eine des 21. Jahrhunderts. Wer jetzt noch einmal einen historischen und geografischen Sprung wagen will, könnte sich ins 19. Jahrhundert zurückversetzen und sich in die Vereinigten Staaten der 30er-Jahre begeben.

1831 hat der französische Politiker, Historiker und Publizist Alexis de Tocqueville mit seinem Freund Gustave de Beaumont ein Schiff nach Amerika bestiegen. Er wollte die Vereinigten Staaten kennenlernen – und war verblüfft. Nicht nur, dass ihm dort eine nahezu klassenlose Gesellschaft zu begegnen schien, die er aus dem alten Europa gar nicht kannte. Vielmehr erstaunte ihn das unverhohlene Streben des Einzelnen nach persönlichem Wohlergehen. „Es ist bemerkenswert, mit welch fieberhaftem Eifer ein jeder seinen eigenen Wohlstand zu mehren sucht", berichtete er später in seinem Werk „De la démocratie en Amérique".

Die ökonomische Umtriebigkeit des Einzelnen und die daraus resultierende volkswirtschaftliche Prosperität trieben die Moral in der Gesellschaft voran und beflügelten die Idee der Gleichwertigkeit aller.

Beeindruckt hat den Franzosen Tocqueville dabei vor allem die Tugendhaftigkeit dieses Materialismus, nämlich dass ein jeder seine Chance habe, der Arbeiter genauso wie der Landbesitzer oder Händler. Und dass genau dies wiederum die gesellschaftlichen Einstellungen verändere, neue Ansichten entstehen lasse, neue Gefühle und neue Gepflogenheiten. So wird Tocqueville postum zum Zeugen von Benjamin Friedmans These. Der Franzose bemerkte allerdings später, dass Wohlstandsstreben allein noch keinen guten Bürger mache.

Im Blick zurück über die Jahrhunderte steht außer Frage: Wachstum hat die Welt reicher gemacht und viele Gesellschaften zivilisierter. Wachstum hat Millionen von Menschen die Freiheit gebracht, über sich selbst zu bestimmen, und tut es auch in der neueren Geschichte noch. Entscheidungsfreiheit und Selbstbestimmung, diese zivilisatorischen Fortschritte sind – mit Benjamin Friedman gesprochen – die „moralischen Konsequenzen des Wachstums". Sie sind ohne Wachstum nicht denkbar und treiben es weiter an.

Doch ist dieses Wechselspiel nicht ohne Ambivalenz. Wachstum befördert die Moral und untergräbt sie wieder. Wachstum ist die Grundvoraussetzung für moralischen Fortschritt, aber keineswegs dessen Garant. Wenn die Früchte des Wachstums nur noch wenigen zugutekommen und nicht mehr den breiten Schichten, ist es auch um seine moralische Wirkung geschehen. Meist sind es die Protagonisten des Wachstums selbst, die die Moral am Ende erschüttern. Historische Beispiele gibt es reichlich. Nicht nur im Florenz der Renaissance.

Erst die Bildung macht uns wirklich reich

Für mehr Produktivität sorgen Maschinen. Aber um Maschinen zu erfinden, braucht es Köpfchen. Das ist der Wert des Humankapitals.

Kapital, Arbeit, technischer Fortschritt. Das sind die drei Faktoren, mit denen Ökonomen traditionell zu erklären versuchten, was ein Land oder eine Region wirtschaftlich leisten kann – und welche Güter und Dienstleistungen es herstellen kann. Theoretiker errechneten daraus, wie ergiebig diese Faktoren sind, und nannten das „Produktivität". Die Empiriker wiederum schrieben auf, wie viel eine Gesellschaft zusätzlich produzieren kann, wenn mehr Arbeit oder mehr Kapital eingesetzt wird – oder wenn die Technik sich verbessert.

Wo aber bleibt nun der Mensch? Er hat eine Funktion als Lieferant von Arbeitsstunden, die aber auf den ersten Blick etwas trist anmutet. Warum werden Sachkapital und Arbeit immer produktiver und bringen immer mehr Produkte? Was bestimmt den technischen Fortschritt und dadurch den Reichtum der Nationen? Genau das leistet erst der Mensch.

In den fünfziger Jahren begannen Ökonomen und Statistiker wie auf ein geheimes Kommando nach den Ursachen für die steigende Ergiebigkeit und Qualität der Produktionsfaktoren zu suchen. Die Erkenntnis war einfach: Maschinen trainieren sich nicht selbst. Produktivere Fertigungsmethoden entstehen nur sehr selten durch Zufall. Wenn Arbeit durch neue Verfahren produktiver werden soll, muss irgendwie die Leistungsfähigkeit steigen. Die Leistungsfähigkeit im Erfinden und Nachahmen.

Diese Kraft der Innovation stammt von einem vierten Faktor – einem, der die Produktivität der drei ursprünglichen Faktoren erhöht. Es ist die Ausbildung – das Wissen, das in der Arbeit der Menschen steckt. Wissenschaftstheoretiker, Philosophen, Philologen, Ökonomen, Physiker, Chemiker, Ingenieure, Transportsachverständige, Tüftler aller Art: Das sind die Produktionsfaktoren des Fortschritts, der sich dann als „technischer Fortschritt“ im Sachkapital und als „kostensenkender Fortschritt“ in den Vertriebsmethoden bemerkbar machen kann, indem er die Kosten senkt und den Ertrag steigert.

Dass zusätzliches Wissen die Arbeit leistungsfähiger macht, wurde in den fünfziger und sechziger Jahren des vorigen Jahrhunderts zuerst in den Vereinigten Staaten erkannt. Später fiel auf, dass auch die Entwicklung von Produktivkapital wie Maschinen davon profitierte. Und schließlich setzte sich – in einem weiteren Schritt – die Erkenntnis durch, dass die Ausbildung für den technischen Fortschritt und den Wohlstand der ganzen Gesellschaft zentral ist. Wenn die Bildung besser wird, verbessert sich die Produktivität, das Sozialprodukt wächst, und schließlich bekommen alle Arbeitnehmer mehr Lohn. Sogar die, die nicht so viel Wissen haben. Wo aber werden die Methoden vermittelt, mit denen man neue Erkenntnisse gewinnt und das sogenannte „Humankapital“ steigert? In einer guten Ausbildung.

Dass diese Idee ausgerechnet in den fünfziger Jahren und ausgerechnet in den Vereinigten Staaten aufkam, hat möglicherweise einiges mit der Vertreibung von Wissenschaftlern aus Europa durch die Nationalsozialisten zu tun. In Amerika entstand eine „Economics of Education“, eine Ausbildungsökonomie, die von Wissenschaftlern wie Fritz Machlup vorangetrieben wurde, der 1933 von Österreich nach Amerika emigriert war.

Bald entstand eine regelrechte Bildungslobby und schließlich eine Bildungsindustrie, die Ausbildung als treibendes Element dessen sah, was eine Volkswirtschaft produzieren kann. Die Ausbildung, so war klar, ist auch Karrierechance für jeden Einzelnen und ein Vehikel, mit dem sich Herkunftsunterschiede einebnen lassen. Diese Welle schwappte von den Vereinigten Staaten nach Europa. Die Bundesrepublik Deutschland war vorn mit dabei.

Die Forschung rund um das Humankapital kam in Mode. In den sechziger Jahren entstand eine wahre Flut von Veröffentlichungen über den Produktionsfaktor „Ausbildung“ und über das Wirtschaftswachstum. Weite Teile der ökonomischen Theorie wurden darauf untersucht, ob sie den Fortschritt durch Ausbildung erklären können.

Die Sorge um die Bildungschancen des Arbeiterkindes, das damals oft bemüht wurde, bekam eine neue Basis durch die Bildungsökonomie. Die machte die Sorge methodisch plausibel und unter Verteilungsgesichtspunkten verständlich: Wenn die Ausbildung über die Chancen einer ganzen Volkswirtschaft entschied, dann war es politisch geradezu geboten, die Bildung nicht an den Einkommens- oder Vermögensverhältnissen des Elternhauses scheitern zu lassen.

Damals litt die Qualität von Forschung und Lehre noch nicht daran, dass möglichst viele möglichst gut ausgebildet werden sollten, wie es heute der Fall ist. In den sechziger Jahren, der Blütezeit der „Ausbildungsökonomie" in Deutschland, fasste die Bildungsökonomie an den Fakultäten Fuß. Damals wurden die Studentenzahlen nicht dadurch in die Höhe getrieben, dass das Studium einfacher wurde – das war nicht das Mittel der Wahl, um mehr Bildungsgerechtigkeit zu schaffen.

Diese Entwicklung setzte erst ein, als sich die Gesellschaft einen neuen Blick auf das Studium zulegte: Sie sah die Universitäts-Ausbildung nicht mehr in erster Linie als Chance zur Verbesserung des Humankapitals und damit der gesamtwirtschaftlichen Produktionsfunktion. Sondern sie sah Bildung als Vehikel, um Herkunftsunterschiede einzuebnen.

Heute heißt es, die Studentenzahlen müssten abermals steigen. Dieses Bemühen hat ohne Zweifel mit dazu geführt, dass das Niveau der Hochschulabschlüsse nicht mehr zu halten ist – und dass die Unterscheidung zwischen Bachelor- und Masterabschluss notwendig wurde, die heute als „Bologna"-Prozess bekannt ist. Denn wenn die Anforderungen im Studium nicht allzu sehr sinken sollen, müssen Ausbildungsgänge und Ausbildungsziele differenziert werden.

Um das Konzept der „Produktionsfunktion" noch einmal aufzunehmen: Dem Produktionsprozess Universitätsausbildung hat man damit keinen Gefallen getan. Auch wenn die Bildungsökonomie in der Tat zum Teil technisch und gelegentlich auch sozialreformerisch anmutet, darf sich „Bologna" auf die „Economics of Education" gerade nicht berufen.

Der Sieg des Menschen über die Dunkelheit

Die Glühbirne hat die Nacht zum Tag gemacht. Und der Elektrifizierung der Welt den Weg bereitet.

Auf alten Gemälden sieht man bisweilen Heilige andächtig in den Schein einer Kerze blicken. Solche Bilder lassen erahnen, welch geradezu mystische Bedeutung Kerzen für die Menschen des Mittelalters hatten. In Klöstern konnte bei Kerzenschein auch nachts geschrieben werden. Und am Tisch konnten die Menschen mit einer Kerze auch nach Einbruch der Dunkelheit noch essen. Zugleich aber war das Kerzenlicht immer etwas äußerst Gefährdetes. Es musste behütet und beschützt werden. Ein Windhauch konnte es auslöschen. Und fiel die Kerze um, konnte die ganze Stadt abbrennen.

Vor allem aber war die Leuchtkraft der Kerze äußerst begrenzt. Sie wirkte nur im unmittelbaren Umkreis. Schwer vorstellbar etwa, eine Fabrikhalle oder gar eine Eisenbahn vernünftig mit Kerzen zu beleuchten. Die Kerze war die Lichtquelle einer statischen, sich kaum entwickelnden Welt. Für den Fortschritt war sie ungeeignet.

Kein Wunder daher, dass die Erfindung der Glühbirne zu den wichtigsten Innovationen auf dem Weg der Menschheit zum Wohlstand gehörte. Sie war eine jener Entwicklungen der Industrialisierung im 19. Jahrhundert, die nach einer langen Phase der Stagnation der Weltwirtschaft für ein sprunghaftes Wachstum sorgten.

Zwar hatten schon Vorläufer der Glühbirne – zum Beispiel die aufwendig mit gewaltigen Batterien zu betreibende Bogenlampe, vorgestellt 1851 auf der Weltausstellung in London – neue Möglichkeiten der Beleuchtung geschaffen. Erst mit der Glühbirne aber wurde das künstliche Licht massentauglich.

Jedermann konnte auf einmal billig, zuverlässig und ungefährlich Räume erhellen und so den über Jahrhunderte vorgegebenen Rhythmus von Tag und Nacht überwinden. Die Glühbirne machte es möglich, auch nachts zu arbeiten und zu forschen – und so die Produktion und das Wissen zu vervielfachen. Der Mensch emanzipierte sich ein weiteres Mal vom Tier, dem die Selbstbestimmung solcher Rhythmen unmöglich ist.

Der Mann, mit dem dieser historische Einschnitt in den Geschichtsbüchern verbunden wird, ist Thomas Alva Edison (1847–1931). Ein Erfinder wie aus dem Bilderbuch, mit Studierstube und Holzglobus, der sich vom Zeitungsjungen zum Millionär hochgearbeitet hat. Seine Leistung ist allerdings weniger die Entdeckung der Glühbirnentechnik als vielmehr ihre Weiterentwicklung zur Praxisreife – vor allem aber ihre wirtschaftliche Vermarktung im großen Stil.

Der Selfmademan aus Ohio hatte, nachdem er einige Zeit als Telegrafist bei einer Eisenbahngesellschaft gearbeitet und mit einigen Verbesserungen der Telegrafie Erfolg gehabt hatte, 1876 eine Firma in Menlo Park bei New York gegründet. Sie war auf „Auftrags-Erfindungen“ spezialisiert. „Alle zehn Tage eine kleinere Erfindung, alle sechs Monate eine größere“ war Edisons selbstgestecktes Pensum.

Und es ward Licht: Glühbirne des Erfinders derselbigen Thomas Alva Edison.

Edison selbst bezeichnete sich gern als „Industrie-Erfinder“, sein Unternehmen als „Erfinderfabrik“. Nicht Naturerkenntnis stand im Vordergrund seines Strebens, sondern die Entwicklung wirtschaftlich vermarktbarer Produkte aus den neuesten wissenschaftlichen Erkenntnissen seiner Zeit.

Zugleich war Edison ein moderner Forscher in dem Sinne, dass er weniger auf geniale Gedankenblitze und Eingebungen setzte als vielmehr auf das systematische Durchprobieren vieler neuer Möglichkeiten mit einer umfangreichen Labormannschaft.

So war es auch bei der Erfindung der Glühbirne. Sie wird in der Regel auf das Jahr 1879 datiert. Zu diesem Zeitpunkt hatte Edison 6 000 verschiedene Materialien für den Glühfaden seiner Lampe testen lassen und war am Schluss auf einen Kohlefaden gekommen – den allerdings vor ihm auch schon andere verwendet hatten, was später zu Patentstreitigkeiten führen sollte. Schickte man Strom durch diesen schlecht leitenden Kohlefaden, der im Vakuum eines geschlossenen Glasbehälters angebracht war, so gab der Faden Licht ab: Es begann mit ungefähr 25 Watt.

Experimente mit solchen Glühfäden hatte es auch vorher schon gegeben, etwa von dem nach New York ausgewanderten deutschen Optiker und Mechaniker Heinrich Göbel. Edison aber verhalf dem neuen Produkt zum Durchbruch. Unter anderem, indem er theatralisch inszenierte öffentliche Vorführungen in Menlo Park organisierte, bei denen er seine Glühbirnen 40 Stunden lang ununterbrochen brennen ließ: der praktische Beweis vor aller Welt dafür, dass die Glühbirnen einsetzbar waren und endlich das Experimentierstadium überwunden hatten.

In der nachfolgenden Zeit revolutionierte die Glühbirne die Welt. Schon Edison war sich bewusst gewesen, dass die Glühbirne ohne eine Infrastruktur der Stromversorgung bedeutungslos bleiben würde. Zwar stieg der Absatz von Dampfgeneratoren mit Dynamo für die Stromerzeugung mit der Erfindung der Glühbirne sofort. Den Durchbruch erlebte das elektrische Licht aber erst, als in Großstädten Kraftwerke gebaut und Stromkabel verlegt wurden.

Die Elektrifizierung von New York war Edisons großer Traum. Ein Projekt, das er noch selbst beginnen durfte. Bis 1882 ließ er unterirdische Kabel verlegen und Amerikas erstes großes Stromkraftwerk mit sechs Dampfmaschinengeneratoren bauen. Im selben Jahr noch wurden die ersten 59 Kunden mit elektrischem Strom versorgt; ein Jahr später waren es 513. Ende 1886 gehörte Edisons Firmengruppe mit 3 000 Mitarbeitern und zehn Millionen Dollar Kapital zu den großen Konzernen der Welt.

Von Anfang an stand die Innovation allerdings unter erheblichem Wettbewerbsdruck: Sie musste sich gegen das Gaslicht durchsetzen, das zumindest in größeren Städten Einzug gehalten hatte. Es hatte jedoch unangenehme Eigenschaften: Nicht nur, dass Gas brennen oder explodieren kann. Das Gaslicht verbraucht auch Sauerstoff und heizt die beleuchteten Räume auf, was etwa in Theatern zu Kopfschmerzen und Übelkeit führte. So gehörte das Theater in Boston zu den ersten Gebäuden, die Edison komplett mit elektrischen Glühbirnen ausstattete. Aber auch Hotels waren unter den ersten Kunden, vermögende Privathaushalte und bald auch Fabriken.

Mit dem Bau immer größerer Kraftwerke wurde die Stromerzeugung zunehmend wirtschaftlicher. Um den Abnehmerkreis für die elektrische Energie zu erweitern und die Gasbeleuchtung zu verdrängen, installierten Elektrizitätsunternehmen in einigen Städten die erste Glühlampe im Haushalt sogar kostenlos.

In Fabriken, Universitäten, selbst auf der Straße: überall sorgte die Glühbirne für mehr Licht. Der Siegeszug des elektrischen Lichts lässt sich auch an der Zahl der produzierten Glühbirnen ablesen: So steigerte die „Allgemeine Electricitätsgesellschaft", damals einer der führenden Hersteller von Glühbirnen, ihre Produktion von 60 000 Birnen im Jahre 1885 auf mehr als 300 000 im Jahre 1887.

Produzieren, lernen, leben in der Nacht wurde so komfortabler und vor allem billiger. Zugleich aber hatte die Glühbirne noch eine andere wichtige Funktion im Fortschrittsprozess: Sie war Schrittmacher der Elektrifizierung. Wie so oft bei Innovationen sorgte die erste Anwendung dafür, dass eine Infrastruktur geschaffen wurde. Im Laufe einer weiteren Generation wurden dann vielfältige neue Einsatzmöglichkeiten entwickelt.

Wo es Kraftwerke gab, wurde es sinnvoll, neben Lampen auch Maschinen mit elektrischem Strom anzutreiben. Oder Straßenbahnen, deren Betriebskosten um die Hälfte billiger waren als die der bis dahin eingesetzten Pferdebahnen. Mit Strom wurde auf einmal alles Mögliche angetrieben, geheizt, befördert. Nur durch den Strom wurden später auch elektrische Automaten möglich, Leuchtreklamen, Fernseher und sogar Computer.

Wenn man sieht, welche Bedeutung die Glühbirne für die Entwicklung unseres Wohlstandes hatte, versteht man vielleicht, warum einige Menschen ihr jetzt ein wenig hinterhertrauern. Wenn die Glühbirne verschwindet, weil ihr Nachfolger, die Energiesparlampe, sie ablöst, dann verschwindet damit auch ein Wegbereiter der Moderne, der uns reich gemacht hat – und unglaublich selbstverständlich wurde. „Die Lampe ist nicht nur ein Produkt, sondern das Zentrum des Hauses, der Geist, der über jeder Stube wacht“, schrieb der französische Philosoph Gaston Bachelard. „Ein Haus ohne Lampe ist so wenig vorstellbar wie eine Lampe ohne Haus.“

Wo Eigentum auf Eigentümlichkeit beruht

Geistiges Eigentum gilt es zu schützen. Denn es spiegelt die Kreativität von Dichtern und Denkern. Ohne die Vielfalt der Ideen gibt es keinen Fortschritt.

Wer einen Kühlschrank kauft, darf ihn verwenden oder ihn ungenutzt lassen, ihn weiterverkaufen oder Teile aus ihm anderswo einbauen. Nur eines ist rechtlich nicht gestattet: nach seinem Bauplan eigene Kühlschränke herzustellen und mit dem Markenzeichen des Vorbilds zu versehen. Der Eigentümer darf mit dem Kühlschrank also fast alles, außer ihn exakt kopieren.

Wie kommt das? Mit dem Literaturhistoriker Philipp Theisohn könnte man sagen („Plagiat: Eine unoriginelle Literaturgeschichte", Stuttgart 2009): Der römische Satiriker Martial hat damit angefangen. Er war es, der im Jahr 80 nach Christus erstmals einer Person „plagiarius!" hinterherrief, weil sie die Werke anderer kopierte. Dabei gebrauchte Martial ein bemerkenswertes Wort, meinte „Plagiator" in seinem Spottvers gegen einen anderen Dichter doch wörtlich jemanden, der Sklaven, die ein anderer freigelassen hat, erneut versklavt. Das Argument lautete: Ein Werk ist wie ein völlig von seinem Herrn abhängiges Wesen, an dem dieser selbst dann noch gewisse Rechte behält, wenn er es in die Öffentlichkeit entlassen hat.

Die Diskussion, welcher Art solche Rechte sind und weshalb es sie geben sollte, bestimmt bis heute das Urheberrecht, den Markenschutz und das Patentwesen.

Lange Zeit ging es dabei fast nur um Texte. Schon 1709, im englischen „Statute of Anne", das dem Autor erstmals die Entscheidung über Nachdrucke seiner Werke einräumte, wurde das mit dem Anreiz begründet, sie überhaupt zu schaffen. Den habe nur derjenige, dem auch die Vervielfältigung zugutekomme. Das war gewiss zu eng formuliert, denn es kann Dutzende von Gründen dafür geben, einen

Text zu verfassen. Doch erst Ende des 18. Jahrhunderts wendete sich das Recht von der Frage des Kopierens ab und dem Urheber zu. Eigentümlichkeit, so sagten die Schriftsteller, begründe das Eigentum. Das Werk sei Ausdruck einer Person. Da war noch nicht an Kühlschrank-Marken gedacht. Die Ausweitung des Buchmarktes, die Freisetzung einer Ästhetik der Originalität und die Etablierung von Schriftstellerei als Beruf gingen einher mit dieser Umstellung auf „geistiges Eigentum".

Und doch wäre es falsch, das Behaupten geistigen Eigentums nur als Strategie im Kampf um Erlöse aufzufassen. Berühmt war der Rechtsstreit zwischen dem Philosophen Schelling und einem Hörer seiner Vorlesungen, der 1843 Mitschriften davon in Umlauf gebracht hatte. Heute würde man, anders als die Richter damals, zum Recht am eigenen Wort auch das zum Publikationsverzicht zählen. Wert und Zweck eines Werkes sind für das Urheberrecht insofern belanglos. Schützenswert ist es in seiner Einmaligkeit, die einem Autor zugerechnet wird.

Der Rechtshistoriker Elmar Wadle hat das an der Fotografie gezeigt: In den ersten Fotoausstellungen um 1840 wurden nur Unikate gezeigt, weil die Daguerreotypie keine Abzüge kannte. Als die Reproduktion der Lichtbilder technisch möglich wurde, zog man das Recht am Original in Zweifel. Maler seien schöpferisch, Fotografen nicht, denn sie führten ja nur die Möglichkeit zum Fotografieren herbei, nicht das Bild selbst. Das werde vielmehr von den abgebildeten Objekten und vom Licht erzeugt.

Bei Fotografien zerstreuten sich solche ästhetischen Vorbehalte bald. Andere Versuche scheiterten hingegen, etwa als 1855 Zeitungen versuchten, auch telegrafische Depeschen zu schützen. An den Worten „Paris ist ruhig", versetzten die Richter, könne kein verständiger Mensch eine Autorschaft beanspruchen. Genauso wenig wie an den Worten „$E=mc^2$" – obwohl sie einen identifizierbaren Autor haben. Denn Wissenschaft lebt nicht von Originalität, sondern von Wahrheit. Darum herrscht ein viel großzügigeres Zitatrecht.

So trieb der Urheberschutz zum einen die Erfindungskraft an und die Suche nach Marktnischen, zum anderen auch die technische Fantasie. Denn wo kopiert werden durfte, mussten sich die Besitzer der Originale etwas einfallen lassen; etwa die Mittel zu schnellerer Distribution oder Möglichkeiten, selbst an Kopien zu verdienen, wie die großen Maler, die ihre eigenen Kupferstecher lizenzierten. Oder es fielen einfach die Preise.

Diejenige Art des gesellschaftlichen Reichtums, die das Urheberrecht schützt, ist also die Vielfalt. Man kann sich keine Gattungen schützen lassen – den Kriminalroman etwa oder die Sonate –, sondern nur abweichende Beiträge dazu. Ökonomisch begründet das Urheberrecht darum auch keine Monopole, sondern die Möglichkeit zum Wettbewerb zwischen „nahen Substituten", verschiedenen Sonaten oder Mordgeschichten.

Das ist auch ein Unterschied zwischen dem Urheber- und dem Patentrecht: Beim Patentrecht geht es nicht um Verschiedenheit der Werke, sondern darum, Problemlösungen zu belohnen und ihre Veröffentlichung anzuregen. Denn die Alternative zum Patent ist die Geheimhaltung. Der Markenschutz schließlich hat wieder ein anderes Thema: die Transparenz für den Verbraucher. Sie wird erhöht, wenn die im Markennamen aufgebaute Reputation in die Werbung eingeht. Die zwingt den Produzenten in Form einer Selbstbindung dazu, Qualitätsstandards zu halten, die nicht simuliert werden dürfen.

Auf den ersten Blick sieht man also vor allem Funktionsunterschiede bei verschiedenen Formen von „geistigem Eigentum". Und man sieht einige Unterschiede zum Eigentum an Kühlschränken. Viele halten den Begriff für ideologisch. Doch was sind Informationen, Designmuster, Markennamen, Romane, Radiosendungen oder Theorien anderes – ökonomisch betrachtet – als Güter, deren Konsum nicht rivalisiert? Was die einen wissen, lesen und hören, nehmen sie anderen nicht weg. Wer etwas sagt, verliert es nicht. Deshalb kostet es auch nichts, zusätzliche Nutzer zuzulassen. Warum den Nutzern also einen Preis für geistiges Eigentum berechnen? Hieraus ergibt sich der umstrittene Charakter des geistigen Eigentums: Auf der einen Seite steht dessen Eigenschaft, leicht sozialisierbar zu sein. Auf der anderen Seite steht der Investitionsschutz. Warum? Weil sonst fast niemand das Risiko der Spezialisierung auf sich nähme. Das Recht am geistigen Eigentum erlaubt es, sich auf eine unwahrscheinliche Produktion einzulassen. Wer dieses Recht bestreitet, muss dafür eine Alternative anbieten.

Was treibt Menschen an?

Der Kommunismus setzt auf Druck, der Kapitalismus auf Geld. Doch der innere Antrieb wirkt viel besser.

Viele Leute sind überzeugt: „Wer besser bezahlt wird, arbeitet besser." Dieser Vorstellung entsprechend gelten Leistungslöhne seit Langem als Kennzeichen fortschrittlicher Organisation. Die Entlohnung soll möglichst eng mit der individuellen Leistung eines Arbeitnehmers verknüpft sein. Ein Unternehmen, das seinen Mitarbeitenden fixe Löhne zahlt, wird als hinterwäldlerisch angesehen.

Insbesondere die Zuteilung von Aktienoptionen oder Boni wird vielerorts als Inbegriff einer leistungsfördernden Entlohnung angesehen. Neuerdings werden Leistungslöhne auch für staatliche Behörden und für Universitäten vorgeschlagen und bereits angewandt.

Diese Vorstellung entspricht der traditionellen ökonomischen Denkweise: Der Mensch wird als eigennütziges Wesen angesehen, das in erster Linie an seinem Einkommen interessiert ist. Wer für seine Tätigkeit mehr Geld erhält, leistet auch mehr. Seit einigen Jahren bemüht sich die moderne Ökonomie, Erkenntnisse der Psychologie und Soziologie zu berücksichtigen, um das menschliche Verhalten besser zu verstehen.

Sicherlich arbeiten Menschen, um Geld zu verdienen. Auch Status ist wichtig: Jeder möchte von anderen anerkannt und bewundert werden. Diese von außen gespeiste extrinsische Motivation erklärt aber nur einen Teil der menschlichen Handlungen. Ebenso wichtig ist das „innere Feuer", sich für eine Tätigkeit zu begeistern.

Diese intrinsische Motivation geht auf zweierlei Ursachen zurück: Erstens, eine Tätigkeit auszuüben kann Vergnügen bereiten. Beispiele sind das Lösen kniffliger Probleme oder die Ausübung eines Hobbys. Zweitens kann eine Tätigkeit unternommen werden, weil bestimmte Normen internalisiert worden sind. Sie werden nicht mehr als Zwang angesehen, sondern freiwillig befolgt, selbst wenn niemand die Ausübung überwacht. Viele Leute entsorgen etwa den Müll an den dafür vorgesehenen Orten und hätten ein schlechtes Gewissen, wenn sie ihn einfach auf die Straße werfen würden.

Intrinsische und extrinsische Motivation hängen voneinander ab. Monetäre Anreize, wie Leistungslöhne, beeinträchtigen unter mancherlei Bedingungen die intrinsische Motivation. Ein Beispiel sind die (untergegangenen) kommunistischen Planwirtschaften, in denen versucht wurde, wirtschaftliche Entwicklung und Innovation durch Anordnung zu erreichen. Lenin hat dieses Vorgehen mit dem Ausspruch gerechtfertigt: „Vertrauen ist gut, Kontrolle ist besser."

Dieser Versuch ist kläglich gescheitert, weil den Menschen die Eigeninitiative und intrinsische Motivation damit ausgetrieben wurde. Wie die Ereignisse in den ehemalig kommunistischen Ländern zeigen, ist es schwierig, die intrinsische Motivation wiederaufzubauen.

Problematisch wird es, wenn eine Beziehung bisher auf freiwilliger Kooperation beruhte, nun aber wegen der Bezahlung zu einer geschäftlichen Beziehung wird. Ein Beispiel ist eine Mitarbeiterin, die bei einer dringenden Angelegenheit dazu bereit war, Überstunden zu leisten, weil sie gerne gute Arbeit leistet. Sie wird dies auch in Zukunft tun, wenn ihr Vorgesetzter seine Anerkennung etwa mit einem Blumenstrauß ausdrückt. Wird die Zusatzarbeit hingegen einfach mit Geld abgegolten, wird sie zu einer rein geschäftlichen Angelegenheit degradiert. Die Mitarbeiterin wird in Zukunft nur zu zusätzlicher Arbeit bereit sein, wenn sie dafür bezahlt wird.

Vor diesem Hintergrund erscheint das Forcieren von Leistungslöhnen unangemessen. Firmen sind aus vielen Gründen auf die intrinsische Motivation ihrer Mitarbeiter angewiesen. Unternehmen werden ja gerade deshalb gegründet, weil manche Aktivitäten nicht als externe Dienstleistungen auf dem Markt eingekauft werden können. Dazu gehören Tätigkeiten von Mitarbeitern, die Auswirkungen auf ihre Kollegen haben, ohne dass sich diese Effekte präzise zurechnen lassen. Beispiele sind die Aufrechterhaltung des guten Rufes der Firma oder befriedigende Beziehungen zu Kunden und Lieferanten.

Diese firmenspezifischen Gemeingüter entstehen bei extrinsisch motivierten Beschäftigten nur, wenn dies von einer übergeordneten

Person angeordnet und überwacht werden kann, was aber in aller Regel unmöglich ist. Intrinsisch motivierte Mitarbeiter strengen sich hingegen an, einen Beitrag zum Gemeingut zu leisten.

Dabei ist zu berücksichtigen, dass intrinsische Motivation sich nicht direkt steuern lässt. Es können jedoch Bedingungen dafür geschaffen werden, dass sich eine hohe intrinsische Motivation bei den Mitarbeitern entwickelt und bewahrt wird. Selbständige Arbeitserfüllung sollte gefördert und Möglichkeiten zur Mitsprache bei der Arbeitsgestaltung eröffnet werden.

Kreative und innovative Tätigkeiten beruhen weitgehend auf intrinsischer Motivation. Extrinsisch motivierte Mitarbeiter lernen langsamer und weniger intensiv. Der Druck einer monetären Belohnung und damit Kontrolle von oben führt zu weniger anspruchsvollen Lernleistungen, und es wird flüchtiger gearbeitet – eben nur so viel, wie vom Vorgesetzten kontrolliert werden kann. Wirklich kreative und neue Ideen lassen sich nicht anordnen, sondern müssen von Personen kommen, die von der Sache selbst begeistert sind.

Aus diesem Grund ist eine Leistungsentlohnung außerhalb von gewinnorientierten Unternehmen oft verfehlt. Da die Leistungen von öffentlichen Verwaltungen nur unzureichend gemessen werden können, werden sich die Beschäftigten in diesem Bereich nur darum bemühen, in Bezug auf die gemessene Leistung gut abzuschneiden – dafür aber alles andere zu vernachlässigen. Ein Beamter wird seine Arbeit nur noch „nach Vorschrift" verrichten, ansonsten aber die Bedürfnisse der Bürger geringschätzen. Er wird nichts tun, was ihm nicht vorgeschrieben ist.

Gegenwärtig werden von manchen Stellen Leistungslöhne an Universitäten als Mittel zur Steigerung der wissenschaftlichen Produktivität propagiert. Da die akademische Leistung anhand von Publikationen gemessen wird, wird zwar die Zahl der Publikationen steigen, es ist jedoch zu erwarten, dass deren Qualität abnehmen wird. Jede Wissenschaftlerin wird sich bemühen, eine Idee auf so viele verschiedene Zeitschriftenartikel wie möglich zu verteilen, und wird nur Forschungsprojekte in Angriff nehmen, deren Erfolg möglichst schon feststeht. Wer wirklich originäre Forschung unternimmt, die sich nicht unmittelbar in Publikationen niederschlägt, erleidet demgegenüber einen Einkommens- und Prestigeverlust – denn Forschung wird ja nun mit Publikationsoutput gleichgesetzt. Es ist höchst zweifelhaft, ob mit diesen Methoden die Wissenschaft verbessert wird. Besser wäre sicherlich, mit sorgfältiger Auswahl intrinsisch motivierte Personen für die Forschung zu gewinnen und diese dann ohne Publikationsdruck arbeiten zu lassen.

Allgemein gilt: Lenins Aussage „Vertrauen ist gut, Kontrolle ist besser" sollte umgekehrt werden. Kontrolle ist manchmal notwendig, Vertrauen ist besser. Nur dann können Wirtschaft und Gesellschaft florieren.

Das Bewusstsein hat das Sein fest im Griff

In der Familie wurden von alters her Kultur und Moral erfunden. Wenn es gutging, nützte das auch der ganzen Wirtschaft.

„Assenteismo" nennen die Italiener das Phänomen häufiger Abwesenheit vom Arbeitsplatz: „Kommst du heute nicht, kommst du morgen oder gar nicht." Drückebergerei wäre eine mögliche Übersetzung für dieses Fehlverhalten.

Fakt ist, dass in Palermo und Neapel von alters her die Arbeitnehmer signifikant anfälliger sind für „Assenteismo" als in Turin oder Mailand. Fakt ist auch, dass bis heute der Norden Italiens wirtschaftlich äußerst erfolgreich ist, während der Süden gewaltig nachhinkt. Das Gefälle zwischen Nord und Süd hat sogar zugenommen: Lag im Jahr 1975 in Sizilien das Pro-Kopf-Einkommen um 35 Prozent unter dem der Lombardei, hatte sich der Abstand bis 1995, zwanzig Jahre später, auf 44 Prozent vergrößert. Keine Spur von Konvergenz trotz massiver finanzieller Solidaritätsunterstützung des Südens durch die „Casa per il Mezzogiorno".

Nun wäre es gewagt, zu behaupten, Norditalien übertreffe vor allem deshalb den Süden wirtschaftlich, weil die Leute dort pünktlich zur Arbeit erscheinen. Doch Absentismus ist nur eine von vielen kulturell geprägten Verhaltensweisen, die Nord und Süd unterscheiden. So arbeitet auch das Rechtssystem Süditaliens nach anderen „unausgesprochenen" Gesetzen als der Norden: Gerichtsprozesse dauern dort viel länger. Richter und Staatsanwälte brauchen – aus welchen Gründen auch immer – viel mehr Zeit, bis sie ihre Untersuchungen abgeschlossen haben. Ähnliches gilt für Spitäler, Schulen und öffentliche Verwaltung. Im Norden klappt es (eher) gut, im Süden (eher) schlecht.

Wirtschaftshistoriker lieben Italien als Anschauungsfall für den faszinierenden neuen Forschungszweig „Cultural Economics", weil dort der Einfluss von Kultur und Moral auf Wohlstand und Wachstum wie unter Laborbedingungen studiert werden kann. Denn seit der nationalen Einigung von 1861 wird in Italien nicht nur eine für Nord und Süd einheitliche Politik gemacht, sondern es haben sich auch landesweit die gleichen Institutionen etabliert: Die Rechtssysteme unterscheiden sich nicht. Aber die Haltungen der Menschen und ihre moralischen Überzeugungen weichen beträchtlich voneinander ab. Das hat starke Auswirkungen auf Wohlstand und Wachstum. Es ist also das Bewusstsein, welches das Sein bestimmt, und es ist die Kultur, welche die Ökonomie treibt.

So geht es offenbar schon ziemlich lange in der Weltgeschichte zu. Der Evolutionspsychologe Joseph Henrich von der University of British Columbia wollte zum Beispiel wissen, wann die Menschen angefangen haben, sich fair zu verhalten. Angeboren ist solch ein moralisch fortschrittliches Verhalten offenbar nicht: Bei Jägern und Sammlern geht es in den Urwäldern heute noch genauso raubeinig und egoistisch zu wie früher. Erst als unsere Vorfahren untereinander Handel trieben, haben sie aus der Familie vertraute Verhaltensweisen wie Vertrauen, Disziplin und Fairness benötigt und sie derart verinnerlicht, dass fortan ohne Kooperation die Märkte nicht funktionieren konnten. Das führte aber auch dazu, dass da, wo es fair zuging, der Wohlstand aller wuchs.

Das alles läuft daraus hinaus, dass es in Gesellschaften mit geringer Marktintegration (gemessen daran, wie viel ein Haushalt bei anderen einkauft und nicht selbst erzeugt oder erjagt) auch weniger fair zugeht. Fairnessfördernd und auch wohlstandsfördernd war in späteren Zeiten offenbar zudem die Zugehörigkeit zu einer Weltreligion (Christentum, Islam).

Das alles deutet auf ein Wechselspiel hin: Der Markt (und sei er auch bloß ein rudimentärer Tauschakt) setzt moralische Haltungen wie Fairness, Vertrauen und Disziplin voraus und befördert sie zugleich. Denn ohne diese Haltungen käme ein Tausch entweder nicht zustande oder wäre es zu riskant, sich darauf einzulassen. Mit unzuverlässigen Gesellen oder Betrügern sollte man keine Geschäfte machen. Wo es aber Moral gibt, stellt sich bald auch Wachstum ein. Eine gute Arbeitsmoral oder eine positive Einstellung zu Reichtum sind

Homer Simpson im Kreise seiner Lieben: Die Familie ist ein ständiges Geben und Nehmen, ein Hauen und Stechen.

freilich nicht gottgegeben und unterliegen dem Wandel in der Geschichte. Nicht alle Werte befördern das Wirtschaftswachstum gleichermaßen. Starke Familienbande erklären bis heute, warum die Menschen sich für ein rigides Arbeitsrecht (Kündigungsschutz und Mindestlöhne) einsetzen, selbst wenn sie dafür in Kauf nehmen, selbst keinen Job zu bekommen. Ein flexibler und deregulierter Arbeitsmarkt, der ihre Beschäftigungschancen erhöht, würde ihnen zugleich ein Maß an Mobilität abverlangen, welches den Familienzusammenhang bedroht. Kulturelle Werte also sind wandelbar.

Ein „ethischer und rhetorischer Tsunami“ (so die amerikanische Wirtschaftshistorikerin Deirdre McCloskey) war nötig, um dem Kapitalismus in Europa und den Vereinigten Staaten zum Erfolg zu verhelfen. Neugier (und auch Gier) gehören zwar zur menschlichen Natur. Aber bis in die frühe Neuzeit waren diese Einstellungen negativ besetzt. Erst als sie ins Positive gewendet wurden, bekam die europäische Wachstumsgeschichte ihren entscheidenden Schub. Sparsamkeit, Sorgfalt oder Fleiß mussten die Menschen erst lernen und erfahren, dass von solchen asketischen Haltungen der Kaufmann enorm profitiert. Leistung, Arbeit und Gewinnmaximierung bedurften der moralischen (und nicht nur der ökonomischen) Anerkennung, um Nachahmer zu finden.

Es war das europäische Bürgertum, welches sein Wertesystem zur Durchsetzung der neuzeitlichen naturwissenschaftlich-technischen Erfindungen und der modernen Produktionsweisen offensiv zu nutzen wusste. Die bürgerlichen Einstellungen reüssierten; die aristokratischen Werte (der schöne und verschwenderische Müßiggang) gerieten ins Hintertreffen. Das war der Nährboden, auf dem die Industrielle Revolution gedeihen konnte. Dass diese nur in Europa – zuerst in England – glückte, ist der Werterevolution der europäischen Aufklärung zu verdanken. Der dadurch erworbene Wohlstandsgewinn ist unbeschreiblich: Bemaß sich der Abstand zwischen den reichsten und den ärmsten Nationen der Welt im Jahr 1820 im Verhältnis drei zu eins, so hatte er sich bis zum Jahr 2000 auf achtzehn zu eins geweitet. Unser ökonomischer Erfolg ist eben die Frucht unserer guten Moral und reichen Kultur. Ohne Idealismus gibt es keinen Kapitalismus.

Erst die Eisenbahn bewegte die Massen

Züge bringen Kohle und Eisen überall hin, wo sie gebraucht werden. Ohne die Bahn wären wir noch immer ein Agrarland.

Über ungeteilte Begeisterung durfte sich die erste Eisenbahn in Deutschland nicht freuen. Die Ängste vor dem rauchenden Ungeheuer auf Schienen waren groß: „Die schnelle Bewegung muss bei den Reisenden unfehlbar eine Gehirnkrankheit erzeugen", schrieb das Bayerische Obermedizinerkollegium 1838, drei Jahre nach Eröffnung der ersten deutschen Strecke zwischen Nürnberg und Fürth. Sie wurde mit rasenden 35 Stundenkilometern befahren. Und manchem Zuschauer könnte vom Anblick des Zuges schwindlig werden, war die Befürchtung. Man müsse deswegen die Strecke mit einem hohen Bretterzaun einfassen.

Doch die Kritiker konnten die Bahn nicht mehr stoppen. Die Möglichkeit, schwere Massengüter wie Kohle und Eisen auch in Gegenden abseits der Wasserwege zu befördern, lockte die Bahnbauer. Ebenso wie der generell schnellere, wetterunabhängige und billigere Transport: „Für Gegenstände, die in großer Menge fortgeschafft werden sollten, kann die Fracht um vier Fünftel der Frachtkosten auf der Chaussee ermäßigt werden", schrieb der Brockhaus 1837. Das gelang: Der Preis für Frachten fiel von 17 Pfennige je Tonne und Kilometer (1848) auf 7 Pfennige (1870) und später auf 3,5 Pfennige (1913).

Einer der Pioniere der Industriellen Revolution in Deutschland, Friedrich Harkort, schrieb: nur durch die Eisenbahn sei ein Anschluss des Kontinents an die englische Industrialisierung zu schaffen. So entstanden rasch neue Strecken, die zu einem Netz verbunden wurden. Aus den sechs Kilometern 1835 waren zehn Jahre später 2 300 Kilometer geworden.

Nach der Reichsgründung 1870 wurde der Ausbau weiter forciert und leistete damit auch einen Beitrag zur politischen Einigung der unterschiedlichen Landesteile. 1915 erreichte das Netz mit 62 000 Kilometern seine größte Ausdehnung.

Mit den Gebietsabtretungen nach dem Ersten Weltkrieg schrumpfte es dann erstmals wieder. Nach dem Zweiten Weltkrieg kamen auch noch Demontagen als Reparationsleistungen an die Sowjetunion hinzu. Und später folgten Stilllegungen von Nebenstrecken, weil das Auto zunehmend überlegen war. Erst mit dem Bau von Hochgeschwindigkeitsstrecken Anfang der 1990er-Jahre wuchs das Netz wieder.

Der Ausbau bis 1914 war wie erhofft ein Segen. Er bewirkte eine kaum zu überblickende Zahl von wirtschaftlichen Errungenschaften, die den Wohlstand in Deutschland entscheidend vorangetrieben haben. Das Wichtigste war wohl der Durchbruch für die Industrialisierung Deutschlands. Sie wäre ohne die Bahn nicht möglich gewesen.

Die Bahn transportierte Kohle und Eisen in alle Gegenden Deutschlands, beides entscheidende Mittel für die Industrieproduktion. Zum anderen entstand durch den schnellen Ausbau des Bahnnetzes ein hoher Bedarf an Schienen und Lokomotiven. Das forcierte den Aufbau der Eisenindustrie und des Maschinenbaus, die bis dahin kaum entwickelt waren.

Noch in den ersten Jahren des Eisenbahnbaus musste daher England das Baumaterial und die Fahrzeuge für die neuen Strecken liefern. Aber schon 1850 produzierte der deutsche Industrielle August Borsig die Hälfte der neuen Lokomotiven. Weitere 40 Prozent kamen von anderen deutschen Herstellern und nur noch zehn Prozent aus dem Ausland. Auch die Schwerindustrie mit ihren Koksöfen wuchs schnell. Um 1880 übertraf die deutsche Industrieproduktion erstmals die englische.

Und auch die Eisenbahn selbst wurde zu einer bedeutenden Branche. Der Anteil des Transportbereichs an der gesamten Wertschöpfung kletterte bis 1870 auf zwei Prozent, bis 1913 sogar auf sechs Prozent. Denn der Austausch von Waren in der zunehmend industriell-arbeitsteiligen Wirtschaft nahm zu und ebenso die Bevölkerungszahl. Die Bahn veränderte zudem die Wirtschaftsgeografie in Deutschland: Es entstanden Vororte, die mit der Bahn an die Zentren angebunden wurden, und damit Ballungsräume. Lebten 1850 nur 20 Prozent der Deutschen in Städten, waren es 1900 schon 50 Prozent.

Verschlafenen Gegenden brachte der Bahnanschluss Wohlstand, weil Touristen zur Erholung anreisten oder sich neue Fabriken ansiedelten. So konzentrierte sich die Schwerindustrie nicht mehr in den erz- und wasserreichen Gebirgstälern, sondern dort, wo die Kohle herkam: Der Aufstieg des Ruhrgebietes zum „Kohlenpott“ und zur „Stahlschmiede der Nation“ begann. Auch die Versorgung der Bevölkerung verbesserte sich. Es war nun kaum noch denkbar, dass eine Region einen Nahrungsmittelüberschuss hatte und eine andere, 100 Kilometer entfernte, Hunger litt. Denn die Bahn konnte alles Nötige liefern und überbrückte die Distanz in wenigen Stunden.

Fahrgäste beförderte sie pünktlich nach Fahrplan. Zu diesem Zweck führte die Bahn eine einheitliche Bahnzeit ein. Zwar existierten die diversen Lokalzeiten weiter, doch erstmals tickten die Uhren in ganz Deutschland gleich. Das förderte auch die internationale Harmonisierung der Zeiten. 1884 einigten sich die Staaten in Washington auf die Einführung weltweiter Zeitzonen.

Um das Eisenbahnnetz aufzubauen, brauchten die Bahnbauer enorme Geldsummen. Zwischen 1840 und 1850 wurden 150 Millionen Taler investiert, in heutigen Preisen wären das ungefähr fünf Milliarden Euro. Nicht wenig für ein kaum industrialisiertes Land. Das Geld zahlten wohlhabende Bürger, denen hohe Gewinne aus dem wachsenden Bahntransport versprochen wurden. Sie kauften Anteile der privaten Bahnunternehmen, die ersten Aktiengesellschaften in Deutschland entstanden – und die ersten Spekulationsblasen.

Denn die Eisenbahn-Euphorie sorgte für manch übertriebene Gewinnhoffnung. Wenn die Blase platzte, stockte der Netzausbau kurzzeitig, was zu heftigen Wirtschaftskrisen führte, weil die Ökonomie anfangs stark vom Eisenbahnbau abhing. Die Privatbahnen überlebten langfristig nicht und wurden zuerst von den Ländern und dann vom Deutschen Reich gekauft.

Erst seit der Jahrtausendwende wird wieder über eine private Deutsche Bahn diskutiert. Die heutige Bahn hat ihre Funktion als Wirtschaftsmotor aber schon lange verloren. Zwar kämpfen Lokalpolitiker gerne um den Erhalt ihres Bahnhofs oder um einen ICE-Halt in ihrer Stadt. Einen Aufschwung für entlegene Gebiete bringt aber heute vor allem der Anschluss an die Autobahn.

Der Nylonstrumpf macht der Massenmode Beine

Strümpfe wurden getragen, bis sie Löcher hatten – und dann gestopft. Bis der Nylonstrumpf kam. Er ist billig und sexy. So wurden Strümpfe zum Konsumgut.

In den 1890er-Jahren eroberte eine neue Faser die Modewelt. Sie verbreitete sich unter dem Namen Kunstseide oder seiner wichtigsten Varietät Viskose. Chemie- und Textilfirmen stellten aus dem Material modische Accessoires her, wie Bänder, Borten, Litzen und Quasten, aber auch Krawatten und Schleier, Produkte, bei denen der Glanz des Stoffs besonders zur Geltung kam. Der größte Renner waren Damenstrümpfe.

Nach dem Ersten Weltkrieg ließ die Mode den Rocksaum höher rutschen und legte als Höhepunkt in den 1920er-Jahren das Knie frei. Der preisgünstige Viskosestrumpf erleichterte es den Frauen aus der Mittelschicht, an dieser modischen Bewegung teilzunehmen. Die Frauen steigerten ihre Attraktivität – und die Hersteller ihre Bilanzen.

Die Kunstseidenen verkauften sich einerseits über ihre Eigenschaften, andererseits über den Preis. Die Hersteller versuchten, Assoziationen zu dem kostbaren Naturstoff Seide und ihrem matten Glanz zu wecken. Die technische Aufgabe bestand darin, der Kunstseide auch die Eigenschaften der Naturseide zu verleihen, was in den 1920er-Jahren auch annähernd gelang. Was noch fehlte, war das Image des Naturstoffs.

Die Hersteller und Konfektionäre empfanden den Begriff des Künstlichen zunehmend als diskriminierendes Verkaufshemmnis. In den Vereinigten Staaten ersetzten Kleiderhändler die Bezeichnung „artificial silk“ durch „rayon“, was auf den Glanz der Garne und Stoffe verwies. In Deutschland kam „Kunstseide“ nach dem Zweiten Weltkrieg aus der Mode – zugunsten von Viskose und Acetat. In den 1930er-Jahren entwickelten Chemiker des amerikanischen Chemiekonzerns Du Pont dann eine neuartige, vollsynthetische Faser. Das Unternehmen traf die strategische Entscheidung, sich auf die Entwicklung eines Produkts zu konzentrieren: auf Damenstrümpfe.

Man wollte die Strümpfe aus echter Seide aus dem Feld schlagen, den Preis von Viskosestrümpfen glaubte man nicht erreichen zu können. Die Fasereigenschaften versprachen die Herstellung reiß- und scheuerfester, extrem dünner und gut anliegender Strümpfe. Die Bezeichnung Nylon – Vorläufer waren Nuron, Nulon und Nilon – geht zurück auf „No-Run", keine Laufmasche. Das wäre eine faustdicke Lüge gewesen. Entscheidend war der unter Werbegesichtspunkten positiv eingeschätzte Klang des Wortes.

Die aus den ersten kleinen Garnmengen hergestellten Strümpfe testeten noch die Frauen der mit dem Projekt befassten Mitarbeiter. Ihre Kritik, dass die Strümpfe zu glatt, glänzend und knittrig seien, ging in die Entwicklungsarbeiten ein. Im Jahre 1939 kündigte ein Repräsentant Du Ponts auf einem Frauenkongress die bevorstehende Strumpfrevolution an.

Die öffentliche Aufmerksamkeit war dem Unternehmen sicher. Und es bemühte sich in der Folgezeit nach Kräften, die Beobachterinnen wach zu halten, mit Zeitungsartikeln und Werbemitteln wie einem überdimensionierten nylonbestrumpften Frauenbein.

Am 15. Mai 1940 begannen die Textilfabriken und Textilgeschäfte in ganz Amerika mit dem Verkauf. Du Pont hatte den Preis mit 10 Prozent über dem für Seidenstrümpfe festgesetzt. Trotz dieses hohen Preises übertraf der Absatz alle Erwartungen. Innerhalb eines Jahres eroberten die Händler mit ihren Nylons mehr als 30 Prozent des amerikanischen Damenstrumpfmarktes.

Die Frauen rissen den Händlern die Nylons aus den Händen, nicht nur, weil sie praktisch waren, sondern vor allem, weil sie das bei der herrschenden Mode so wichtige Bein zur Geltung brachten wie kein anderer Strumpf. Die erotische Ausstrahlung des Damenbeins hatten Schauspielerinnen in Spielfilmen zelebriert, wie Marlene Dietrich in dem 1931 entstandenen „Blauen Engel", damals allerdings noch mit Seidenstrümpfen bewaffnet.

1941 änderte der Kriegseintritt Amerikas die Verhältnisse. Jetzt waren andere – militärische – Waffen und Ausrüstungen gefragt. Du

Pont stellte seine Nylonproduktion auf Fallschirmstoffe und Grundgewebe für Reifen um. Die Regierung forderte die amerikanischen Frauen zur Herausgabe der gerade erworbenen Nylonstrümpfe auf, um daraus Munitionssäcke zu machen. Der Ruf und die Attraktivität der Nylons blieben jedoch erhalten – über die Vereinigten Staaten hinaus.

Einige europäische Hersteller boten Flüssigkeiten an, „Strümpfe aus der Flasche", mit denen sich die Beine färben und Nähte aufmalen ließen. Nach Kriegsende lief in den Vereinigten Staaten die Produktion wieder an, und der Erfolg setzte sich fort.

Wieder übertraf die Nachfrage die ohnehin schon hochgeschraubten Erwartungen. Die Gazetten sprachen von einem Sturm auf die Warenhäuser, den „nylon riots".

Die Geschäfte sahen sich veranlasst, die Abgabe zu beschränken. Manche Frauen standen stundenlang an, um ein Paar Nylons zu ergattern. Die Kaufhauskette „Macy's" verkaufte in ihrer New

Probieren geht über Studieren: Die Tiller Girls waren Großabnehmer von Viskosestrümpfen. Ein Blick in ihre Garderobe aus dem Jahr 1927.

Yorker Filiale an einem einzigen Tag 50 000 Paar Strümpfe. In Pittsburgh lockte ein abendlicher Sonderverkauf 40 000 Menschen an, die eine 16 Blocks lange Schlange bildeten.

Für die teuren Strümpfe entstanden Reparaturstellen, die Laufmaschen aufnahmen. Dies änderte sich mit der Zeit. Größere Produktionsanlagen und die bis 1960 erfolgte Entwicklung eines kontinuierlichen Fertigungsprozesses ließen die Garnpreise sinken. 1954 kam der haltbare, auf Rundstrickmaschinen hergestellte, nahtlose Strumpf auf den Markt.

In den 1960er-Jahren folgte die Strumpfhose – rechtzeitig zur Minirockmode. Preisverfall und steigender Wohlstand ließen die Strumpf-Reparaturstellen wieder vom Markt verschwinden. Heute wäre bei den meisten Strumpfhosen oder Strümpfen eine Reparatur teurer als ein Neukauf.

Damenstrümpfe aus Kunstseide, Nylon oder das deutsche Pendant Perlon sind nur ein Beispiel für einen vielschichtigen Prozess, der aus Mangelgesellschaften Wohlstands- und Konsumgesellschaften machte. Eine im 19. und 20. Jahrhundert auf breiter Front steigende Produktivität mündete in höhere Löhne und sinkende Preise. Wie andere Güter auch entwickelte sich Kleidung zu einem Massenkonsumgut.

Heute veraltet Kleidung üblicherweise nicht durch Verschleiß, sondern durch modischen Wandel. In den Wohlstandsgesellschaften der Nachkriegszeit ersetzte die Neuanschaffung von Kleidung das Flicken und Umarbeiten. In Arthur Millers 1949 verfasstem Drama „Tod eines Handlungsreisenden" herrscht die Titelfigur Willy Loman seine Frau Linda an: „Ich will nicht, dass du in diesem Haus Strümpfe flickst! Wirf sie weg!"

Mit diesen Worten markiert Willy Loman den Verzicht auf Flickarbeiten als Attribut der Mittelschicht, der er ungeachtet seiner prekären finanziellen Lage unbedingt weiter zugehören will.

Ein starker Kaffee weckt das Bürgertum auf

Erst gab es in Europa nur Bier, Wein und Met. Dann kam der Kaffee, und auf einmal waren die Menschen wach.

Wer heute einen Kaffee braucht, um morgens wach zu werden, hätte im 16. Jahrhundert vielleicht lieber ein Bier getrunken – zum Frühstück. Denn die Europäer aller sozialen Schichten mochten damals ihre Getränke kalt und wenig konzentrationsfördernd: Bier, Wein, Met und Branntwein. Schon morgens gab es Biersuppen, selbst Friedrich II. (1744–1797) wuchs noch mit ihnen auf.

Der Kaffee kam zuerst als Medizin aus dem Orient und nicht, wie man annehmen könnte, aus Lateinamerika. Dort liegen heute die größten Anbaugebiete. Wenig geläufig ist auch, dass es bis zum 17. Jahrhundert dauerte, bis der Kaffee seine Karriere in Europa startete. Als mehr und mehr Handelsschiffe lange Distanzen überbrückten, schrieben europäische Orientreisende in Reiseberichten über das neue Getränk und seine Herstellungstechnik. Sie berichteten, wann und wo die Araber ihre Tassen hoben.

Darauf wurden akademisch gebildete Ärzte aufmerksam. Sie propagierten das schwarze Getränk als Heilmittel, das die Verdauung fördere, Blut und Organe reinige und vor Blasensteinen schütze. Förderlich dafür waren die physiologischen Eigenschaften des Kaffees: Er treibt den Harn und wirkt abführend. Darum ließ er sich ideal in die damalige Medizin integrieren. Die basierte auf der Vorstellung eines regulierten Säftehaushalts. Krankheitserreger mussten aus Säften und Körper gereinigt werden. Schwarzer Kaffee ist bitter, das Argument der medizinischen Wirkung half, die anfängliche Abneigung der Europäer zu überwinden.

Mit dem Kaffee kam die Nüchternheit in die neue Bürgergesellschaft des 17. Jahrhunderts. Anfangs war der Importartikel noch extrem teuer. Seinen Siegeszug startete er also bei den Reichen. Aristokraten begrüßten den Kaffee als modischen Luxusartikel, mit dem sie sich vom Rest der Gesellschaft distanzieren konnten. Dann aber entstanden immer mehr Kaffeehäuser: Sie waren offen für jeden zahlungskräftigen Gast und machten den Kaffee immer populärer. Von der Mitte des 17. Jahrhunderts an wurden Kaffeehäuser zunächst in Metropolen wie London, Paris, Amsterdam oder Venedig gegründet. Im Jahrhundert der Aufklärung breiteten sich die Kaffeehäuser noch viel weiter aus und waren plötzlich selbst in Provinzstädten zu finden. Sie fanden besonderen Zuspruch beim Bürgertum, einer wirtschaftlich und politisch aufstrebenden Schicht: Schließlich boten sie Kaffee an, der die Konzentration steigerte, und sie dienten außerdem der gehobenen Kultur: In Kaffeehäusern fanden die Besucher Zeitungen, Schach, gepflegte Konversation, Ausstellungen und Konzerte. Über das Kaffeehaus drang der Kaffee auch ins Privatleben der Bürger vor. Er passte genau in die neue Gesellschaft.

Mehrere Dinge sicherten also den dauerhaften Erfolg des Kaffees: Er war Heilmittel, Statussymbol, leistungssteigernder Wachmacher und Sozialgetränk. Und obwohl der Kaffee im 18. Jahrhundert noch nicht über die soziale Mitte hinaus in die breite Bevölkerung vorstoßen konnte und erst im 20. Jahrhundert zum Massengetränk wurde, änderte er schon früh den Alltag: So entstanden nicht nur die Kaffeehauskultur, sondern auch das Frühstück mit Kaffee und das Kaffeekränzchen.

Die Europäer orientierten sich enorm daran, wie der Kaffee in Arabien entstanden war. Äthiopien war zwar die Heimat der Kaffeepflanze, kultiviert wurde sie aber erstmals auf der Arabischen Halbinsel. Hier wurde vermutlich im 15. Jahrhundert das Getränk entwickelt. Der Jemen trat dabei als einziger Kaffeeproduzent auf, der Verbraucher in Arabien, im Osmanischen Reich und in Persien mit Rohkaffee belieferte. Dort wurden die Bohnen in Metallzylindern gebrannt, zu Pulver gestoßen und in Wasser aufgekocht.

Zu Hause tranken die Menschen im Orient den Kaffee als Morgen- und Tagesgetränk, zugleich aber hatten sich in den Städten schon die Kaffeehäuser ausgebreitet. Kaffee diente dort als soziales Genussmittel und auch als Heilmittel. Alle diese Elemente der orientalischen Kaffeekultur waren wichtig dafür, wie sich der Kaffee in Europa verbreitete. Zubereitung und Genuss der klassischen Tasse Kaffee folgen bis heute dem arabischen Vorbild.

Nach und nach kam die neue Kaffeekultur auch bei den Armen an. Bald wurde Ersatzkaffee aus der Pflanze Zichorie und aus Getreide angeboten. Er half, den Kaffee weiterzuverbreiten, schließlich konnten ärmere Menschen den Bohnenkaffee damit verdünnen oder ganz ersetzen. Die Entwicklung hörte nicht auf: Im 19. und frühen 20. Jahrhundert entstanden maschinelle Röstanlagen, Vakuumverpackungen, Kaffeefilter, Filterpapier und elektrische Kaffeemühlen.

Parallel zur wachsenden Nachfrage in Europa verbreiteten die Europäer den Kaffee auf der ganzen Welt. Waren die Engländer, Franzosen und Niederländer noch im 17. Jahrhundert auf Kaffeeimporte aus dem Jemen angewiesen, hatten die Niederländer das streng gehütete jemenitische Anbaumonopol spätestens 1712 gebrochen, als sie den ersten, auf Java erzeugten Kolonialkaffee nach Amsterdam verschifften – ganze 894 Pfund. Die Setzlinge dafür waren aus dem Jemen herausgeschmuggelt worden.

Niederländisch-Indien dominierte bald den europäischen Kaffeemarkt – aber nur bis zur Mitte des 18. Jahrhunderts. Dann wuchsen auch Kaffeepflanzen in Südamerika, und zwar in der niederländischen Kolonie Surinam. Nun breiteten sich Kaffeeplantagen auch in Französisch-Westindien sowie in Spanisch- und Portugiesisch-Amerika aus.

So begann die Massenproduktion, und der Kaffeepreis in Europa sank – auch, weil schwarzafrikanische Sklaven den Kaffee anbauen mussten. Lagen die Rohkaffee-Importe aus Mocha im Jemen um 1711 noch lediglich bei drei Millionen Pfund, erwirtschaftete 1788 allein Saint Domingue (Haiti) 35 000 von insgesamt 55 000 Tonnen Rohkaffee, die im selben Jahr Europa erreichten.

Während sich die Karibik in der zweiten Hälfte des 18. Jahrhunderts zum weltweiten Marktführer emporschwang, wurde sie im 19. Jahrhundert – nach dem Niedergang Saint Domingues infolge einer Sklavenrevolte im Jahr 1791 – von Brasilien als neuem Spitzenproduzenten abgelöst, gefolgt von mittelamerikanischen Staaten. Sie dominieren bis heute die Rohkaffeeproduktion, auch wenn Kaffee in allen Tropengebieten der Erde erzeugt wird.

Rohkaffee stellt heute nach Erdöl das zweitwichtigste Handelsgut der Welt. Kaffee ist für jedermann erschwinglich geworden und wird aufgrund seiner geistig stimulierenden Wirkung durch das Koffein geschätzt. Als soziales Genussmittel hat der Kaffee inzwischen längst einen festen Platz in der Alltagskultur aller europäischen Länder.

Das Glück der bunten Warenwelt

Früher gab es ein Brot für jeden Geschmack. Heute gibt es für jeden Geschmack ein Brot. Diese Vielfalt hat uns ungemein bereichert.

Was heißt eigentlich genau „reich sein“? Viel besitzen – oder vieles besitzen? Konsumenten heute konsumieren nicht nur viel mehr als unsere Vorfahren vor 500 Jahren; sie konsumieren auch andere Dinge. Das Leben wird vielfältiger – und diese Vielfalt zu bewerten ist gar nicht so leicht. Wie viel besser wird das Leben durch einen iPad wirklich? Die einfache Antwort lautet: Der Gewinn ist enorm. Warenvielfalt und neue Güter steigern die Lebensqualität erheblich.

Um 1500 verbrauchten die Menschen noch fast ausschließlich Getreide. Ein typischer Konsument aus jener Zeit aß im Durchschnitt 180 Kilo Brot im Jahr und trank 180 Liter Bier. Getreide – vor allem Weizen – brachte 1400 Kalorien am Tag, fast drei Viertel der Gesamtmenge. Hinzu kamen 26 Kilo Fleisch im Jahr, fünf Kilo Butter und Käse sowie 52 Eier. Insgesamt verschlangen die Nahrungsmittel 80 Prozent des Haushaltsbudgets. Für das Heizen zahlte man fünf Prozent, für Kerzen und das Öl für Öllampen noch einmal zehn. Der Rest wurde für Seife und Stoff verwandt.

Diese Zahlen sind natürlich nur Schätzungen, und es gab große Abweichungen von den Mittelwerten. Doch das ändert nichts daran, dass sie aus moderner Sicht erstaunlich eintönig sind. Die Hälfte der Haushaltsausgaben wurden für Bier und Brot verwandt. Den Menschen fehlten Tee und Kaffee, Baumwollunterwäsche und Schuhe, Besteck und Fernreisen, Fernseher und Laptops – die Liste ist fast beliebig zu erweitern. Macht diese Flut von Konsumgütern das Leben wirklich besser – und kann man das irgendwie messen?

Intuitiv wissen wir, dass in der Vielfalt die Würze liegt. Das Leben wird schöner, wenn es bunter wird. Man erinnere sich nur an die Trostlosigkeit osteuropäischer Supermärkte. Auch wenn sie mal nicht leer waren, war die Eintönigkeit eindrucksvoll – wer möchte schon zurück zur ostdeutschen Einheitsschokolade? Der Gewinn für den Konsumenten muss enorm sein, wenn plötzlich die Regale mit Sprüngli, Ritter Sport und Milka gefüllt sind. Jerry Hausman vom Massachusetts Institute of Technology (MIT) schätzte vor einigen Jahren ab, wie sehr Konsumenten von der Einführung einer neuen Sorte Frühstücksflocken profitieren, und zwar der „Apple Cinnamon Cheerios“.

Von den Cheerios gab es schon viele Sorten: Joghurt, Zucker, Honig und so weiter. Was macht da noch eine weitere Sorte aus? Am Nachfrageverhalten der Konsumenten zeigte sich, dass einige sehr froh über die neue Sorte waren. Sie hätten noch viel mehr gezahlt. Weil die neuen Cheerios aber gar nicht so viel kosteten, profitierten diese Verbraucher enorm. Sie bekamen jetzt genau das zum Frühstück, was sie schon immer haben wollten. Hausman bezifferte den Zugewinn mit 0,002 Prozent der amerikanischen Konsumausgaben – ungefähr 70 Millionen Dollar im Jahr. Natürlich sind Frühstücksflocken ein triviales Konsumgut. Um wie viel wichtiger sind dann Innovationen wie die Glühbirne, das Flugzeug oder der PC? Wie genau kann man den Wert eines Gutes messen, das es noch nie gab?

Eine einfache Abkürzung der Wirtschaftswissenschaftler sucht nach einem physischen Charakteristikum, das sich leicht messen lässt. Licht zum Beispiel lässt sich leicht in der Form von Lumen messen: Eine Wachskerze erzeugt rund 13 Lumen, eine 100-Watt Birne 1200. Wachskerzen sind teuer – Licht aus der Glühbirne ist vergleichsweise billig. Pro Lumen kostet das Licht aus der Glühbirne nur einen kleinen Bruchteil des Lichtes aus der Kerze.

In den meisten Inflationsstatistiken kommt jedoch Licht als Gut nicht vor. Stattdessen messen die Statistiker, was die Menschen kaufen, um es Licht werden zu lassen. Sie achten auf Glühbirnen und Kerzen. So gerechnet hat der Preis der Lichterzeugung kaum abgenommen, vielleicht um 20 Prozent seit 1750. Rechnet man jedoch mit den Kosten pro Lumen, ist der Preis um 95 Prozent gesunken. Statt im Schummerlicht um eine oder zwei Kerzen zu sitzen, können Menschen ihre ganze Wohnung zum gleichen Preis taghell erstrahlen lassen. Das Verfahren heißt „hedonische Bereinigung“. Ähnliche Bereinigungen nehmen heute statistische Ämter vor, wenn sie beispielsweise versuchen zu errechnen, ob ein Auto oder PC billiger oder teurer ist als letztes Jahr.

Nicht für alle Güter lässt sich eine hedonische Bereinigung vornehmen. Dann schätzen Ökonomen den Wert ab. Dazu versuchen sie zu beurteilen, wie wichtig den Konsumenten das neue Gut ist. Wenn die Konsumenten fast jeden Preis dafür zahlen, sind sie sehr froh darum – im Extremfall, bei einigen Drogen ist der Junkie bereit, alles dafür zu geben, um das Gut zu bekommen, unabhängig vom Preis.

Ganz so wild geht es bei den meisten Konsumgütern nicht zu. Doch für einige Produkte würden wir fast alles geben.

Machen Sie einmal den Test. Fragen Sie sich: Was müsste man Ihnen als Entschädigung dafür zahlen, dass von heute auf morgen die Elektrizität aus Ihrem Leben verschwindet? Muss der Lohn verdoppelt werden? Stellen Sie sich das vor: Kein iPod, keine Stereoanlage, kein DVD-Player, keine elektrische Zahnbürste oder Lampe würde mehr funktionieren. Vielleicht reicht Faktor drei? Auf der Suche nach einer Antwort untersuchte Jeremy Greenwood von der Universität Pennsylvania kürzlich die Daten über die Zunahme des Elektrizitätskonsums in den Vereinigten Staaten im 19. Jahrhundert – und er errechnete, dass die richtige Antwort „unendlich" lautet: Es gibt keine Entschädigung, die hoch genug ausfallen kann.

Wir sind, so scheint es, von immer mehr Gütern umgeben, die es vor 20 oder 30 Jahren noch gar nicht gab. Heißt das auch, dass neue Güter uns heute mehr Wohlstandsgewinn bringen als früher? Nein. Heute kann eine einzelne Innovation, und sei sie auch noch so verlockend, den müden Konsumenten nur schwer aus seiner (Fernseh-)Ecke hervorlocken. Mobiltelefone haben den Wohlstand vielleicht um ein Prozent erhöht, das Internet um zwei.

Doch früher, als noch Bier und Brot den Warenkorb dominierten und es die Vielfalt heutiger Tage noch nicht gab, da war jede einzelne Innovation Gold wert. Jüngste Studien beziffern beispielsweise den Nutzen von Tee und Kaffee in England zur Zeit ihrer Einführung auf 15 bis 20 Prozent. Der Wert jeder einzelnen Produktinnovation war viel höher, als die Welt noch grau und langweilig war. Vielleicht wird diese Differenz dadurch aufgewogen, dass es heute viel mehr neue Güter gibt. Aber das ist noch unklar.

Ohne Salz wäre die Welt ziemlich fade

Salz rettet die Menschen vor dem Hungertod, macht kleine Städte groß und füllt die Kassen der Fürsten. Kein Wunder, dass es so begehrt ist.

Salz fällt immer dann auf, wenn es falsch dosiert wird. Zu wenig wirkt fade, zu viel versalzen. Nur für die angemessene Dosierung gibt es kein Wort. Dabei braucht der Mensch Salz zum Leben wie das tägliche Brot.

Der Mangel wurde spätestens zu einem großen Problem, als die Menschen 10 000 Jahre vor Christi Geburt sesshaft wurden und mit dem Ackerbau begannen. Pflanzliche Nahrung hatte nicht genügend Salz, im Gegensatz zu der fleischhaltigen Nahrung, die den Speiseplan der Jäger und Sammler noch geprägt hatte.

Für die Ackerbauer-Kulturen wurde Salz plötzlich als Nahrungsergänzung lebenswichtig. Von da an war der Rohstoff immer knapp, wenn auch nicht im geologischen Sinn. Denn wenn es einen Rohstoff gibt, der der Welt vermutlich nicht ausgeht, dann ist das Salz. Würden die Ozeane austrocknen, gäbe es eine 36 Meter dicke Salzkruste, die über den gesamten Globus reichte.

Doch die Menge sagt noch nichts über die Verfügbarkeit. Gewonnen wird das Salz in Salinen. Dazu gehörten an den Küsten – etwa an Mittelmeer und Adria – die Salzgärten, die Salz durch Verdunstung von Meerwasser freigaben. Häufiger waren aber die Siedehäuser. In die Lagerstätten wurde Wasser geleitet, in dem sich Salz auflöste. Diese gesättigte Salzlösung oder Sole wurde in Bleipfannen (später Eisenpfannen) gelenkt und zum Sieden gebracht, bis das Salz zurückblieb. Das vermutlich erste Salzbergwerk nahm schon vor etwa 3 000 Jahren bei Hallstatt, in den österreichischen Alpen, seinen Betrieb auf. Die Förderung war aufwendig, was die Knappheit erklärt. Und diese beflügelte schnell wirtschaftliche Aktivitäten – zumal sich ein zweiter großer Nutzen des Materials herauskristallisierte: Es konserviert Lebensmittel. Die erfolgreiche Lagerung und Bewahrung von Lebensmitteln ist keineswegs trivial, sondern eine elementare Kulturtechnik. Denn damit vermochten sich die Menschen vor den dramatischen Folgen von Missernten zu schützen. Salz war der Rohstoff zur Rettung vor dem Hungertod.

Noch etwas wird damit klar: Der Handel mit verderblicher Nahrung wird durch Salz erst möglich. Irland trieb schwunghaften Handel mit gesalzener Butter und gesalzenem Fisch. Das kalte Schweden des 16. Jahrhunderts gibt ein gutes Beispiel, wie Agrargesellschaften die Lebensmittelbewahrung und -verteilung organisierten. Das Vieh, das sich sommers in Wäldern mästete, wurde zum großen Teil im Herbst geschlachtet. Denn das Winterfutter reichte nicht für alle Tiere, sondern oft nur für jene, die Milch geben sollten.

Fleisch und Fisch wurde getrocknet und kräftig gesalzen. Der schwedischen Bevölkerung war es verboten, die Vorräte, die jünger als ein Jahr waren, anzubrechen. In ganz Schweden hatten die Leute so gut wie nie frisches Fleisch, es war immer alt und salzig. Einen bemerkenswerten Nebeneffekt hatte die spezielle Konservierung auch: Weil alles immer so salzig schmeckte, tranken die Leute viel Bier zum Ausgleich.

Ein weiterer, weniger amüsanter Effekt war, dass dank der Möglichkeit zur Konservierung von tierischen Lebensmitteln längere militärische Feldzüge, die auch weit in die kargen Wintermonate hineinreichten, möglich wurden. Salzvorkommen hatten strategische Bedeutung, zur Schwächung des Gegners wurden dessen Salzvorkommen besetzt oder zerstört, etwa im amerikanischen Bürgerkrieg. Der Begriff Soldat schließlich stammt vom Salz ab, genauer von „sale dare" (Salz geben). Die Streitkräfte wurden oft in Salz entlohnt.

Erste Umweltprobleme verursachte das Salz natürlich auch. So wurde die Lüneburger Heide zur Heide-Landschaft, nachdem die Salzsieder die Wälder abgeholzt und zur Befeuerung der Salzpfannen in Rauch hatten aufgehen lassen. Später wurde das Brennholz durch Kohle ersetzt.

Schwunghafter Handel herrschte auf der ganzen Welt. Und alles, was lukrativ zu sein verspricht, weckt staatliche Begierde. Steuern auf Salz gehören vermutlich zu den ersten Abgaben überhaupt. Die Gewinnung des Minerals, der Handel und der Transport des Salzes wurden in Altertum, im Mittelalter und bis in die jüngere Neuzeit hinein besteuert und überwacht.

Fast überall auf der Welt sicherten sich die Herrschenden Salzmonopole und erhoben Salzsteuern. Sie kontrollierten den Transport auf den „Salzstraßen". Das waren die Handelsrouten, die die Salinen mit wichtigen Häfen oder anderen zentralen Umschlagplätzen verbanden.

Da Raub damals zu den üblichen Umverteilungmethoden gehörte, nutzten die Salzfuhrleute Straßen, die unter dem Schutz von Landes- oder Burgherren standen. Diese verlangten dafür Schutzgeld.

Die „Salzsteuer" wurde zu einer sprudelnden Einnahmequelle für Landesfürsten und Burgherren, aber auch für die an den „Salzstraßen" gelegenen Städte. Die Benutzung dieser Straßen war für die Salzfuhrleute zwingend vorgeschrieben. Etliche große Städte, wie Rom, Warschau, Lüneburg, die Hansestädte, aber auch Timbuktu in Afrika, verdanken Größe und Reichtum den alten Salzstraßen.

Geradezu exemplarisch ist der Aufstieg Münchens: 1157 zerstörte Heinrich der Löwe, Herzog von Sachsen und Bayern, eine Isar-Brücke der Bischöfe von Freising. Er zerstörte damit auch den Markt und die Münz- und Zollstätte, mit der die Bischöfe hier vom gewinnträchtigen Salzhandel profitierten. Heinrich legte Markt, Münze und Zollstätte eine Meile stromaufwärts wieder an, bei einer kleinen Mönchssiedlung namens Munichen. Er ließ eine neue Brücke erbauen, über die nun die Salzstraße verlief. Im 14. Jahrhundert erlangte München ein Salzmonopol. Jeder Fuhrmann, der Salz von der Saline im berühmten Bad Reichenhall ins reiche Augsburg brachte, musste München durchqueren. Dafür war Zoll zu entrichten. Aber lukrativer noch war eine andere Vorschrift: Das Salz durfte nur von Münchner Bürgern durch die Stadt gebracht werden, den sogenannten Salzsendern. Sie ließen sich ihre Dienste üppig entlohnen. Erst Handelsplatz, später Residenzstadt: So blühte München auf.

Mit Rücksichtslosigkeit organisierte auch der Stadtstaat Venedig seinen Aufstieg zur europäischen Zentralmacht. Wie alle guten Geschäftsleute erkannten die Venezianer die Vorzüge eine Monopols.

Sie brachten erst die Produktion im Adria-Raum unter ihre Kontrolle, später den Handel. Ein probates und erfolgreiches Mittel war es, konkurrierende Salinen zu zerstören und gelegentlich auch militärisch zu intervenieren, etwa gegen Ravenna 1234.

Mit dem Entstehen der Territorialstaaten in Europa wurde die Salzsteuer als eine Art Verbrauchssteuer zum Monopol der Staaten und wesentlicher Pfeiler der staatlichen Finanzsysteme. Die ständig steigende Steuer führte auch zu Unruhen – etwa in Frankreich. Noch im 17. Jahrhundert führte Bayern einen Krieg gegen Österreich um eine Saline bei Salzburg.

Gebraucht wird das Salz wie eh und je. Heute ist es unverzichtbarer Rohstoff der chemischen Industrie: Für die Produktion von Glas, Kunststoffen und Aluminium ist man auf Salz angewiesen. 85 Prozent der Fördermenge verbraucht die Industrie. Ungefähr 12 Prozent entfallen auf die Herstellung von Auftausalz für die Winterdienste, und nur noch drei Prozent der deutschen Produktion sind für die Speisen reserviert, die auf den Tisch kommen.

Die Dampfmaschine ist der Agent der Industrie

James Watt hat mit seiner Erfindung die Menschen von Wasser, Wind und Wetter unabhängig gemacht. Damit begann eine neue Zeit.

Die Dampfmaschine war „der Prinz, der das Dornröschen Industrie aus ihrem Schlummer erweckte", sagte der Technikhistoriker Conrad Matschoss. Auch Friedrich Engels sprach von einer „gewaltigen Umwälzung", ähnlich der Französischen Revolution, die fast ein Jahrhundert zuvor begonnen hatte: „Der Dampf und die Werkzeugmaschinerie verwandelten die Manufaktur in die moderne große Industrie." Damit sei die ganze Grundlage der bürgerlichen Gesellschaft revolutioniert worden.

Bis heute gilt die Dampfmaschine als Movens der „Industriellen Revolution". Doch die „Industrielle Revolution" ist selbst ins Gerede gekommen, und viele Wirtschaftshistoriker präferieren heute den Begriff Industrialisierung als einen langwierigen historischen Prozess, der allenfalls noch in Großbritannien revolutionäre Züge gehabt habe. Doch auch für den „workshop of the world" hat der britische Historiker Raphael Samuel die starke Kontinuität der Handarbeit betont: 1851 sei immer noch die Landwirtschaft – vor Heimarbeit und Baugewerbe – der größte Arbeitgeber gewesen, und es habe mehr Schuhmacher als Kohlebergarbeiter gegeben.

Gegen die prominente Rolle der Dampfmaschine haben Technikhistoriker eingewandt, sie sei eine Antriebsmaschine und keine Arbeitsmaschine. Der Einsatz der Spinnmaschinen ist daher höher bewertet worden. Überhaupt gilt der Textilsektor als Leitsektor der britischen Industrialisierung: Wer Industrielle Revolution sagt – so Eric Hobsbawm – meint Baumwolle! Adam Smith hatte sie 1776 in „Wealth of Nations" zwar nur beiläufig erwähnt, doch King Cotton brachte mit der Spinnerei den Durchbruch zur Fabrik, die zunächst noch auf der Wasserkraft, doch bald schon auf der Dampfkraft beruhte; auch deshalb war die Dampfmaschine für Karl Marx ein „allgemeiner Agent der großen Industrie“.

Begonnen hatte es vor rund 300 Jahren im britischen Kohlebergbau, der schon um 1630 jährlich 1,5 Millionen Tonnen zutage förderte. Dabei war man immer mehr in die Tiefe gegangen, hatte 1800 schon „Teufen“ von 300 Metern erreicht. Das war nicht nur körperliche Schwerarbeit, sondern auch eine gefährliche Arbeit.

Mit zunehmender Tiefe wuchs für die Grube auch die Gefahr, abzusaufen. Im kontinentaleuropäischen Bergbau hatte man das „zusitzende“ Wasser zunächst mit Haspel und Göpel nach oben befördert, mit Winden, die mit Hilfe der Hebelwirkung schwere Lasten mit wenig Aufwand transportieren konnten. Später kamen wassergetriebene Hebemaschinen zum Einsatz, die Wasser mit Hilfe von Wasser heben konnten.

In den britischen Kohlegruben hatte Thomas Savery schon 1690 den Versuch unternommen, mit einer kolbenlosen Dampfpumpe, er nannte sie hoffnungsvoll „Miner‘s Friend“, das Problem zu lösen. Erst Thomas Newcomen gelang 1712 die Konstruktion einer atmosphärischen Dampfpumpe. Diese „Feuermaschine“ hatte noch einen geringen Wirkungsgrad: Dass sie Unmengen an Kohle fraß, war dort, wo sie unmittelbar auf der Kohle stand, kein Problem.

James Watt hatte als Instrumentenbauer an der Universität Glasgow ein Modell einer solchen Maschine zu reparieren, und erst die Innovationen Watts – besonders der 1769 patentierte, vom Arbeitszylinder getrennte Kondensator und das 1781 patentierte Planetengetriebe – machten aus der Dampfpumpe eine universelle Antriebsmaschine, die nun auch in der Maschinenspinnerei eingesetzt werden konnte.

Der Brennstoffverbrauch der Wattschen Maschine betrug bald nur noch ein Viertel des Verbrauchs der Newcomen-Maschine. Doch die Watt’sche Maschine war teuer. Als 1800 die Watt’schen Patente ausliefen, folgte die Weiterentwicklung der Niederdruckmaschine zu Expansions-, Hochdruck- und Verbunddampfmaschinen.

Schon im 18. Jahrhundert waren englische Maschinen auf den Kontinent gelangt, und Staatsbeamte und Techniker betrieben regelrechte Industriespionage. Auch Georg Christoph Lichtenberg hatte 1775 in Boultons Manufaktur in Birmingham „eine Feuer- oder Dampfmaschine von einer neuen Construktion“ gesehen und notierte: „Boulton macht noch ein Geheimnis daraus.“

Eine Watt‘sche Maschine für den Hettstedter Kupferbergbau ging zwar 1785 in Betrieb, doch wegen zahlreicher Probleme konnte der Grubenbetrieb erst 1790 beginnen. Während die Newcomen-Maschinen Unmengen an Kohle verschlangen, waren die Watt‘schen Maschinen zunächst unzuverlässig. Die von der Baumwollspinnerei Johann Sieburg in Berlin importierte Maschine trug mit zum Bankrott der Firma 1796 bei, und dieses Fiasko habe – so die Preußische Technische Deputation noch 1812 – andere Unternehmer abgeschreckt.

Während die Allgemeine Preußische Staatszeitung 1822 triumphierte, die Dampfmaschine sei das „primum mobile der Fabriks-Industrie“, so dürften 1825 doch nur etwa hundert in Deutschland produzierte Maschinen gelaufen sein. Dinglers Polytechnisches Journal schätzte 1825 die Dampfkraft in den meisten Gegenden Deutschlands doppelt so teuer wie Pferdekraft und noch 1852 konstatierte der Professor für Mechanik und Maschinenlehre am Polytechnikum Karlsruhe, Ferdinand Redtenbacher: „Wo Wasserkraft vorhanden ist, verdient dieser Motor jedem anderen vorgezogen zu werden.“

Textilregionen wie Sachsen hielten deshalb an der kostenlosen Wasserkraft fest und gingen später zu Wasserturbinen über. Hinzu kam das Explosionsrisiko bei den frühen Hochdruckdampfmaschinen, deren Kessel später von den „Dampfkessel-Überwachungs- und Revisions-Vereinen“ inspiziert wurden.

Der Anwendungsbereich der Dampfmaschine sollte sich dann bis hin zu den Lokomotiven und Dampfschiffen erweitern: Die erste Überfahrt von Dover nach Calais erfolgte noch in Kombination mit dem Segel, nicht zuletzt wegen der nötigen enormen Zuladung an Kohle. Dem Dampfwagen für den Straßenverkehr von Richard Trevithick (1801) folgten Schienenversuche, und der ersten Eisenbahnverbindung von Liverpool nach Manchester (1830) folgte ein regelrechtes Eisenbahnfieber.

Nach der Jahrhundertmitte entfiel auf Dampfschifffahrt und Eisenbahn bereits mehr als die Hälfte der beförderten Güter, darunter vor allem die Kohle, die sie selbst benötigten, und die nun weite und preisgünstige Verbreitung fand – und dem Einsatz der Dampfmaschine weiter Auftrieb gab. Sie hatte beim Antrieb von Walzwerken oder der Dampfhämmer Leistungen erreicht, die mit der Wasserkraft nicht zu erreichen waren. Die Corliss-Dampfmaschine war 1876 mit ihren 1 400 PS denn auch die größte Attraktion der Weltausstellung in Philadelphia.

So kann man die Geschichte der Dampfmaschine einerseits als Emanzipation von den Kräften und Launen der Natur lesen, aber sie basierte auch auf dem Zugriff auf eine nicht regenerative Ressource: Die Rauchsäulen der Feuerung galten zunächst als Signum des Fortschritts.

In Großbritannien war die Kohleförderung bis 1854 auf 65 Millionen Tonnen gestiegen, und schon 1865 befürchtete der Nationalökonom William Stanley Jevons die Erschöpfung der fossilen Lagerstätten und den Abstieg Englands. Doch schon 1910 nahm der Kohleverbrauch wieder ab, da die Dampfmaschine gegenüber dem Elektro- und Verbrennungsmotor an Boden verlor. Die Dampfturbinen hatten hinsichtlich ihrer Wirtschaftlichkeit aufgeschlossen, nur die Dampfloks waren zunächst noch konkurrenzlos.

Das war denn auch der Zeitpunkt, als Conrad Matschoss auf „Die Entwicklung der Dampfmaschine“ (1908) zurückblickte, um die „erste von den Launen des Windes und Wetters unabhängige Kraftmaschine“ und die „Meisterwerke der großen Ingenieure“ zu würdigen.

Der Fahrstuhl oder Die Eroberung der Vertikale

Wie die Eisenbahn das Land erobert hatte und das Schiff das Meer – so nahm der Aufzug für den Menschen die Höhe in Besitz.

Es war eine Sensation, an jenem denkwürdigen Tag des Jahres 1853. Schauplatz des Geschehens war das New Yorker Kaufhaus „Crystal Palace“ am Broadway: Hoch droben unter der prächtigen Kuppel des Gebäudes stand ein junger Ingenieur namens Elisha Graves Otis auf einer wackeligen Plattform. Sie hing zwar an einer Führungsschiene – wurde aber nur von einem Seil gehalten. Der Mann musste verrückt sein – auf jeden Fall zückte er einen Säbel und durchtrennte mit einem einzigen Schlag das Seil. Ein Schrei ging durch die Zuschauermenge.

Doch nichts passierte. Der Absturz blieb aus. Die Plattform sackte etwas entlang der Führungsschiene ab. Dann stoppte sie. „All safe, gentlemen, all safe!“, rief Otis der Überlieferung nach dem Publikum zu. Otis‘ Erfindung, die automatische Absturzsicherung für Lifte, war ebenso einfach wie genial: Eine Feder blockierte den Aufzug an der Laufschiene, wenn das Seil riss. Diese theatralische Szene gilt als die Geburtsstunde des modernen Aufzugs.

Zwar soll schon der römische Kaiser Nero von Sklaven betriebene Lift-Modelle mit einem Seilzug gekannt haben. Auch im Mittelalter benutzten Menschen Seilzüge mit Umlenkrollen zur vertikalen Beförderung von Personen. Und im 18. Jahrhundert ließ sich die mollig gewordene österreichische Kaiserin Maria Theresia im Westflügel ihres Schlosses Schönbrunn einen „fliegenden Stuhl“ einbauen, von dem angeblich später der Begriff „Fahrstuhl“ abgeleitet wurde. Aber erst Otis‘ Erfindung einer Sicherheitssperre sorgte dafür, dass der Aufzug das Vertrauen der Menschen fand – und sich durchsetzte.

Welch ein Fortschritt! Die Erfindung des Aufzugs war ein wichtigerer Schritt in der Zivilisationsgeschichte, als den meisten seiner Be-

Vertikale des Wohnens: Aufzug im bürgerlichen Haus der Jahrhundertwende.

nutzer heute bewusst sein dürfte. Erst die Entwicklung verlässlicher Lifte ließ die Städte in die Höhe wachsen. Wie die Eisenbahn das Land erobert hatte und das Schiff das Meer, so nahm der Mensch mit dem Aufzug die Höhe in Besitz: Er machte gleichsam die Vertikale produktiver. Nicht zufällig nannten die New Yorker ihre ersten hohen Versicherungs- und Zeitungsgebäude deshalb auch „Elevator Buildings“ – Aufzug-Häuser.

Otis‘ Erfindung kam gerade zur rechten Zeit. Zwar waren die Vereinigten Staaten im 19. Jahrhundert noch ein Land mit endlosen Prärien und Wäldern. Das eigentliche Leben aber spielte sich in den Städten ab. Und deren Territorium war oft begrenzt. Als sich etwa in Chicago zwischen 1880 und 1890 die Einwohnerzahl auf mehr als eine Million verdoppelte, vervielfachten sich die Grundstückspreise in der Innenstadt in kürzester Zeit. Kostete ein Quadratmeter im Jahr 1880 noch rund 130 Dollar, versiebenfachte er sich bis zum Jahr 1890 auf rund 900 Dollar.

Um rentabel zu wirtschaften, begannen die Grundstückseigentümer, ihre Flächen besser auszunutzen – und höher zu bauen. Zunächst entstanden vor allem fünf- bis siebenstöckige Gebäude – bald aber auch Hochhäuser im eigentlichen Sinne. Als erstes „echtes“ Hochhaus der Welt gilt das zehnstöckige „Home Insurance Building“ in Chicago aus dem Jahre 1885 (abgerissen 1931), das bereits über einen elektrischen Aufzug verfügte.

Die Aufzüge machten diese Hochhäuser erst wirtschaftlich interessant: Die oberen Etagen waren jetzt ohne Mühen für alle erreichbar. Mit der Verbreitung des Aufzugs wurde zugleich aber auch die soziale Struktur in den Gebäuden neu definiert. Die Hierarchie kehrte sich um. Auf einmal waren die Räume in den oberen Etagen gefragt, man musste ja nicht Treppenstufen steigen. Die Reichen und Mächtigen zogen unters Dach. Aus der Dachkammer wurde das Penthouse, aus der Beletage vergangener Jahrhunderte die Poststelle. Das sollte sich erst nach dem 11. September 2001 in einigen Großstädten wieder ändern, als Unternehmenschefs ihre Büros in niedrigere Stockwerke verlegen ließen – aus Angst vor Anschlägen.

Die Aufzüge machten aber nicht nur die oberen Stockwerke der Hochhäuser attraktiver – sie schufen auch schnelle Verbindungen zwischen einzelnen Teilen von Unternehmen. Auf einmal wurden Abteilungen an einer Stelle konzentriert, die bis dahin in weit voneinander entfernten Gebäuden untergebracht gewesen waren. Man konnte eben mal mit dem Aufzug zu den Kollegen fahren – und so Zeit und Geld sparen.

Deshalb hat der Aufzug auch die Struktur von Unternehmen beeinflusst: Er förderte die Zentralisierung. Viele Menschen auf wenigen Quadratmetern Grund, die sich schnell treffen und austauschen können – auch das hat zum Fortschritt der Zivilisation beigetragen.

Heute ist der Aufzug aus der Bürowelt nicht mehr wegzudenken. Durchschnittlich alle 72 Stunden fährt, statistisch gesehen, jeder Mensch auf der Erde mit einem Fahrstuhl. Hochhäuser ohne Aufzug gibt es nur noch sehr vereinzelt. Wer in Hochhäusern den Aufzug boykottiert, gilt als Sonderling. Nur hinter vorgehaltener Hand wagen beispielsweise einzelne Angestellte aus Frankfurter Bankentürmen zu erzählen, dass sie mittags immer die 900 Stufen vom Büro zur Kantine im Erdgeschoss zu Fuß hinunterstiegen, 180 Meter in 15 Minuten: „Die Kollegen halten einen für ein bisschen verrückt." Gerade diese Ausnahmen zeigen, wie selbstverständlich der Aufzug heute geworden ist.

Ein gewisses Unwohlsein beschleicht dennoch viele Menschen im Aufzug. Auch das ist ein Teil der Geschichte dieser Technik. Aufzugfahren ist nämlich für den Menschen etwas zutiefst Unnatürliches.

Nicht nur, dass er sich mit zumeist hoher Geschwindigkeit nach oben und unten und nicht wie im übrigen Leben nach vorne und hinten, nach rechts und links bewegt. Nein, im Lift muss der Mensch in der Regel auch auf seine wichtigste Informationsquelle für Standortveränderungen, den Blick auf seine Umgebung, verzichten.

Menschen haben Angst, anderen so nah zu sein und so eng von Wänden umgeben zu sein, so hoch hinauf zu fahren oder so schnell an Höhe zu verlieren. Und vor allem: steckenzubleiben. Schon 1970 wurde deshalb in New York die erste Klinik für „Liftphobien" eröffnet.

Der Aufzug von heute ist in vielem anders als seine Vorläufer. Nicht nur, dass er schneller ist. Die ersten Aufzüge vor rund 150 Jahren schafften schließlich nur lächerliche 3,6 Meter pro Minute. Die Lifte des gewaltigen Taipeh Tower in Taiwan hingegen benötigen heute für die 508 Meter lange Strecke bis zur 101. Etage nur noch sage und schreibe 39 Sekunden.

In Frankfurt gab es allerdings auch mal einen Fall, bei dem Aufzüge dann doch etwas zu schnell eingestellt waren: Die frühere Dresdner Bank hatte in einem Neubau so schnelle Lifte, dass den Bankern reihenweise schlecht wurde. Die Geschwindigkeit musste künstlich gedrosselt werden.

Liftboys wie seinerzeit Felix Krull in Thomas Manns Roman gibt es nur noch in sehr wenigen Aufzügen. Erst hat der Druckknopf den Liftboy ersetzt, dann die Computersteuerung. Der Druckknopf machte den Aufzug zu einer geheimnisvollen Maschine, wie Andreas Bernhard in seiner „Geschichte des Fahrstuhls" schreibt: Wenn der Aufzug sich über einem befindet, lässt der Druckknopf ihn herunterkommen. Befindet er sich unter einem, lässt er ihn hochfahren.

Nicht zuletzt wegen dieser Trennung von Fingerdruck und Wirkung ist der Aufzug immer wieder Gegenstand düsterer Filme geworden, wie im „Fahrstuhl zum Schafott" von Louis Malle (1958). In ihnen entwickelt der Aufzug ein geradezu unheimliches Eigenleben. Dabei gehört der Lift als Errungenschaft zu den vermutlich am meisten unterschätzten Erfindungen.

Das weiße und das schwarze Brot

In der Antike aßen die Leute vor allem Weizenbrot. Später kam der Roggen dazu: eine Revolution für die Landwirtschaft.

Der interkulturelle Vergleich macht es deutlich: Der Aufstieg und die Entwicklung neuer Kulturräume stehen häufig in ursächlichem Zusammenhang mit landwirtschaftlichen Neuerungen. In der Regel sind es neue Kulturpflanzen, die neue Nahrungsspielräume erschließen und damit eine neue Entwicklungsdynamik ermöglichen. Dass etwa der Reis für die Entfaltung der chinesischen Zivilisation eine maßgebliche Rolle gespielt hat, steht außer Zweifel. Für den mediterranen Kulturraum der Antike war die klassische Trias von Weizen, Ölbaum und Wein charakteristisch. An sie wurde nach dem Ende des Römischen Reichs im Frühmittelalter in unterschiedlicher Weise angeschlossen. In den zum Kalifenreich gehörigen Regionen des Vorderen Orients, Nordafrikas und der Iberischen Halbinsel kam es auf der Basis von neuen Methoden der Irrigation zu einer folgenreichen Agrarrevolution durch neue Kulturpflanzen, die vorwiegend aus Südasien transferiert wurden, wie Zuckerrohr, Baumwolle, Reis, verschiedene Fruchtbäume und Gemüsesorten. Im Byzantinischen Reich wurde der Weinbau intensiviert. Im Frankenreich, das sich über den mediterranen Kulturraum weit hinaus nach Norden erstreckte, gab es für den Ölbaum unüberwindbare klimatische Barrieren. Weizen und Wein wurden – nicht zuletzt wegen ihrer religiösen Bedeutung für das Christentum – bis zu den äußersten möglichen Grenzen hin kultiviert. Andere Kulturpflanzen kamen hier hinzu, die dem kühl-feuchten Klima im Nordwesten des Kontinents angepasst waren – unter ihnen vor allem die beiden Getreidearten Roggen und Hafer. Beide kannte man schon in der Antike, betrachtete sie aber als Unkraut. Im Frühmittelalter erfuhren sie einen enormen Bedeutungsaufstieg als Leitpflanzen einer verbesserten Landwirtschaft. Bisher war der Weizen das Brotgetreide schlechthin gewesen. Mit dem Roggen kam nun ein zweites hinzu. Insgesamt vollzog sich ein Übergang zur Dominanz von Brotnahrung. Die wirtschaftliche, soziale und kulturelle Bedeutung dieses Prozesses kann nicht hoch genug eingeschätzt werden. Als Raum von Brotkultur weitete sich der Kulturraum Europa nach Norden und Osten aus. An die vom „weißen" Weizenbrot geprägten Regionen schlossen sich zusätzliche an, in denen das „schwarze" Roggenbrot dominierte.

Der landwirtschaftliche Kontext des Roggenbaus im Frankenreich unterschied sich wesentlich von dem der mediterranen Weizenkultur. Entscheidend war für ihn das neue System der Dreifelderwirtschaft mit der Abfolge von Winterfeld, Sommerfeld und Brache. Der Roggen wurde fast immer als Wintergetreide angebaut – gefolgt vom Hafer als Sommergetreide. Die Brache im dritten Jahr diente dem Boden zur Erholung. In dieser Zeit wurden die Felder als Viehweide genutzt und damit zugleich gedüngt. Das System der Dreifelderwirtschaft war so stets mit Großviehhaltung verbunden. Zugvieh benötigte man nicht zuletzt für das Pflügen der Felder. Zum landwirtschaftlichen System der Dreifelderwirtschaft gehörte der schwere Pflug, der den Boden tief aufriss und der sich von den leichten Pflugtypen des Mittelmeerraums unterschied. Tiefes Pflügen war für den Roggenbau wesentlich. Die neue Pflugtechnik half, die schweren Böden des Nordens zu erschließen. Mit der Kultivierung des Brotgetreides Roggen auf das Engste verbunden war schließlich die Verbreitung der Wassermühle. Von Wasserrädern angetriebene Mühlen gab es schon in der Antike. Im Mittelmeerraum standen allerdings der Verbreitung dieser Technik klimatische Hindernisse entgegen. Viele Wasserläufe standen in den Trockenzeiten des Jahres einfach nicht zur Verfügung. Im Norden stellte die Wasserführung der Bäche für den Mühlenbetrieb kein vergleichbares Problem dar. Als mit dem Roggenbau ein zweites Brotgetreide aufkam, ergab sich dadurch eine starke Zunahme des Mahlbedarfs und damit des Mühlenbaus. Es sind also einerseits landwirtschaftliche, andererseits hydrologische Bedingungen, die dazu führten, dass die Wassermühle nicht schon in der Antike im Mittelmeerraum, sondern erst seit dem Frühmittelalter von Mittel- und Westeuropa aus zu so großer Bedeutung kam. Dreifelderwirtschaft, schwerer Pflug und Wassermühle gehören zu den wichtigsten Kennzeichen jener Agrarrevolution des Frühmittelalters, die den Kulturraum Europa nach Norden und Osten expandieren ließ. Die Verbreitung des Roggens als Leitpflanze setzte sich bis weit nach Russland hinein fort – hier allerdings in einem ganz anderen landwirtschaftlichen, herrschaftlichen und kulturellen Kontext.

Die verbesserte Landwirtschaft auf der Basis der Dreifelderwirtschaft hat zu einer Erweiterung des Nahrungsspielraums und damit zu einem Anwachsen der Bevölkerung geführt. Der im Frühmittelalter von der Agrarrevolution erfasste Großraum zeigt in der Folgezeit starke Zuwachsraten. Gebiete, die in der Antike relativ dünn besiedelte Randregionen des Römerreichs waren, wurden nun zu Zonen hoher Siedlungsdichte. Das gilt vor allem für den Zentralraum des Frankenreichs zwischen Rhein und Seine.

Generell führte die „Vergetreidung" im Zuge der Agrarrevolution zu Prozessen der „Verdorfung" bzw. der „Verstädterung". Im Zuge der Ostkolonisation wurden dann im Verlauf des Mittelalters planmäßige Dorf- und Stadtformen bis weit nach Ostmitteleuropa hinein verbreitet. Die verbesserte Landwirtschaft ermöglichte sowohl Binnen- als auch Außenkolonisation. Vielfach war Kolonisation mit Rodung verbunden. Zum Unterschied von anderen Kulturräumen wie etwa dem islamischen gab es in Europa große Waldreserven. So war eine stetige Ausweitung des Kulturlands durch Rodung und Neubesiedlung möglich.

Von den langfristigen Folgen der europäischen Agrarrevolution des Frühmittelalters war wohl die Verbreitung der Wassermühle besonders wichtig. Wenn auch im „Europa des weißen Brots" entstanden, hat sie doch erst im „Europa des schwarzen Brots" quantitativ wie qualitativ die entscheidende Entwicklung erfahren. Von der Getreidemühle ausgehend erfolgte eine vielfältige Diversifizierung in unterschiedlichen gewerblich-industriellen Produktionsbereichen; etwa die Hammermühle im Eisenwesen, die Walkmühle in der Bearbeitung von Textilien, die Sägemühle in der Holzverarbeitung, die Papiermühle für die Produktion von Schreibunterlagen. Bis in die Zeit der Frühindustrialisierung stellte die aus der Getreidemühle abgeleitete Technik der Energiegewinnung die wichtigste Basis der maschinellen Produktion dar. Sie ermöglichte dem Kulturraum Europa einen wirtschaftlichen Entwicklungsvorsprung.

Die Dreifelderwirtschaft ist im Kernraum des Frankenreichs im Rahmen spezifischer Formen der Grundherrschaft entstanden. Die fränkische Agrarverfassung – und damit die ihr zugrunde liegenden Formen der Landwirtschaft – wurden im Kulturraum Europa für vielfältige neue Sozialformen maßgeblich – von bäuerlichen Familienstrukturen bis hin zum Lehenswesen. Ein besonders wichtiger Bedingungszusammenhang besteht zwischen neuem Pflanzenbau und Militärwesen. Der vermehrte Haferbau ermöglichte verstärkte Pferdehaltung. Die Panzerreiterheere, die seit der Karolingerzeit das europäische Militärwesen prägten, wären ohne intensivierten Haferanbau nicht möglich gewesen. So führt auch diesbezüglich eine Entwicklungslinie in den landwirtschaftlichen Kontext des „schwarzen Brots“.

Die Kernzone des Frankenreichs zwischen Rhein und Seine entwickelte sich im Frühmittelalter zu einem neuen Schwerpunkt des Kulturraums Europa. Hier lagen die Königspfalzen der Karolinger, hier entwickelten sich neue Mittelpunkte des kirchlichen und kulturellen Lebens – weit abseits der alten Zentren im Mittelmeerraum. Der Kulturraum Europa gewann dadurch eine bipolare Struktur, die bis in die Gegenwart nachwirkt. Die Frage nach den Ursachen dieser spezifischen Struktur hat die Forschung viel beschäftigt. Die Agrarentwicklung des Frühmittelalters kann dafür eine plausible Erklärung bieten. Roggen und Hafer als „Kulturpflanzen der zweiten Generation“ haben seit damals viel an neuen Kulturböden erschlossen und weit über die Landwirtschaft hinaus zukunftsweisende Entwicklungen eingeleitet. Der mediterran-antiken Tradition wurden durch sie wesentliche neue Ansätze hinzugefügt. Das „weiße“ und das „schwarze Brot“ stehen zeichenhaft für diese Synthese.

DER MENSCH DAHINTER

Florentiner Nonnen an der Druckmaschine

Seit Bücher gedruckt und nicht mehr abgeschrieben werden, wächst unser Wohlstand: Denn seitdem lohnt es sich, viele gute Ideen zu haben. Und aus guten Ideen wird ein hübsches Geschäft.

Als Johannes Gensfleisch, genannt Gutenberg, Mitte des 15. Jahrhunderts in Mainz damit begann, Bücher mit beweglichen Metall-Handlettern zu drucken, wusste er nicht, was er angestellt hatte. Gänzlich ungewohnt war es nämlich schon zur damaligen Zeit nicht, Bücher zu drucken anstatt sie mit der Hand abzuschreiben. Gutenbergs Beitrag zur Innovation war ein Handgießinstrument, mit dessen Hilfe die Drucklettern einzeln, schneller und feiner gegossen werden konnten. Doch das brachte der Technik den Durchbruch.

Gutenbergs Neuerung – und die Ideen der vielen, die dafür die Voraussetzungen schufen – markiert nichts weniger als den Übergang von der mittelalterlichen zur modernen Welt. Mehr noch: Sie ist der entscheidende Auslöser einer Wohlstandsgeschichte, auf der unser heutiger Reichtum basiert. Denn die unendliche Reproduzierbarkeit aller denkbaren Ideen in Wort und Bild, welche durch die Druckerpresse möglich wird, schafft die Voraussetzung für Erfindung und Fertigung vieler nützlicher Produkte. Ideen – nicht zuletzt solche, die von der herrschenden Meinung abweichen – lassen sich jetzt rasch verbreiten. Die Kosten, um Neues zu erfahren, reduzieren sich enorm, ist doch das Buch erheblich billiger, verglichen mit dem Aufwand, den es erforderte, Texte mit der Hand abzuschreiben.

Die Erfindung der Druckerpresse ist somit von gänzlich anderer Qualität als sonstige technische Neuerungen. Sie hatte eine Ideenrevolution zur Folge, der sich eine Produktivitätsrevolution anschloss. Es waren vervielfältigte Ideen, welche die Geburt des Kapitalismus

So sieht die Geburt des Kapitalismus aus: Bewegliche Lettern bewegen die Weltgeschichte.

verantworten. Das gedruckte Buch wurde zum Wissensspeicher und Ideenanreger der Völker. Der englische Philosoph Francis Bacon musste das ein Jahrhundert nach Gutenberg bereits geahnt haben, als er schrieb, drei Errungenschaften hätten das Gesicht der Welt komplett verändert: das Schießpulver, der Kompass und eben der Buchdruck.

Rasch hat sich seit dem 15. Jahrhundert ein Verlagswesen in Europa ausgebildet. Frankfurt und die Buchmesse spielen dabei eine wichtige Rolle, denn das Buch war von den Klöstern und Fürstenhöfen in die Zentren des Handels gewandert. In Venedig wurden Bücher bereits von 1469 an gedruckt. Früher mussten Schreiber mühsam mit ornamentaler Kalligrafie und Illustration heilige Bücher kopieren oder aus dem Lateinischen oder Griechischen übersetzen. Abnehmer dieser Handschriften waren eine kleine Schar privater Sammler, Klöster oder Stadtarchive. Literarisch gebildet war zu dieser Zeit nur eine kleine Elite der Mönche, während auch die europäische Oberschicht – Bischöfe, Äbte, Fürsten und Könige – des Lesens und Schreibens unkundig war, ganz abgesehen von der ungebildeten Masse in der Stadt und auf dem Land. Jetzt aber lohnte es sich plötzlich, lesen und schreiben zu lernen. Der Buchdruck löste eine Alphabetisierungskampagne aus.

Und die Preise für Gedrucktes gaben dramatisch nach; die Vielfalt des Schrifttums aber nahm zu. Kein Wunder, denn durch den Druck explodierte die Produktivität der Buchherstellung. Das Druckhaus Ripoli, 1476 in Florenz gegründet, verlegte bereits im Jahr 1483 über tausend Exemplare von Platons Dialogen. Früher musste ein Schreiber an einem einzigen Exemplar dieser Dialoge ein ganzes Jahr arbeiten. Die Erfindung der Druckmaschine kommt einem Produktivitätsgewinn um das Zweihundertfache gleich. Das hat die amerikanische

Historikerin Elizabeth Eisenstein errechnet, der wir eine faszinierende Geschichte über die Revolution der Druckerpresse verdanken.

Man mag sich diese Revolution zumindest annäherungsweise vorstellen wie die Erfindung des Internets im späten 20. Jahrhundert. Beide Male wurden die Kosten der Wissensproduktion durch neue Fertigungsstrukturen und Vertriebswege enorm gesenkt und damit der Zugang zu neuem Wissen auch für jene erschwinglich, die sich zuvor die Gedanken nicht aneignen konnten. Internet wie Buchdruck bescheren Nischenanbietern einen interessanten Markt, weil es immer jemanden geben wird, der nach solchen Ideen sucht und der diese dank Massenmarkt, Grossistenvertrieb und Suchmaschinen auch finden wird.

Wie heute das bedruckte Papier, so kam damals übrigens das handgeschriebene Pergament in die Defensive. So behauptete der Mönch Johannes Trithemius in seinem „Lob der Schreiber" aus dem 15. Jahrhundert, das auf Pergament mit Hand geschriebene Wort habe eine Haltbarkeit von über tausend Jahren, dem gegenüber der mechanische Druck nur für den vergänglichen Augenblick geeignet sei. Wird heute nicht ähnlich das Internet herabgewürdigt?

Unternehmerisch weitaus geschickter als die Mönche verhielten sich schon in der frühen Neuzeit die Nonnen: Die Schwestern des Konvents vom „Heiligen Jakobus von Ripoli" betrieben das Druckhaus Ripoli in Florenz. Die Frauen hatten sich angepasst.

Mitte des 16. Jahrhunderts war die Venezianische Presse bereits in der Lage, 20 000 gedruckte Bücher jährlich herzustellen. Musik, Landkarten, Medizin und viele andere unsäkulare Sachgebiete waren darunter. Die Verleger selbst waren risikofreudiger geworden. Auch akademische Karrieren wurden jetzt attraktiv; sie waren prestigeträchtiger und einkommenswirksamer als früher. Der Buchdruck stimulierte Ideenangebot und -nachfrage: Wissensherstellung wurde zum interessanten Business.

Dass Martin Luther oder Galileo Galilei ihre damals häretischen Ideen niemals erfolgreich hätten durchsetzen können ohne den Buchdruck, ist oft geschrieben worden. Doch die Druckerpresse sorgte nicht nur für die Verbreitung der Gedanken des deutschen Reformators. Der Druck war auch die Voraussetzung dafür, dass Luther seine Theologie überhaupt erst entwickeln konnte: Ohne die gedruckt zur Verfügung stehenden Bibeln und die Werke der Kirchenväter wäre Luther nie auf seine Ideen gekommen. Häretiker haben seit der Erfindung des Buchdrucks leichtes Spiel. Und die Häresie von heute ist die herrschende Lehre von morgen. Der Buchdruck ist eine Erfindung des Fortschritts, die es ermöglicht, die Gedanken von früher in Bibliotheken und Magazinen zu bewahren und sich zugleich von ihnen zu distanzieren.

Erfindungen allein indessen sind noch kein Garant einer Wohlstandsrevolution. Bekanntlich wurden Kompass, Schießpulver und Druckerpresse unabhängig von Europa früher schon in China erfunden. Wie konnte es passieren, dass dieses Wissen in Asien ungenutzt blieb, während die Europäer gewinnbringend davon Gebrauch machten? Eines dieser „Europäischen Wirtschaftswunder" (Eric Jones) haben sicherlich die Florentiner Nonnen mit ausgelöst.

Der Größenwahn des John D. Rockefeller

John D. Rockefeller war der reichste Mann Amerikas. Sein Geld verdankte er dem Öl und einer pfiffigen Idee: Wer viel verdienen will, braucht einen Riesenkonzern.

Dass Öl reich machen kann, erscheint heute selbstverständlich. Zu den Zeiten, da John D. Rockefeller ein Kind war, in den 40er-Jahren des 19. Jahrhunderts, war dies den meisten Amerikanern jedoch nicht bewusst. Das Erdöl, das beispielsweise in Pennsylvania an die Oberfläche drang, empfanden sie als lästig. Es verschmutzte das Wasser und machte die Böden unfruchtbar. Niemand ahnte, dass dieses Öl schon sehr bald zur Quelle unermesslichen Reichtums werden würde – und zwar vor allem für einen Mann: John D. Rockefeller.

Mitte des 19. Jahrhunderts entdeckt ein Wissenschaftler, dass Erdöl dazu genutzt werden kann, Lampen zu betreiben, ein erster Run auf das Öl setzt ein. John D. Rockefeller ist zu jener Zeit ein junger Mann, der mit 16 Jahren eine Stelle als Buchhalter angetreten hat. Er begeistert sich für Zahlen und die Genauigkeit des Jobs – sowieso ist er zu Disziplin und Ordnung erzogen worden, lebt asketisch und hält fünf Pence für ein großzügiges Trinkgeld. Doch nach drei Jahren in seinem ersten Job fühlt er sich unterbezahlt und gründet 1858 als 19-Jähriger gemeinsam mit seinem Geschäftspartner Maurice Clark sein eigenes Handelshaus. Er handelt mit Fleisch und Getreide und macht schon 1862 einen Gewinn von 17 000 Dollar.

Doch das ist nichts gegen das Geschäft mit dem Öl, in das er kurz darauf hineingerät. Zunächst kauft er eine kleine Raffinerie. Sie wirft so hohe Gewinne ab, dass er mehr und mehr Kredite aufnimmt, um das Geschäft zu erweitern. Die Banken lieben ihn, denn er ist penibel und zahlt Zins und Tilgung pünktlich wie sonst kaum jemand. Doch seinem Geschäftspartner geht es zu schnell. Er drängt auf langsameres Wachstum. Rockefeller hingegen ist zwar vom Typ her äußerst vorsichtig, doch er ahnt auch, dass nun die Zeit gekommen ist, in der man entweder wächst oder untergeht. Er bricht mit Clark, ersteht seine alte Firma in einer Versteigerung und sucht sich mit 27 Jahren einen neuen Geschäftspartner: Henry Flagler. Der ist nicht nur mutig, sondern erweist sich mit seinem großen Verhandlungsgeschick als gute Wahl, um das Ölgeschäft aufzurollen. Genau das hat Rockefeller vor.

Arbeit ist der wichtigste Lebensinhalt für den jungen Geschäftsmann. Als gläubiger Protestant hält er beruflichen Erfolg für seine Pflicht vor Gott. „Die Gabe, Geld zu verdienen, ist eine Gabe Gottes", wird er später sagen, „ein Pfund, mit dem wir wuchern müssen, so gut wir können." Und das tut er. Von sonstigen weltlichen Vergnügungen hält er sich fern. Müßiggang, Prasserei und üppiges Essen sind ihm zuwider. Tanzen hält er ebenso für Zeitverschwendung wie den Besuch von Theatern, Konzerten oder sonstige Geselligkeiten. Das Erstreben von Reichtum wird ihm zum wichtigsten Ziel.

Dass der Ölmarkt dabei Chancen bietet, weiß Rockefeller schon früh. Doch der Markt ist jung, und in Amerika existieren zahlreiche kleine Raffinerien, die miteinander konkurrieren. Öl ist eben Öl und kann leicht durch ein Konkurrenzprodukt ersetzt werden. Hier gilt: Der Billigste gewinnt. Rockefeller erkennt schnell, dass mit Öl nur auf eine Weise ein großes Geschäft zu machen ist: indem man selbst groß wird. Denn dann kann man günstiger einkaufen, günstiger produzieren und am Ende niedrigere Preise bieten, die Konkurrenten schlucken – und noch größer werden. Rockefeller hat sein Geschäftsmodell gefunden, das noch heute oft kopiert wird und anderen zu Reichtum verhilft. Auf neuen Märkten schnell groß werden und die Konkurrenz aus dem Weg boxen: Das ist auch das umstrittene Erfolgskonzept von Konzernen wie Microsoft, wenn auch mit anderen Methoden.

Rockefeller verfolgt sein Ziel – Größe – teils überaus rabiat. So arbeitet sein Konzern mit Spionen und Bestechung. Vor allem aber macht er sich früh daran, mit anderen Raffinieriebesitzern zusammen ein Kartell zu bilden, um die Preise für den Transport des Öls herunterzuhandeln, der damals vor allem mit der Eisenbahn erfolgt. Verhandelt wird natürlich unter Leitung von Rockefellers und Flaglers Firma Standard Oil, die auch die Gewinne aus diesen Geschäften einstreicht. Über kurz oder lang machen alle großen Raffinerien mit.

Das Kartell wird zum Großkonzern, denn Standard Oil verleibt sich als Holdinggesellschaft innerhalb eines Jahres beinahe alle Konkurrenten der Region ein. Rockefeller bezahlt bar oder mit Anteilen, wobei diejenigen schlau sind, die letztere Methode wählen. Sie werden mit Standard Oil reich. Denn das Unternehmen wächst und wächst. 1870 kontrolliert es schon zehn Prozent des in Amerika raffinierten Öls.

Doch das ist Rockefeller nicht genug. In den 1870er-Jahren gründet Standard Oil gemeinsam mit den Bahngesellschaften ein Transportkartell, das vor allem ein Ziel hat: die Konkurrenz behindern. Das ist zwar ungesetzlich, doch zunächst kommt Standard Oil damit durch und ist wenig mehr als zehn Jahre später zum Megakonzern und Quasimonopolisten angewachsen. Gemeinsam mit seinen stillen Teilhabern hat Standard Oil rund 90 Prozent des amerikanischen Ölmarktes in der Hand.

Die Wut der Bevölkerung und der Politik über die rabiaten und teils ungesetzlichen Methoden des Konzerns ist groß. Doch es dauert bis 1911, ehe ein Gerichtsverfahren dazu führt, dass Standard Oil zerschlagen und in viele Teile zerlegt wird, die unter Namen wie Exxon, Chevron und Amoco weiterleben.

Rockefellers Reichtum tut das keinen Abbruch. Als er sich in den 1890er-Jahren aus dem Geschäft zurückzieht, beträgt sein Vermögen rund 200 Millionen Dollar (heute rund 3,5 Milliarden); 1930 ist es auf eine Milliarde (heute etwa 30 Milliarden) angewachsen. Die enormen Summen bringen ihn in Gewissenskonflikte. Zwar ist er raffgierig, aber auch tief religiös. Und seine Religion verbietet ihm die Zurschaustellung seines Geldes. Deshalb vererbt er nur einen (immer noch sehr großen) Teil seines Vermögens an seine Familie. Hunderte Millionen aber spendet er für wohltätige Zwecke, stiftet Schulen, Bibliotheken und Universitäten. Damit gelingt es ihm, seinen ramponierten Ruf teilweise wieder aufzupolieren, so dass Rockefeller heute nicht mehr nur für unermesslichen Reichtum und skrupellose Methoden steht, sondern auch für Wohltätigkeit. Seine Familie und die beschenkten Stiftungen zehren noch heute von den Erträgen.

Ein Christ bringt die Kleinanleger an die Börse

John Templeton hat mit gewagten Spekulationen viel Geld verdient – nicht nur für sich, sondern auch für viele Kleinanleger. Sein Ziel lautete: Alle sollen reich werden.

Es war im September 1939. Gerade hatte Adolf Hitler Polen überfallen, und in Amerika sah ein junger Mann, dass das wohl einen größeren Krieg geben würde. John Templeton war 26 Jahre alt und tief gläubiger Presbyterianer – so gläubig, dass er wenige Jahre vorher noch Missionar werden wollte. Inzwischen hatte er allerdings die Börse entdeckt.

Nachdem Hitler Polen angegriffen hatte, nahm Templeton einen Kredit über 10 000 Dollar auf und kaufte damit Aktien. Jeweils 100 Papiere von 104 Unternehmen, deren Kurs unter einen Dollar gefallen war. Templetons Börsenmakler warnte ihn noch davor: Die Firmen stünden kurz vor der Pleite! Doch Templeton ließ sich nicht beirren. Er hoffte, die Firmen könnten im Krieg wieder Geld verdienen.

Er behielt recht: Nach zwei Jahren hatte er das angelegte Geld verfünffacht. Und er bekam den Vorwurf zu hören, ein moralisch gefestigter Mann dürfe doch vom Krieg nicht profitieren. Doch aus Templetons Sicht widersprach die Spekulation überhaupt nicht den christlichen Grundsätzen. Er habe doch etwas Gutes getan, beschied er seinen Kritikern in einem Interview: „All die Leute, die unbedingt ihre Aktien verkaufen wollten, als Hitler Polen überfiel, hätten einen tieferen Preis erzielt, wenn ich an der New Yorker Börse nicht als Käufer aufgetreten wäre."

So arbeitete der Investor John Templeton: Er war immer auf der Suche nach dem besten Schnäppchen an der Börse, verdiente auf diese Weise Millionen und wusste ebenso stets, wie auch andere von seinem Einsatz profitierten – ob nun beabsichtigt oder nicht. So brachte gerade er als Christ die Aktienkultur nach Amerika. Denn später investierte er nicht mehr nur für sich, sondern auch für viele Kleinanleger. Er gründete den legendären Investmentfonds „Templeton Growth“ und vermehrte damit das Geld vieler Leute.

Dabei hat Templeton die Investmentfonds nicht mal erfunden. Das Prinzip, das Geld vieler Leute zu bündeln, um es besser investieren zu können, stammt aus dem 18. Jahrhundert. Damals gründete der holländische Händler Abraham van Ketwich einen Fonds namens „Eendragt Maakt Magt“, was auch der Wappenspruch der holländischen Republik war und übersetzt „Einigkeit macht stark“ bedeutet. Er bündelte darin Wertpapiere von europäischen Regierungen, Banken und Postfirmen.

Der Vorteil eines jeden Investmentfonds ist: Auch wer wenig Geld hat, kann sich auf diese Weise an einer Investition beteiligen, die normalerweise hohe Summen erfordert. Ein Kleinanleger kann damit sein Vermögen auf viele unterschiedliche Aktien verteilen und so das Risiko über viele Unternehmen streuen – obwohl er eigentlich gar nicht genug Geld hätte, viele unterschiedliche Aktien zu kaufen.

Auch in Amerika fanden die Sparer dieses Prinzip einleuchtend, und so entstanden in den zwanziger Jahren des 20. Jahrhunderts die ersten amerikanischen Aktienfonds. Als John Templeton 1954 seinen eigenen Investmentfonds auflegte, war er zwar nicht der Pionier in diesem Geschäft, doch er hatte eines klar im Blick: Er wollte viele Menschen von guter Geldanlage profitieren lassen.

Wie viel Hilfe der Durchschnittsmensch beim Thema Geld brauchte, hatte John Templeton sein ganzes Leben lang erfahren. Er wurde geboren in dem kleinen Nest Winchester im Bundesstaat Tennessee. Dort gab es überhaupt niemanden, der sein Geld in Aktien anlegte. Als einer der Ersten aus seinem Ort besuchte Templeton die Universität. Es war die Ivy-League-Universität Yale, die Kosten des Studiums verdiente er sich selbst. In Yale allerdings traf er Studenten aus reicheren Familien und stellte fest, dass sogar die eine wichtige Chance ausließen: ihr Geld außerhalb Amerikas arbeiten zu lassen. Templeton hatte das Ausland kennengelernt, als er zeitweise in Oxford studierte und sich danach mit 90 Pfund in der Tasche zu einer Weltreise aufmachte. Sobald er nach Amerika zurückkehrte und an der Wall Street Fuß gefasst hatte, übernahm er eine Vermögensberatungs-Gesellschaft und gab Anlegern Ratschläge. 1954 gründete er dann seine ersten Fonds, darunter den „Templeton Growth“. Der war erst nur für wenige Anleger, doch als 1959 die rechtlichen Voraussetzungen geschaffen waren, machte er den Fonds der breiten Öffentlichkeit zugänglich. Immer suchte er nach unterbewerteten Aktien und versuchte, am „Punkt des größten Pessimismus“ zu kaufen.

Damit hatte er Erfolg. In den 40 Jahren von 1954 bis 1992, in denen er den Templeton Growth selbst verwaltete, machte er aus jedem eingezahlten Dollar ganze 200 Dollar. Das allein gilt manchen als Ausweis von Profitgier.

Templeton dagegen sah sich immer auf Gottes Weg. Nächstenliebe und Marktwirtschaft hingen für ihn eng zusammen. Marktwirtschaft „macht die Armen reicher als alle anderen Systeme, die die Menschheit je hatte“, sagte er. „Der Wettbewerb hat die Kosten gesenkt, das Angebot vergrößert und die Qualität verbessert.“ Dass im Wettbewerb auch so mancher die Regeln übertritt, änderte nichts an seiner Einschätzung. „Wenn eine Firma nicht moralisch handelt, wird sie scheitern. Vielleicht nicht sofort, aber letzten Endes doch.“

Templeton zeigte nicht mal Gewissensbisse, als er aus New York auf die Bahamas zog und dabei, wie Kritiker ihm unterstellten, hohe Steuern sparte. Er entgegnete darauf: Auf den Bahamas könne er dem Geschwätz der Wall Street viel besser entgehen. Außerdem seien die Steuern auf den Bahamas gar nicht so viel niedriger.

Seinen Jugendtraum – das Missionieren – verwirklichte Templeton dann doch noch. Allerdings anders als ursprünglich gedacht. Er spendete sein Geld nicht nur für gute Zwecke, sondern stiftete auch einen Templeton-Preis. Eine Million britische Pfund lobte er für „geistliche Erfinder“ aus. Zu dieser Gruppe zählte Mutter Theresa als erste Preisträgerin im Jahr 1973, aber auch der ehemalige indische Präsident Sarvepalli Radhakrishnan, der Quantenphysiker Freeman Dyson und DNS-Forscher Arthur Peacocke, der den Dialog zwischen Theologie und Naturwissenschaften förderte.

Sie alle halfen Templeton wenn auch unbeabsichtigt bei seinem wichtigsten geistlichen Projekt: ein aktuelleres Verständnis der Bibel zu erreichen. Templetons Credo lautete schließlich: „Wenn Ihr Arzt Sie nach Hippokrates‘ Lehren behandelt, halten Sie die für veraltet.

Aber die Bibel Ihres Pfarrers ist genauso alt." John Templeton selbst erreichte zwar kein biblisches, aber immerhin ein sehr gesegnetes Alter. Er starb mit 95 Jahren im Juli 2008. Bis zum Schluss verwaltete er sein eigenes Geld mit so viel Engagement, als wäre er noch hauptberuflicher Fondsmanager. Möglicherweise wäre das auch für die Fondskäufer besser gewesen. Denn die Fondsmanager, die heute für den „Templeton Growth" verantwortlich sind, betreuen das Geld nicht mehr so gut. Sie haben den Anteilsbesitzern in den vergangenen fünf Jahren weniger Rendite gebracht als die weltweiten Aktienmärkte.

Unternehmer in göttlicher Mission

Klöster sind erfolgreiche Firmen. Denn das ist die Voraussetzung für den Dienst am Nächsten.

„Gebt den Mönchen ein ödes Moor oder einen wilden Wald, lasst ein paar Jahre vergehen, und ihr werdet nicht nur schöne Kirchen, sondern auch menschliche Siedlungen dort errichtet sehen.“ Diese Worte werden Theodor Fontane zugeschrieben. Er wusste offenbar, dass sich die Gottesmänner nicht nur aufs Beten, sondern vor allem aufs Wirtschaften verstehen. Die Geschichte gibt ihm recht.

Klöster sind seit dem Mittelalter stets geistige, kulturelle und wirtschaftliche Zentren gewesen und Quellen des Reichtums. Der Zusammenschluss von Menschen zu einer Lebensgemeinschaft nach bestimmten Regeln war immer auch ein ökonomisches Abenteuer. Schließlich musste dieser Mikrokosmos einer weitgehend autonom agierenden Gemeinschaft von Brüdern oder Schwestern im Herrn erst einmal überleben. Die ökonomische Gesundheit des Klosters war dafür die Grundvoraussetzung. Sie bildete das Fundament für die Erfüllung der Lebensaufgabe, der sich die Ordenszugehörigen verschrieben hatten: der Nachfolge Jesu und des Dienstes am Nächsten.

Im Rückblick auf die Geschichte der Klöster erstaunt zweierlei: erstens der starke Drang der Ordensleute zum Unternehmertum und zweitens ihre unternehmerische Beständigkeit. Warum also sind aus Klöstern vielfach echte Unternehmen geworden? Und warum sind diese so stabil?

Die Antwort auf die erste Frage ist logisch: Nur effizient wirtschaftende, im ökonomischen Sinne Mehrwert schaffende Klöster waren in der Lage, das Überleben ihrer Mitglieder zu sichern und darüber hinaus auch etwas für die Mitmenschen zu tun. So hat schon ihre Aufgabenstellung die Ordensleute über die Jahrhunderte zum unternehmerischen Erfolg verdammt. An diesem hatten die Startbedingungen im Mittelalter einen beträchtlichen Anteil. Zu einer Abtei gehörte seinerzeit stets ausreichender landwirtschaftlicher Besitz, der der Gemeinschaft das materielle Überleben sicherte. Schon bei ihrer Gründung profitierten die Klöster von Schenkungen, die in der Regel Felder umfassten, Weinberge, Wiesen und Wälder. Traten junge Frauen und Männer in die Klöster ein, handelte es sich meistens um Sprösslinge adeliger Herkunft, die ihrerseits nicht mit leeren Händen kamen, sondern eine ordentliche „Mitgift" mitbrachten.

Das Bewirtschaften der Ländereien zum Zwecke materieller Selbstversorgung machte aus einem Kloster aber noch kein Unternehmen. Mit dem Beackern von Gärten haben sich die Mönche denn auch selten zufriedengegeben. „Klösterliche Grundherrschaften konnten echte Großbetriebe sein", meint Gudrun Gleba, Professorin für mittelalterliche Geschichte in Osnabrück. Beispiele gibt es reichlich. „Das nordfranzösische Kloster Wandrille besaß im Jahr 787 genau 1 400 Bauernstellen und betrieb 39 Mühlen", führt sie an. Oder das Kloster in Werden an der Ruhr, das im 10. Jahrhundert in seinen Besitzbüchern mehrere hundert abgabepflichtige Höfe ausgewiesen habe.

Die Kombination aus der Notwendigkeit materiellen Überlebens und der Erfüllung ihres Auftrags, nämlich nicht nur zu beten, sondern sich auch um die Bedürftigen zu sorgen, bildete das Fundament für die Jahrhunderte überdauernde monastische Stabilität – wenn auch nicht jeder einzelnen Niederlassung, so doch eines Ordens, der unter seinen Mitgliedern immer wieder neue Unternehmer und mit seinen Niederlassungen erfolgreiche Firmen hervorbrachte.

Heute hat sich viel verändert – auch in der Landschaft der Klöster. Mit dem Auf und Ab der Geschichte sind mächtige Zusammenschlüsse verschwunden und neue entstanden. Viele aber sind geblieben. Das Durchschnittsalter zum Beispiel der Benediktinerklöster in Bayern, Baden-Württemberg und der deutschsprachigen Schweiz beträgt ein halbes Jahrtausend. Krisen sind über Klöster hinweggefegt, in denen sich manche nur mit dem Verschachern ihrer sakralen Kunstschätze das Überleben sicherten. Klösterliche Besitztümer haben sich ebenso verändert wie die monastische Produktion von Lebensmitteln, Gütern und Dienstleistungen.

Doch sind Mönche und Nonnen über die Jahrhunderte Unternehmer geblieben. Beispiele von heute gibt es hinreichend: Da zählt nicht nur das Kloster Andechs der Benediktiner am Ammersee dazu oder die Kongregation der Barmherzigen Schwestern vom heiligen Vinzenz von Paul, die vor gut 100 Jahren in die Adelholzner Quellen investierte.

So stellt sich die zweite Frage: Warum sind diese klösterlichen Unternehmen so stabil und über Jahrhunderte in der Lage gewesen, derart erfolgreich den Widrigkeiten der Geschichte zu trotzen? „Klöster waren im Grunde die Erfinder der Arbeitsteilung", sagt die Zürcher Betriebswirtin Margit Osterloh. Sie hätten damit schon in frühen Zeiten ein Höchstmaß an ökonomischer Effizienz erreicht. Und bis heute sind sie bei diesem System geblieben. Viele Klöster seien genau dadurch sehr, sehr reich geworden.

Dass der Reichtum die Zusammenschlüsse der Ordensleute – von individuellen Verfehlungen abgesehen – über die Jahrhunderte nicht korrumpiert hat, liegt nach Meinung von Osterloh an den ausgefeilten Führungs- und Kontrollstrukturen. Die vielen Klöstern eigene „interne Corporate Governance" ist offenbar über Jahrhunderte in der Lage gewesen, Abteien vor Prunksucht, Müßiggang und Machtstreben zu schützen.

Fundament klösterlicher Führungsstrukturen sind meist alte Ordensregeln, im Falle der Benediktiner etwa die Regula Benedicti, die auf den Gründer des Ordens, Benedikt von Nursia (480 bis 547), zurückgeht. Sie ist nicht nur eine Art Handlungsanweisung für das klösterliche Leben unter dem Diktum von Demut, Gehorsam und Schweigen, von Beten und Arbeiten, sondern determiniert auch die Führungsstruktur der Lebens- und Wirtschaftsgemeinschaften. „Die Klöster sind durch diese Regeln auf ein Höchstmaß an Mitbestimmung festgelegt", sagt Osterloh. Die Äbte würden seit Jahrhunderten von den Mönchen gewählt. Die Mönche ihrerseits kennen ihre Ordensbrüder und wissen genau, für wen sie sich entscheiden. Das wiederum gilt auch in die andere Richtung mit Blick auf den Nachwuchs. „Für die Jahrhunderte überdauernde Stabilität sorgte zudem die starke Sozialisation und Selektion der Ordensbrüder", meint Osterloh, „die nicht zuletzt eine hohe Identifikation des Einzelnen mit der Sache garantiert.“ Das Kloster kennt seine „Mitarbeiter“, seit sie Novizen sind. Informationen aus zweiter Hand wie Zertifikate oder Arbeitszeugnisse zu Fähigkeiten und Charaktereigenschaften spielen keine Rolle.

Bei den Klöstern also spielen mehrere Dinge zusammen: Die Sicherung des eigenen Überlebens und die Erfüllung der Aufgaben für den Nächsten machten und machen Ordensleute gerade in unternehmerischer Hinsicht besonders innovativ. Dazu kommen die Form ihrer inneren Organisation, die Corporate Governance also, und ihre Art der Selektion des Nachwuchses.

Doch sind das noch nicht alle Determinanten monastischer Unternehmenserfolge. Ein bisschen hatte und hat auch der Herrgott seine Hände im Spiel, weil die Ordensbrüder und Kongregationsschwestern in der Mehrheit nun einmal an ihn glauben. Und zwar so sehr, dass sie nicht der Welt und ihrem persönlichen Reichtum, sondern eben dem Himmel ihr Leben gewidmet haben. Das ist der entscheidende Unterschied zu Unternehmen, die ausschließlich von dieser Welt sind. Geteilte Werte senken nun einmal die Transaktionskosten, sofern der Wert nicht einzig in der Maximierung des Gewinns besteht.

Wieso Robert Bosch acht Stunden arbeiten ließ

Soziales Wirtschaften hat nichts mit Sozialromantik zu tun. Wer seinen Arbeitern Gutes tut, hat mehr Erfolg. Robert Bosch hat das früh erkannt.

Wer wie Robert Bosch 1861 auf der Schwäbischen Alb geboren wurde, dem ward das Wissen, wie man reich wird, nicht gerade in die Wiege gelegt. In dieser kargen Landschaft war Armut endemisch, und selbst die schwäbische Volksweisheit, dass vom Geldausgeben noch niemand reich geworden ist, klingt in dieser Umgebung eher zynisch.

Die Reichen, die den pietistischen Geist des schwäbischen Kapitalismus repräsentierten, pflegten ihre eigene Art von Sparsamkeit, die dem Industriekapitalismus im Ländle fast religiöse Züge verlieh. Die Sparsamkeit wurde schließlich auch als Maxime für den Erwerb industriellen Reichtums exportiert: „Akkumuliert, akkumuliert, das ist Moses und die Propheten“, so formulierte Karl Marx schließlich die Grundregel des Unternehmertums.

Vor diesem Hintergrund mutet Boschs Verständnis vom Reichwerden geradezu revolutionär an: „Ich zahle nicht gute Löhne, weil ich viel Geld habe, sondern ich habe viel Geld, weil ich gute Löhne bezahle.“ Der Bruch mit den Binsenweisheiten des Industriekapitalismus machte Bosch nicht nur selbst zu einem der reichsten Männer Europas. Er hinterließ auch ein Unternehmen, das noch heute den Kern der nachindustriellen Produktionsweise repräsentiert. Und der immerhin verdankte Deutschland über alle Katastrophen des 20. Jahrhunderts hinweg seinen Reichtum.

Robert Bosch ist einer der Pioniere dieser neuen Epoche. Er begann seine Unternehmerkarriere als Feinmechaniker und Elektriker im Handwerk. Am Ende verkörperte er einen neuen Typus wirtschaftlicher Wertschöpfung, mit der er das industrielle Zeitalter glatt übersprang. Denn industrielle Produktion im engeren Sinne war ihm verhasst.

Wo immer er im eigenen Unternehmen Ansätze „einer besseren Blechwarenfabrik“ erkannte, ließ er die „Blechbude“ abreißen. Er wusste warum: Wertschöpfung, die diesen Namen verdiente, hatte längst nichts mehr – wie in der alten Industrie – nur mit der materiellen Transformation von Rohstoffen und Materialien zu tun. Es kam auf den Inhalt an, und der war immaterieller Art.

Bosch stand mit dieser Erkenntnis nicht allein. Gerade in Deutschland gingen Wirtschaft und Wissenschaft zum ersten Mal ein enges produktives Verhältnis ein und erschlossen bis dahin verborgene Produktivitätsreserven. Neue Branchen entstanden, wie die Chemie, die Elektrotechnik und der Maschinenbau, die noch heute die deutsche Wirtschaft prägen. Sie nutzten von Anfang an wissenschaftliche Forschungsergebnisse, aus denen sie Innovationen entwickelten. Im Sog der einsetzenden Globalisierung beherrschten sie damit weltweit die Märkte.

Bosch begegnete dieser Mischung aus Spitzenforschung und Weltmarktorientierung in Stuttgart eher zufällig, war aber gut auf sie vorbereitet. Er hatte in seiner 1886 gegründeten „Feinmechanischen Werkstätte“ auf Kundenwunsch einen Zündapparat für Motoren nachgebaut, den die Gasmotorenfabrik Deutz für Otto-Motoren entwickelt hatte. Obwohl Boschs Niederspannungsmagnetzünder den deutschen Auto-Pionieren Carl Benz und Gottlieb Daimler wohlbekannt war, kam die Anregung, den Zünder kraftfahrzeugtauglich zu machen, aus England.

Bosch nahm die Herausforderung an, denn ihm waren die Chancen, die der angelsächsische Markt eröffnete, aus eigener Anschauung vertraut. Seine Wanderjahre als Geselle hatte er ganz bewusst in Amerika und England verbracht.

Er sorgte aber auch dafür, dass die Wissenschaft Einzug in sein Unternehmen hielt: Einer seiner ersten Lehrlinge, Gottlob Honold, schloss später ein Studium der Elektrotechnik an der Technischen Universität Stuttgart ab – und übernahm dann die Forschungs- und Entwicklungsabteilung bei Bosch. Gerade rechtzeitig, um in den rasch wachsenden Stuttgarter Betrieb wissenschaftliche Standards einzubringen. So gelang Honold 1902 etwa der Durchbruch mit der Lichtbogenzündung, dem Vorläufer der Zündkerze.

Boschs Unternehmen war nun längst keine Werkstätte mehr, sondern es hatte großen Anteil am Siegeszug des Automobils rund um die Welt. Die Exportquote der Firma lag schnell bei 88 Prozent. Der Generalvertretung in England folgten Niederlassungen in 25 Ländern bis zum Ausbruch des Ersten Weltkriegs.

Bosch konzentrierte sich ganz auf immaterielle Wertschöpfung. Und seine Produkte machten das Auto zu einem Objekt verwissenschaftlichter Produktion: Nach der Zündkerze entwickelte die Forschungsabteilung Lichtmaschine und Scheinwerfer. Nach dem „Bosch-Öler" erfand sie Einspritztechnik und Hydraulik. Aber auch Starter, Batterien, Scheibenwischer, Winker, Bremsanlagen und das berühmte Bosch-Horn gehörten bald zum Programm. Wo immer Kraftfahrzeuge fuhren: Boschteile steckten darin.

In seinen Facharbeitern und Technikern sah der Firmengründer nicht nur Kostenfaktoren, sondern vor allem das menschliche Vermögen, das er am dringendsten für sein Unternehmen brauchte.

Als sein Unternehmen begann, sich dynamisch zu entwickeln, zahlte er um 62 Prozent höhere Löhne als die Konkurrenz. Trotz der höheren Kosten erzielte seine Firma am Ende noch ein Plus von 15 Prozent. Er zögerte auch nicht, schon 1906 den umstrittenen 8-Stunden-Tag einzuführen, gegen heftige Proteste seiner Unternehmer-Kollegen. Er tat das nicht aus philanthropischer Neigung, sondern weil er die Idee der kürzeren Arbeitstage „für die wirtschaftlichste hielt und am zuträglichsten für die Erhaltung der menschlichen Arbeitskraft". Der arbeitsfreie Samstagnachmittag folgte 1910.

Auch die Lohnfortzahlung im Krankheitsfall zahlte Bosch seinen Arbeitern, damit war er Vorreiter. Wie viele andere Unternehmen ließ Bosch seine Mitarbeiter und Facharbeiter am Arbeitsplatz mitbestimmen, lange bevor das Gesetz es befahl. Auch in der neuen Sozialversicherung sah er kein Übel. Er erkannte: Sie nützt der Pflege des Humankapitals. Es versteht sich auch von selbst, dass Bosch auch das aufkommende duale Ausbildungssystem ausbaute. Bis dahin war Ausbildung noch auf das Handwerk fixiert. Bosch wusste, dass die soziale Verantwortung des Unternehmers nicht die Wettbewerbsfähigkeit und Profitabilität schwächte – sondern dass sie den nachindustriellen Kapitalismus erst möglich machte: „Wir übernehmen alles, was die Leistung erhöht, die Organisation verbessert und zugleich dem Arbeiter nützt, denn sein Nutzen ist auch der des Arbeitgebers.“

Fette Beute für arme Länder

Piraten brauchen nur ein Schiff und ein paar Kanonen. Eine Handelsflotte dagegen kostet viel Geld. So kamen die Piraten in Mode – als Meister der Umverteilung.

Wie Filme illustrieren, war die große Zeit der Piraten das 17. und 18. Jahrhundert. Damals war die Piraterie in der Karibik und im Indischen Ozean verbreitet. In diesen beiden Regionen konzentrierten sich die globalen Handelswege zwischen Süd- und Mittelamerika, Afrika, Europa und Asien. Auf ihnen wurden Sklaven befördert, Gold und Silber, Zucker, Kaffee, Gewürze und asiatische Luxusprodukte. Deshalb war es in diesen Gegenden besonders wahrscheinlich, auf Schiffe mit Gütern von hohem Wert zu treffen.

Zugleich stießen hier die imperialen Ambitionen Spaniens, Englands, Frankreichs und der Niederlande aufeinander, was die Entstehung von Piraterie begünstigte. Die stellte im Übrigen, da man dafür Schiff, Mannschaft und sichere Häfen benötigt, eine besonders aufwendige Form des organisierten Raubes dar.

Piraterie begann jeweils als Krieg eines armen Staates: Wer sich keine große Marine leisten konnte, animierte unternehmungslustige Untertanen dazu, Schiffe zu bewaffnen und Mannschaften anzuwerben, die gegen den feindlichen Handel zu Felde zogen und so den Gegner wirtschaftlich schwächten. Die Beute wurde nach unterschiedlichen Schlüsseln zwischen Krone, Reeder, Kapitän und Mannschaft aufgeteilt.

Kaperfahrer mussten sich freilich an Regeln halten: Captain Kidd griff 1696/97 auf Druck seiner Mannschaft, die statt ihres Lohns nur einen Anteil der gekaperten Waren erhalten sollte, auch befreundete Schiffe an – und wurde dafür 1701 in London gehenkt. Wer Glück hatte, konnte aufsteigen – wie 1674 Henry Morgan, der nach kurzer Haft im Tower Vizegouverneur von Jamaika wurde.

Dass die Grenzen zwischen Freischärlern und Seeräubern fließend waren, zeigte sich immer, wenn der Krieg um die Karibik kurz unterbrochen wurde: Manche Kaperfahrer machten dann einfach weiter – aus Unkenntnis des Friedensschlusses oder weil sie sich an den leichten Profit gewöhnt hatten. Weil sie jedoch den regulären Handel allzu sehr gefährdeten, begannen ihre ehemaligen Patrone sie als Piraten zu verfolgen. Das ging am einfachsten, indem man ihnen den Zugang zu den Häfen verwehrte, die ihnen bis dahin eine sichere Operationsbasis geboten und zugleich als zentrale Umschlagpunkte für Hehlerware gedient hatten. So war es bei Morgans Heimathafen Port Royal auf Jamaika.

Ob sich Piraterie lohnte, ist schwer zu sagen: Der Reichtum vieler Piraten wurde hemmungslos überschätzt. Nur wenigen gelang es wie Morgan, ihre Beute durch den Kauf einer Plantage oder den Erhalt eines politischen Amts zu legalisieren. Allerdings waren selbst glücklose Piraten keineswegs arm. Das lässt grobe Rückschlüsse darauf zu, wie sehr die Piraten den staatlichen Förderern der Piraterie letztlich nützten. Zwar waren die 400 000 Pfund, die Captain Kidd angedichtet wurden, pure Fantasie. Aber seine Witwe konnte immerhin 6 000 Pfund für ein Gut in Greenwich aufbringen, auf dem später pikanterweise die britische Marineakademie errichtet wurde.

Allerdings winkte das große Geld nur den Kommandanten, nicht den Mannschaften. Das Leben eines gewöhnlichen Piraten war fast so hart wie das der Matro-

Her mit dem Gold: Szene aus dem Hollywoodklassiker „Beherrscher der Meere" von 1959.

sen auf Handels- oder Kriegsschiffen. Die Wahrscheinlichkeit, dass er schweren Verletzungen, Seuchen und einem frühen Tod entging, war entsprechend gering.

Wenn jemand von der Piraterie profitierte, dann vor allem die britischen, französischen und niederländischen Kaufleute in Häfen wie Port Royal oder Tortuga. Sie halfen den Piraten, ihre Beute zu Geld zu machen – die übrigens nur selten aus Gold und Juwelen bestand, oft aus Tabak, Kaffee, Lebensmitteln oder Sklaven. Das Geld konnten sie dann in der nächsten Taverne vertrinken.

In der Summe lenkte die halb legale oder illegale Piraterie somit Kapital aus dem ökonomisch stagnierenden spanischen Weltreich in die dynamischeren Wirtschaften Großbritanniens, der Niederlande und Frankreichs.

Wie der Zusammenhang zwischen den Handelsgewinnen und dem Übergang zum kapitalistischen Wirtschaften genau aussah, ist freilich umstritten. Einigermaßen sicher ist, dass Gewinne aus dem Fernhandel nicht direkt in industrielle Produktion flossen: Karibische Kaufleute, die zu Geld kamen, kauften Landgüter, keine Manufakturen.

Vermutlich waren neue Moden im Konsum entscheidend, die wir auch dem Erfolg der Piraten verdanken: Kaffee, Tabak, Zucker, Rum oder exotische Stoffe konnte nur kaufen, wer für Lohn intensiv arbeitete, statt seine Bedürfnisse in Heimarbeit selbst zu erfüllen. Sobald die Nachfrage nach Lebensmitteln und Textilien groß genug war, lohnten sich dann Fabriken.

Die Wirkung der Piraterie reichte jedoch von Anfang an über ihre direkten wirtschaftlichen und militärischen Konsequenzen hinaus. Dafür sorgte ihre literarische Verarbeitung. Manchen schien es, als schufen Piraten als „Sozialbanditen" eine erträglichere Gegenwelt zur Sklavenwirtschaft auf den Plantagen und zur Ausbeutung der Mannschaften auf See.

Waren Piraten nicht Teil einer Solidargemeinschaft, in der die Beute fast gleich verteilt wurde? In der man gegen den Verlust von Gliedmaßen versichert war? In der Kapitäne demokratisch gewählt wurden? Vielleicht waren Piraten nicht nur auf Raub und Mord aus, sondern Rächer der Geknechteten, die besonders brutalen Kapitänen nachstellten?

In der 1724 in London erschienenen, mehrfach nachgedruckten „General History of the most Notorious Pyrates“ war von solchen Schiffsregeln zu lesen, sogar von einem egalitären Piratenstaat im Indischen Ozean.

Die Existenz solcher gerechten Piraten zeigte Frühkapitalisten, welche die Transportkosten im Welthandel zu Lasten der Seeleute immer weiter senkten, ihre Schranken auf. Sie sorgte dafür, dass sich die Ausbeutung in den Grenzen hielt, welche die lesende Gesellschaft für akzeptabel halten konnte. Über diesen Umweg trugen die mythischen Literatur-Piraten ebenso wie ihre Vettern an Land, die sympathischen Straßenräuber, dazu bei, dass alle reicher wurden.

Als Romanfiguren waren Piraten stark. Reale Seeräuber waren dagegen Untergebene von Gestalten wie Edward „Blackbeard“ Teach, Bartholomew Roberts oder John „Calico Jack“ Rackham, die kaum Widerspruch duldeten und Mannschaften sowie Gegner mit äußerster Brutalität behandelten. Sie waren wenig an sozialer Gerechtigkeit interessiert und kamen auch nur vorübergehend zu Reichtum, bevor sie nach Englands Sieg über Spanien hingerichtet wurden.

Die Pfeffersäcke erobern die Welt

Gewürzhändler haben sich vor 400 Jahren zu Ostindien-Kompanien zusammengeschlossen: Das war die Geburtsstunde der Aktie. Eine geniale Idee.

Sie waren Abenteuer ohnegleichen, die frühen Handelsreisen von Europa nach Asien Anfang des 17. Jahrhunderts. Seit den Expeditionen des Portugiesen Vasco da Gama (1469–1524) kannten die Seefahrer den Weg nach Indien um Afrika und das Kap der Guten Hoffnung nicht nur theoretisch.

Die Gefahren für die Segelschiffe jener Zeit aber waren enorm. Unter der Wasseroberfläche lauerten Korallenriffe. Flauten und die wilde See machten den Flotten zu schaffen. Sie rechneten mit feindlichen Schiffen und blutrünstigen Piraten. Nicht selten kehrten Handelsflotten überhaupt nicht zurück – oder dezimiert, in derangiertem Zustand.

Trotzdem war der Anreiz, die Asien-Touren zu fahren, ausgesprochen hoch. Schließlich ging es um viel Geld: In Asien kauften die Händler die begehrten Gewürze, der Transport auf dem Landweg war zu umständlich. Vor allem mit Pfeffer erzielten sie in Europa hohe Preise.

Das ist die Zeit, in der Vereinigungen von Kaufleuten zwei Gesellschaften gründeten, die die Welt verändern sollten – die beiden großen Ostindien-Kompanien: die Vereinigte Ostindische Kompanie in den Niederlanden und ihr britisches Gegenstück, die East India Company. Die Kaufleute teilten sich das Risiko der Asien-Touren – der Staat stattete sie mit Privilegien aus. So erhielten sie ein Handelsmonopol – einen Freibrief, als Einzige eine Kolonie ausbeuten zu dürfen.

Das war damals eine Revolution. Nicht mehr die Staaten selbst kolonisierten fortan die Welt, wie es die alten Seemächte Spanien und Portugal noch gemacht hatten, die sich im Vertrag von Tordesillas

1494 die Welt in eine portugiesische und eine spanische Hemisphäre aufteilten. Die neuen Seemächte, England und die Niederlande, traten das Recht zur Kolonisierung an Private ab.

Der dänische Wirtschaftshistoriker Niels Steensgaard spricht von einer „institutionellen Innovation". Die Kompanien eroberten die Welt aus dem Geist des Kaufmanns. Oft nicht weniger blutrünstig als zuvor Entdecker und Abenteurer – aber mit der erklärten Absicht, einen dauerhaften und stabilen Handel aufzubauen: Sie tauschten, handelten und brandschatzten für Marktanteile.

Die wichtigste Funktion dieser Kompanien war es, zunächst das Kapital für die Schiffsreisen einzusammeln – um anschließend das Risiko auf mehrere Schultern zu verteilen. Schließlich verging von der Abfahrt im Hafen bis zur Rückkehr einer Flotte leicht mehr als ein Jahr. Da waren von den Geldgebern Geduld und gute Nerven gefordert.

Anfangs investierten die Kaufleute immer in einzelne Fahrten. 190 000 Gulden für vier Schiffe kostete so eine Expedition, zusätzlich planten sie etwa 100 000 Gulden in Edelmetallen für den Ankauf von Gewürzen in Asien ein. Kamen zumindest einige der Schiffe voll beladen zurück, strichen die Kaufleute einen satten Gewinn ein: Gewürze verkauften sie in Europa leicht für das 300-fache des Einkaufspreises.

Weil die Kompanien das Risiko für die Anleger weiter verringern wollten, änderten sie das Verfahren später. Die Kaufleute stellten ihnen nun schon im Voraus Geld für mehrere Reisen zur Verfügung und erhielten im Gegenzug Anteile an den Kompanien. Dafür wurde der Geldgeber ins Aktienbuch des Unternehmens eingetragen.

In späteren Jahren gaben die Ostindien-Kompanien sogar Anteilsscheine aus, die fast wie moderne Aktien an der Börse gehandelt werden konnten. Der Wirtschaftshistoriker Jürgen Nagel spricht deshalb auch von den „ersten Aktiengesellschaften der Wirtschaftsgeschichte", die eine hohe Bedeutung für die Entwicklung des Börsenwesens hatten: „Der Aufstieg der beiden wichtigsten europäischen Börsenplätze in der Frühen Neuzeit – London und Amsterdam – wäre ohne die Kompanien kaum denkbar gewesen."

In der ersten Zeit waren es vor allem Kaufleute, „Pfeffersäcke", wie man Gewürzhändler damals auch nannte, die in die Kompanien investierten. Zumindest in England gesellten sich zu ihnen jedoch bald auch Landadelige, die durch Fortschritte in der Landwirtschaft reich geworden waren und die das Risiko des modernen Geschäfts nicht scheuten. „Gentleman-Kapitalisten“ tauften die britischen Historiker Peter Cain und Anthony Hopkins diese Leute aufgrund ihrer betonten Umgangsformen. Später entdeckten auch andere Bevölkerungsgruppen die Anteile an den Ostindien-Kompanien als lukrative und (zumindest relativ) sichere Anlagemöglichkeit für Renten und Pensionen.

Die Direktoren der Ostindien-Kompanien waren dabei ähnlich komfortabel gestellt wie die Vorstandsmitglieder heutiger Aktiengesellschaften: Für Schulden aus dem Geschäft hafteten sie nicht. Das Kapital stellten die Anleger; im Extremfall war es eben weg.

Auch marketingtechnisch arbeiteten die Kompanien durchaus modern. Die Mitbringsel aus den entlegenen Ländern erklärten sie in der Heimat schnell zur Mode. So sorgten die Kompanien für die Durchsetzung der Teekultur in Europa, nicht nur beim Adel, machten den Spazierstock hierzulande bekannt und führten als „Muss“ für die feine Dame jener Zeit den kunstvoll gestalteten Fächer aus China ein.

Aus europäischer Sicht waren die Kompanien überaus erfolgreiche Unternehmungen. „Die Verknüpfung von europäischen und asiatischen Märkten bedeutete einen Schub für die weltwirtschaftliche Entwicklung“, schreibt der Wirtschaftshistoriker Nagel. Erst blühte vor allem der Handel mit Gewürzen auf. Um 1620 machten Pfeffer rund 56 Prozent und andere Gewürze rund 17 Prozent der Waren aus, die niederländische Kaufleute der Ostindien-Kompanie nach Europa brachten.

Später gewannen Tee und Kaffee an Bedeutung, zu Beginn des 18. Jahrhunderts Textilien. Niederländische und britische Kaufleute vergrößerten ihren Wohlstand enorm. Doch auch weite Teile des sonstigen Bürgertums profitierten von der besseren Versorgung mit exotischen Waren.

Die Kompanien wuchsen schnell und wurden sogar zu militärischen Mächten, die in den Kolonien Festungen bauten und die Verwaltung übernahmen. Die niederländische Kompanie beschäftigte Anfang des 17. Jahrhunderts rund 3 500 Seeleute und 3 000 Soldaten. Im Jahre 1750 waren es dann schon 12 000 Seeleute und immerhin 17 000 Soldaten. Die britische East India Company hielt zeitweise sogar mehr als 100 000 Soldaten in Indien unter Waffen. Sie arbeitete dort fast wie eine souveräne Regierung.

In Asien genossen die Kompanien den Ruf, nicht gerade zimperlich zu sein. „Das wichtigste Exportgut der Kompanien nach Asien war Gewalt“, schreibt der dänische Wirtschaftshistoriker Niels Steensgaard. In viele Kriege waren die Kompanien verwickelt oder zettelten sie sogar selbst an. Unter anderem brannte die niederländische Ostindien-Kompanie einmal ganz Jakarta nieder, die britische East India Company spielte im 19. Jahrhundert im Opiumkrieg mit China eine unrühmliche Rolle.

Wo Kanonen nicht halfen, arbeiteten die Kompanien mit Korruption. Sie bestachen die Machthaber in Asien. Luxusgegenstände aus Europa waren beliebt. Diese Geschenke, selbst wenn die Europäer sie unterwürfig darbrachten, waren für die Kompanien im Grunde nichts anderes als eine Abgabe. So ist vom indischen Mogulkaiser Jahangir überliefert, dass er sich von den Engländern für Handelsrechte ein teures persisches Pferd schenken ließ, zwei irische Windhunde, kostbare Waffen sowie Munition. Außerdem bekam er den Überlieferungen zufolge ein galileisches Fernrohr. Das gab er allerdings zurück, weil er damit nicht anzufangen wusste – und ließ sich den Wert lieber in Gold auszahlen.

Rund zwei Jahrhunderte hielten sich diese beiden ersten Weltkonzerne. Dann griffen die Staaten nach ihnen. 1796 übernahm die holländische Regierung die Vereinigte Ostindische Kompanie. Ihr englisches Gegenüber fiel 1858 an die Krone.

Wie ein deutscher Tüftler den Computer erfand

Konrad Zuse war zu faul zum selbst rechnen. Also hat er eine Maschine erfunden. Die nutzen heute alle. Das spart viel Zeit.

Wer hätte das gedacht? Der Erfinder des Computers war kein übertriebener Freund der Technik. Als Konrad Zuse 1936 das Wohnzimmer seiner Eltern ausräumte und mit Startkapital von seiner Schwester begann, das schrankwandgroße Rechenmonstrum zu bauen, das später der erste Computer werden sollte, hatte er vor allem eines im Sinn: weniger rechnen zu müssen.

Denn das Rechnen lag ihm nicht besonders. Zwar war Zuse studierter Bauingenieur. Doch dieses Fach hatte er hauptsächlich gewählt, weil er gehofft hatte, darin die Technik mit der Kunst verbinden zu können. Stattdessen arbeitete er in den frühen 30er-Jahren ausgerechnet als Statiker und musste ständig die Tragkräfte von Wänden und Böden ausrechnen – er, der schon die Matheprüfung an der Hochschule nur mit Ach und Krach bestanden hatte. „Es wollte mir einfach nicht in den Kopf, dass lebendige, schöpferische Menschen ihr kostbares Leben mit derart nüchternen Rechnungen verschwenden sollten", sagte er. Also begann Zuse, auf eigene Rechnung eine Maschine zu bauen, die ihm die lästige Arbeit abnehmen sollte. Die arbeitete nicht etwa mit Strom und Transistoren. Sondern mechanisch, mit Metallschaltungen, die Freunde für ihn zuschnitten. Natürlich machte seine erste Rechenmaschine „Z1" einen Höllenlärm und klemmte gelegentlich. Also verwendete er für die Nachfolger auf den Rat eines Freundes hin elektromechanische Schalter, wie sie im Telefonnetz eingesetzt wurden – sogenannte „Telefonrelais". Die „Z3", 1941 fertig konstruiert, gilt als die erste frei programmierbare Rechenmaschine der Welt: zwei Meter hoch, zwei Meter breit, so schwer wie ein Auto.

Die meisten Deutschen konnten mit dieser monströsen Maschine nichts anfangen, Zuse galt vielen als Spinner. Zu den ersten, die diese

Erfindung würdigten, gehörte das Nazi-Regime. Sie erkannten, dass sich eine automatische Rechenmaschine ebenso gut zur Entwicklung von Bomben eignete wie im Einsatz in der Artillerie. Während des Zweiten Weltkriegs holten sie Zuse zweimal aus der Armee zurück, am Ende galt er als „unabkömmlich“. Zuse half gerne. „Ich war zwar kein ‚Nazi‘, aber ich bekenne offen, dass ich angesichts des Bombenkriegs auf die deutsche Zivilbevölkerung meine Aufgabe nicht gerade darin sah, die Bemühungen um den Bau von Flugabwehrraketen zu sabotieren“, sagte er später.

Heute ist jedem klar, dass Computer längst nicht nur im Krieg nützlich sind. Damals wäre niemand auf die Idee gekommen, was man mit einer reinen Rechenmaschine alles machen kann. Heute können Computer Texte aus einer Sprache in die andere übersetzen. Sie zeigen Kinofilme, ja sie errechnen sie sogar. Im Windkanal helfen sie, Autos sparsamer zu machen. Und sie helfen, schwere Krankheiten zu behandeln – und zwar schon bei der Diagnose, wenn Computer Hunderte von Röntgenbildern zu einem Computertomogramm zusammensetzen. Und welch enorme Bedeutung die Computer heute auch im Alltag für die Kommunikation zwischen Menschen haben, erkennen schon kleine Kinder, wenn sie fragen: „Als es noch keine Computer gab, wie ist man denn damals ins Internet gekommen?“

Auch wenn die Deutschen damals den Nutzen der Rechenmaschine noch nicht sahen, war Zuse längst nicht der Einzige. Die Zeit war reif für einen Computer. Drei Jahre später entwickelte ein Harvard-Professor unabhängig von Zuse einen Rechner, der ähnlich viel konnte wie Zuses Z3, aber so groß war wie eine ganze Garage.

Die Amerikaner sollten sich trotzdem als Profiteure der neuen Technik erweisen. Denn es waren sie, die damit Geld verdienten.

Zwar gründete Konrad Zuse selbst eine Computerbaufirma, die Zuse KG, und machte damit auch einige Jahre lang ein ganz ordentliches Geschäft. Insgesamt wuchs sein Unternehmen auf 1000 Mitarbeiter. Doch es hielt nicht lange durch. Als die Amerikaner die ersten vollelektronischen Computer entwickelten, war Zuse bald abgehängt. Schon in den frühen 50er-Jahren produzierte IBM Großrechner, die nicht mehr mit mechanischen Schaltungen funktionierten, sondern rein elektrisch mit Röhren. Zuses erster Röhrencomputer war erst

1957 fertig. „IBM kam mit Entwicklungen raus, die Milliarden gekostet hatten, und da konnten wir nicht Schritt halten", sagte Zuse später selbst.

Nun war Zuse eher ein Tüftler als ein geborener Firmenchef. Doch dass er nicht mithalten konnte, das lag auch daran, dass die neue Technik in Deutschland nicht richtig anerkannt wurde. Von den Banken bekam Zuse so wenig Kredit, dass er teils nicht einmal das Geld für den nächsten Computer hatte. Deshalb mussten seine Kunden manchmal den ganzen Kaufpreis zahlen, bevor Zuse überhaupt anfangen konnte zu bauen. IBM dagegen verleaste seine Computer sogar. Es ging nicht nur ihm so, sondern auch anderen deutschen Computerbauern: „Nixdorf, Olympia und Telefunken existieren alle nicht mehr", sagt Konrad Zuses Sohn Horst.

Doch nicht einmal Konrad Zuse selbst war von den neuen Maschinen restlos begeistert. „Ich habe stets mechanische und elektromechanische Prozesse besser durchschaut", gab er im Alter zu, „und rein elektronische Dinge nie so gerne selbst bearbeitet."

Die neuen Computer, die aus Röhren und später aus Transistoren bestanden, waren dem Erfinder der programmierbaren Rechenmaschine manchmal regelrecht unheimlich. Er hatte Angst davor, dass die Computer abstürzen und einen falschen Befehl geben. Oder dass sie sich gar verselbständigen. „Wenn vom Rechenwerk ein Draht rübergeht zum Programm, kann man nicht immer überblicken, wo die Reise hingeht", sagte er noch in den 80er-Jahren.

Da war seine Firma schon lang geschlossen. 1964 hatte er sie verkauft, sie war zum Schluss in Siemens aufgegangen. Zuse fand im Alter zurück zur Kunst – er malte. Eines seiner Bilder, ein Porträt von Bill Gates, soll lange über dessen Schreibtisch gehangen haben. Bis zu seinem Tod im Jahr 1995 hat er niemals einen PC angefasst.

Die Finanziers der europäischen Fürsten

Die Fugger führten eines der größten Unternehmen der Welt und kauften sich einen König.

Im Jahre 1367 zog der aus dem kleinen Ort Graben stammende Weber Hans Fugger ins nahe Augsburg, das damals eine der blühendsten Wirtschaftsmetropolen in Deutschland war. Fugger gründete ein kleines Gewerbe, aus dem im Laufe der Zeit eines der führenden Unternehmen seiner Zeit wurde. Vor allem unter den „Regierern" Jakob Fugger dem Reichen (1469–1525) und seinem Neffen Anton Fugger (1493–1560) waren die Fugger berühmt für die bedeutende Rolle, die sie im mitteleuropäischen Bergbau sowie in internationalen Finanzgeschäften spielten.

Die Fugger galten als die wichtigsten Bankiers der österreichisch-spanischen Habsburger, des damals mächtigsten Herrscherhauses in der Welt. Nicht zuletzt Bestechungsgelder der Fugger ermöglichten die Wahl von Karl V. zum deutschen König und römisch-deutschen Kaiser. Als Jahrzehnte später der Staatsbankrott der spanischen Habsburger viele zeitgenössische Bankhäuser vernichtete, wurden zwar auch die Fugger schwer getroffen. Doch ihr Unternehmen überlebte die Krise.

Als ihre Firma im frühen 17. Jahrhundert vor allem wegen starker Spannungen innerhalb der Familie doch geschlossen wurde, hatten die Fugger ihr Vermögen zum größten Teil längst für Jahrhunderte gesichert, indem sie in großem Umfang Grund und Boden gekauft hatten. Für das Jahr 1618 ist der Besitz von rund 100 Dörfern und Grundbesitz in der Größe von 230 bis 250 Quadratkilometern dokumentiert, der überdies so sachkundig bewirtschaftet wurde, dass er eine Grundrente von fünf bis sechs Prozent im Jahr einbrachte.

Die Fugger waren nicht die einzige Familie in ihrer Zeit, der der Aufbau eines bedeutenden Unternehmens gelang. Ihre Geschichte

Der Finanzier und sein Kaiser: Anton Fugger (rechts) verbrennt Schuldpapiere von Kaiser Karl V. (sitzend).

steht für die Dynamik einer Epoche, die der deutsche Ökonom und Soziologe Werner Sombart (1863 – 1941) als „Frühkapitalismus" bezeichnet hat. Sie war gekennzeichnet durch ein kräftiges Wachstum der Bankgeschäfte und des Fernhandels, der nicht zuletzt durch die Entdeckung Amerikas an Bedeutung gewann. Wer ein großes Wort gelassen aussprechen will, mag für die damalige Epoche den Begriff „erste Globalisierung" verwenden. Die Herstellung von Gütern blieb aber noch meist auf recht einfache Produkte beschränkt, da der die Industrielle Revolution befördernde mächtige Fortschritt erst zwei Jahrhunderte später einsetzte. Güter wurden damals bestenfalls in Manufakturen gefertigt, aber noch nicht in Fabriken.

Immerhin wurde aber zu den Zeiten der Fugger in Mitteleuropa die Förderung von Metallen kräftig vorangetrieben, vor allem von Silber und Kupfer. In der Politik gewannen die reichen Patrizierfamilien in den Städten an Einfluss zu Lasten des Landadels. Im Grunde genommen führten die Fugger einen Mischkonzern, der Produktion, Handel und Finanz miteinander verband und damit politisches Gewicht besaß.

Nach Sombarts heute weitgehend vergessenen Vorstellungen war der Kapitalismus vor allem durch den Unternehmer gekennzeichnet, dessen „Entstehung" der Gelehrte etwa zur Zeit der Blüte der Fugger veranschlagte. Der Unternehmer war nach Sombart eine Person, in der sich die Abenteuerlust und Tatkraft von Rittern und Eroberern mit der kühlen Rechenfähigkeit nüchterner Buchhalter verband. Und wer würde diesem Bild besser entsprechen als Jakob Fugger, den man zu Lebzeiten „den Reichen" nannte? Fugger war ein wagemutiger Unternehmer, der sich in immer neue Projekte stürzte, die zum Teil mit nennenswerten Risiken behaftet waren. Er nahm Geld herein und lieh es aus, er förderte Silber und Kupfer in Tirol, Böhmen und Ungarn, er betrieb Handel in nahezu ganz Europa, er prägte Münzen für die Kurie, und er beteiligte sich an der Finanzierung des spanischen Handels mit Indien. Und damit ist nur ein Teil seiner Geschäfte beschrieben. Gleichzeitig aber wird dieser Fugger auch als kühl kalkulierender Rechner, als Mann der Zahlen und des Details und als ein Mann mit einem asketischen Lebenszuschnitt beschrieben.

Neben dem Unternehmer bildete die wachsende Rolle des Geldes ein weiteres Kennzeichen des Kapitalismus für Sombart. Auch dies lässt sich anhand der Fugger beschreiben: Sie nahmen Einlagen von eigenen Familienmitgliedern, anderen vermögenden Kaufmannsfamilien, aber auch von Kirchenfürsten entgegen, die auf diese Weise ihren verborgenen Reichtum diskret anlegen konnten. Der größte Geldgeber der Fugger war der Fürstbischof (später Kardinal) Melchior von Meckau.

Das Problem für die Bankiers der damaligen Zeit bestand darin, dass es aufgrund der noch sehr einfachen Produktionsweisen keine bedeutende und rentabel erscheinende private Investitionsnachfrage gab. Man konnte den Bau von Schiffen für den Fernhandel oder den Bau von Minen für die Förderung von Metallen finanzieren, aber das war es auch weitgehend.

Auf diese Weise wurden die Fürstenhäuser (im modernen Sinne: der Staat) zum wichtigsten Kreditnachfrager, und Bankiers wie die Fugger verliehen die ihnen anvertrauten Gelder gerne an den Staat. Nicht nur erschien ein großes Fürstenhaus als Schuldner solide im Vergleich zu einem abenteuerlustigen Kapitän, der in den Gewürzhandel zwischen Europa und Indien einsteigen wollte. Ein mächtiger Fürst als Geschäftspartner konnte einem Unternehmen wie den Fuggern viel Gutes tun. Er konnte ihnen Geschäfte auf seinem Territorium ermöglichen wie die Förderung von Metallen, die Prägung von Münzen oder die Eintreibung von Pachten. Ein mächtiger Fürst verhieß aber auch Protektion, die die reichen und in der Bevölkerung nicht sehr beliebten Patrizier gut gebrauchen konnten. So verhinderte Karl V. ein Verfahren in Deutschland gegen die Fugger wegen des Missbrauchs von Marktmacht in der Förderung von Metallen. Auf diese Weise waren Staat und Finanzindustrie durch gemeinsame Interessen eng aneinandergebunden.

Wer hier Parallelen zur Gegenwart sucht, wird weiter fündig. Die Kreditnehmer der Fugger, allen voran die politisch mächtigen spanischen Habsburger, verwendeten das aufgenommene Geld aus ökonomischer Sicht auf eine nicht sehr angebrachte Weise. Zu jenen Zeiten wurde es vor allem für Kriege und eine sehr aufwendige Hofhaltung ausgegeben, und diese Verschwendung machte das Geschäftsmodell der Finanziers ab Mitte des 16. Jahrhunderts angreifbar. Weitsichtige Unternehmer wie Anton Fugger, der Nachfolger Jakobs, oder der Fugger-Rivale Bartholomäus Welser (1484–1561) erkannten die wachsenden Gefahren und fuhren ihre Geschäfte zurück.

Die spanischen Habsburger erklärten in den Jahren 1557 und 1575 gleich zweimal den Staatsbankrott. Viele Banken brachen daraufhin innerhalb kurzer Zeit zusammen. Andere Häuser wie das der Welser überlebten noch ein paar Jahrzehnte, blieben aber schwer angeschlagen. Die Fugger waren zwar auch hart getroffen, schafften aber noch einmal ein vorübergehendes Comeback, dessen Bedeutung erst die jüngere Forschung erkannt hat.

Insgesamt aber zeigte sich, dass im Verhältnis zwischen Staat und Finanzwirtschaft der Staat am längeren Hebel sitzt. Finanziers wie Jakob Fugger mochten 1519 die Wahl Karls V. gekauft haben. Im Moment des Staatsbankrotts Jahrzehnte später zeigte sich aber, dass ein Staat nach einem Bankrott oft einfach weitermachen kann. Häufig erholte sich die Wirtschaft rasch nach einem Bankrott. Viele Finanziers gingen dagegen unter.

AUTORENVERZEICHNIS „WIE WIR REICH WURDEN"

Werner Abelshauser lehrt Wirtschaftsgeschichte an der Universität Bielefeld und ist einer der Direktoren des Instituts für Weltgesellschaft. Er ist Forschungsprofessor für Historische Sozialwissenschaft an der Universität Bielefeld.
– Mit den Zünften kam die Qualität
– Wieso Robert Bosch acht Stunden arbeiten ließ

Hans D. Barbier ist Vorsitzender des Vorstands der Ludwig-Erhard-Stiftung.
– Erst die Bildung macht uns wirklich reich

Günter Bayerl ist Professor für Technikgeschichte an der Brandenburgischen Technischen Universität in Cottbus.
– Die Wassermühle macht Flüsse produktiv

Patrick Bernau ist Ressortleiter „Wirtschaft Online" der Frankfurter Allgemeinen Zeitung.
– Treibt Handel, spricht der Tempelherr
– Es ist nur Gold, was ewig glänzt
– Mit Spekulation auf Nummer sicher
– Ein Christ bringt die Kleinanleger an die Börse
– Wie ein deutscher Tüftler den Computer erfand

Frank Bernstein lehrt Alte Geschichte an der Goethe-Universität Frankfurt am Main.
– Das alte Athen rettete sich durch Umschuldung

Gerald Braunberger leitet die Finanzredaktion der Frankfurter Allgemeinen Zeitung.
– Das Schmiermittel des Handels
– Die Finanziers der europäischen Fürsten

Albrecht Cordes ist Professor für mittelalterliche und neuere Rechtsgeschichte sowie für Zivilrecht an der Goethe-Universität Frankfurt.
– Gut behütet über die Weltmeere

Andreas Fahrmeir ist Professor für Neuere Geschichte an der Goethe-Universität Frankfurt.
– Fette Beute für arme Länder

Bruno Frey ist Professor an der Universität Zürich und am Center for Research in Economics, Management and the Arts.
– Wohlstand allein macht nicht glücklich
– Was treibt Menschen an?

Jan Grossarth ist Wirtschaftsredakteur der Frankfurter Allgemeinen Zeitung.
– Wie der Kunstdünger den Hunger verringert

Rolf Hammel-Kiesow leitet die Forschungsstelle für die Geschichte der Hanse und des Ostseeraums und lehrt an der Universität Lübeck.
– Salz und Heringe für Europas Städte

Rainer Hank ist Leiter der Wirtschaftsredaktion der Frankfurter Allgemeinen Sonntagszeitung.
– Lieber verschuldet und frei als Sklave und arm
– Das Bewusstsein hat das Sein fest im Griff
– Florentiner Nonnen an der Druckmaschine

Karen Horn ist Geschäftsführerin des Instituts „Wert der Freiheit" in Berlin.
– Wo Kuh und Schaf gemeinsam grasen

Jürgen Kaube ist stellvertretender Feuilletonchef der Frankfurter Allgemeinen Zeitung.
– Die Erfindung der Waghalsigkeit
– Papier macht schlau
– Kleider machen Karrieren
– Der Zaun hat Mein und Dein getrennt
– Der Kühlschrank macht Lebensmitteln Beine
– Wo Eigentum auf Eigentümlichkeit beruht

Inge Kloepfer ist Autorin der Frankfurter Allgemeinen Sonntagszeitung.
– Das große Geld verdient man nur im Tal
– Erst kommt das Wachstum, dann die Moral
– Unternehmer in göttlicher Mission

Wolfgang König ist Professor für Technikgeschichte an der Technischen Universität Berlin, sein Spezialgebiet ist die Geschichte der Konsumgesellschaft.
– Der Nylonstrumpf macht der Massenmode Beine

Hartmut Leppin lehrt Alte Geschichte an der Universität Frankfurt.
– Die Antike plädiert für eine Ethik des Maßes

Annerose Menninger lehrt Geschichte an der Universität der Bundeswehr München.
– Ein starker Kaffee weckt das Bürgertum auf

Michael Mitterauer ist Professor emeritus für Wirtschafts- und Sozialgeschichte der Universität Wien.
– Das weiße und das schwarze Brot

Lisa Nienhaus ist Wirtschaftsredakteurin der Frankfurter Allgemeinen Sonntagszeitung.
– Der Größenwahn des John D. Rockefeller

Jürgen Osterhammel lehrt Geschichte an der Universität Konstanz.
– Kabel verbinden die Welt und ihre Kaufleute

Winand von Petersdorff ist stellvertretender Leiter der Wirtschaftsredaktion der Frankfurter Allgemeinen Zeitung.
– Das Geheimnis des deutschen Gütesiegels
– Ohne Salz wäre die Welt ziemlich fade

Werner Plumpe ist Professor für Wirtschaftsgeschichte an der Universität Frankfurt.
– Eigennutz macht alle reich
– Zinsverbot und Kreditpraxis
– Nur freie Bauern ernähren die Menschheit
– Ohne Sozialversicherung kein Kapitalismus

Reinhold Reith ist Wirtschaftshistoriker an der Universität Salzburg.
– Die Dampfmaschine ist der Agent der Industrie

Dyrk Scherff ist Wirtschaftsredakteur der Frankfurter Allgemeinen Sonntagszeitung.
– Erst die Eisenbahn bewegte die Massen

Christian Siedenbiedel ist Wirtschaftsredakteur der Frankfurter Allgemeinen Sonntagszeitung.
– Der Sieg des Menschen über die Dunkelheit
– Der Fahrstuhl oder Die Eroberung der Vertikale
– Die Pfeffersäcke erobern die Welt

Thomas Straubhaar ist Direktor des Hamburgischen Weltwirtschafts-Instituts (HWWI).
– Die Erfindung der geregelten Arbeit
– Das süße Gift der Sklaverei
– Wozu der Opiumkrieg alles gut war
– Die Stadt machte die Menschen erfinderisch
– Wie der Wettbewerb die Evolution antreibt

Ulrich van Suntum lehrt Volkswirtschaft an der Universität Münster.
– Von der Muschel zum Papiergeld

Milos Vec forscht am Max-Planck-Institut für europäische Rechtsgeschichte in Frankfurt am Main.
– Napoleons Geschenk an die Weltwirtschaft

Hans-Joachim Voth ist Wirtschaftshistoriker an der Universidad Pompeu Fabra in Barcelona.
– Das Gold hat das Geld hart gemacht
– Essen die Kinder uns arm?
– Das Glück der bunten Warenwelt

LITERATUR ZUM WEITERLESEN

Abu-Lughod, Janet L.: *Before European Hegenomy. The World System A.D. 1250–1350*, New York (u. a.) 1989.

Allen, Robert C.: *The British Industrial Revolution in Global Perspective*, Cambridge 2009.

Appleby, Joyce: *Die unbarmherzige Revolution. Eine Geschichte des Kapitalismus*, Hamburg 2011.

Boldizzoni, Francesco: *The Poverty of Clio. Resurrecting Economic History*, Princeton 2011.

Braudel, Fernand: *Sozialgeschichte des 15.–18. Jahrhunderts*. 3 Bände, München 1985/1986.

Braudel, Fernand: *Die Dynamik des Kapitalismus*, Stuttgart [4]2011.

Brinley, Thomas: *The Industrial Revolution and the Atlantic Economy. Selected Essays*, London/New York 1993.

Brunner, Otto: *Das „ganze Haus" und die alteuropäische „Ökonomik"*, in: Ders.: Neue Wege der Verfassungs- und Sozialgeschichte. Vorträge und Aufsätze, Göttingen 1956, S.33–61.

Buchheim, Christoph: *Industrielle Revolutionen. Langfristige Wirtschaftsentwicklung in Großbritannien, Europa und in Übersee*, München 1994.

Budde, Gunilla (Hrsg.): *Kapitalismus. Historische Annäherungen*, Göttingen 2011.

Chandler, Alfred D. Jr.: *Scale and Scope. The Dynamics of Industrial Capitalism*, Cambridge (u. a.) 1990.

Clark, Gregory: *A Farewell to Alms. A Brief Economic History of the World*, Princeton 2007.

Diamond, Jared M.: *Arm und Reich. Die Schicksale menschlicher Gesellschaften*, Frankfurt am Main [5]2009.

Dobb, Maurice: *Entwicklung des Kapitalismus. Vom Spätfeudalismus bis zur Gegenwart*, Köln/Berlin [2]1972.

Eichengreen, Barry: *Vom Goldstandard zum Euro. Die Geschichte des internationalen Währungssystems*, Berlin 2000.

Ferguson, Niall: *Der Aufstieg des Geldes. Die Währung der Geschichte*, Berlin 2009.

Findlay, Ronald/O'Rourke, Kevin H.: *Power and Plenty. Trade, War and the World Economy in the Second Millennium*, Princeton (u. a.) 2007.

Greif, Avner: *Institutions and the Path to the Modern Economy. Lessons from Medieval trade*, New York (u. a.) 2006.

Howell, Martha C.: *Commerce before Capitalism in Europe. 1300–1600*, Cambridge (u. a.) 2010.

Jones, Eric L.: *Das Wunder Europa. Umwelt, Wirtschaft und Geopolitik in der Geschichte Europas und Asiens*, Tübingen 1991.

Kocka, Jürgen: *Unternehmer in der deutschen Industrialisierung*, Göttingen 1975.

Kocka, Jürgen: *Writing the History of Capitalism*, in: Bulletin of the German Historical Institute Washington, 47, 2010, S. 7–24.

Landes, David S.: *Der entfesselte Prometheus. Technologischer Wandel und Industrielle Entwicklung in Westeuropa von 1750 bis zur Gegenwart*, München 1983.

Landes, David S.: *Wohlstand und Armut der Nationen. Warum die einen reich und die anderen arm sind*, Berlin [3]2009.

Larson, John Lauritz: *The market revolution in America. Liberty, Ambition and the Eclipse of the Common Good*, Cambridge 2010.

Le Goff, Jacques: *Wucherzins und Höllenqualen. Ökonomie und Religion im Mittelalter*, Stuttgart 1998.

Le Goff, Jacques: *Geld im Mittelalter*, Stuttgart 2011.

Lindsey, Brink: *Against the Dead Hand. The Uncertain Struggle for Global Capitalism*, New York 2002.

Madison, Angus: *Contours of the World Economy, I-2030 AD. Essays in Macro-Economic History*, Oxford 2007.

Mitterauer, Michael: *Warum Europa? Mittelalterliche Grundlagen eines Sonderwegs*, München 2003.

McCloskey, Deidre N.: *The Bourgeois Virtues. Ethics for an Age of Commerce*, Chicago 2006.

McCloskey, Deidre N.: *Bourgeois Dignity: Why Economics can't explain the Modern World*, Chicago 2011.

Mokyr, Joel: *The Gifts of Athena. Historical Origins of the Knowledge Economy*, Princeton 2002.

Mokyr, Joel: *The Enlightened Economy. An Economic History of Britain 1700–1850*, New Haven 2009.

Muller, Jerry Z.: *The Mind and the Market. Capitalism in Modern European Thought*, New York 2002.

Pinner, Felix: *Die großen Weltkrisen im Lichte des Strukturwandels der kapitalistischen Wirtschaft*, Zürich/Leipzig 1937.

Polanyi, Karl: *The Great Transformation. Politische und ökonomische Ursprünge von Gesellschaften und Wirtschaftssystemen*, Frankfurt am Main [13]2009.

Pollard, Sidney: *Peaceful Conquest. The Industrialization of Europe 1760–1970*, Oxford 1988.

Pomeranz, Kenneth: *The Great Divergence. China, Europe and the Making of the Modern World Economy*, Princeton (u. a.) 2000.

Pomeranz, Kenneth/Topik, Steven: *The World that Trade Created. Society, Culture and the World Economy, 1400 to the Present*, New York (u. a.) ^{2}2006.

Schumpeter, Joseph A.: *Kapitalismus, Sozialismus und Demokratie*, Tübingen ^{7}1993 (zuerst 1946).

Sombart, Werner: *Der moderne Kapitalismus: Historisch-systematische Darstellung des gesamteuropäischen Wirtschaftslebens von seinen Anfängen bis zur Gegenwart*. 3 Bände in 6 Teilbänden, Nachdruck, München 1987.

Wallerstein, Immanuel: *Der historische Kapitalismus*, Berlin 1984.

Wallerstein, Immanuel: *Das moderne Weltsystem*, Bd. 1: Die Anfänge kapitalistischer Landwirtschaft und die europäische Weltökonomie im 16. Jahrhundert, Frankfurt am Main/Wien 1986, Bd. 2: Der Merkantilismus. Europa zwischen 1600 und 1750, Wien 1998, Bd. 3: Die große Expansion – Die Konsolidierung der Weltwirtschaft im langen 18. Jahrhundert, Wien 2004.

Weber, Max: *Abriss der universalen Sozial- und Wirtschaftsgeschichte*, Berlin ^{5}1991 (zuerst 1923).

Weber, Max: *Die protestantische Ethik und der Geist des Kapitalismus*, München 2004 (zuerst 1904/05).

Wrigley, E.A.: *Energy and the English Industrial Revolution*, Cambridge (u. a.) 2010.